SARALISA VOLM

DAS EWIGE UNGENÜGEND

Eine Bestandsaufnahme des weiblichen Körpers

Ullstein

Besuchen Sie uns im Internet:
www.ullstein.de

Wir verpflichten uns zu Nachhaltigkeit

- Klimaneutrales Produkt
- Papiere aus nachhaltiger Waldwirtschaft und anderen kontrollierten Quellen
- ullstein.de/nachhaltigkeit

FSC www.fsc.org
MIX
Papier | Fördert gute Waldnutzung
FSC® C014496

Ullstein ist ein Verlag der Ullstein Buchverlage GmbH

ISBN 978-3-550-20175-2

Gesetzt aus der ITC Berkeley Oldstyle
Satz: Pinkuin Satz und Datentechnik, Berlin
Druck und Bindearbeiten: GGP Media GmbH, Pößneck

Hinter jeder erfolgreichen Frau steht ein Feminist.

Alles für die Kinder. Immer. N.E.X.T.

Inhalt

Triggerwarnung – ein Vorwort

Kultur macht keine Menschen. Menschen machen Kultur. Wenn es wahr ist, dass die volle Menschlichkeit der Frau nicht unsere Kultur ist, dann können und müssen wir sie zu unserer Kultur machen.

– CHIMAMANDA NGOZI ADICHIE

Mein Körper steht mir im Weg. Beim Sport, beim Wachbleiben, beim Körperflüssigkeiten-Zurückhalten, beim Schönsein und beim würdevollen Altern. Er stört meine Freiheit, meine Gefühle, mein Denken. Mein Körper nimmt sehr viel Zeit in Anspruch, die ihm für meinen Geschmack nicht zusteht. Mein Körper stört.

Ich wurde mit einem Augenfehler geboren. Ich schiele. Bereits mit sechs Monaten trug ich eine Brille. Nahm ich sie ab, begannen meine Augen, wie wild zu tanzen. Menschen, die mit mir sprachen, wusste nicht genau, ob ich sie ansah oder gelangweilt in die Ferne blickte. Meine Eltern nannten mich Otto, wie Otto Schily. Der RAF-Anwalt machte damals als prominentes Mitglied der ersten Grünen Fraktion im Bundestag von sich reden. Daran gewöhnte ich mich. Ich war dürr und lang – wodurch meine Hosen immer zu kurz waren – und unfassbar unbeliebt. Eine sportliche Begabung kann in solchen Fällen helfen. Mich jedoch mussten die Mitschüler*innen im Sportunterricht immer als Letzte ins Team wählen. Bis heute kann ich Bälle weder werfen noch fangen. Meine Gliedmaßen fallen beim Rennen unkoordiniert durch die Luft, und mein Kopf läuft nach zwei Minuten Anstrengung knallrot an. Mit weißen Punkten. Ich bekomme keine Luft mehr und beginne zu japsen. Natürlich war ich nicht gerne unbeliebt, aber ich kam aus der Nummer nicht raus. Ich war eine typische Außenseiterin mit vielen Gründen, mich selbst hässlich zu finden und meinen Körper zu verachten. Er war schuld, und es fühlte sich gut an, einen Schuldigen zu identifizieren.

Wie alle anderen Mädchen in meiner Klasse fand ich schon mit sieben Jahren meine nicht vorhandenen Oberschenkel zu fett. Bei Übernachtungspartys quetschte ich sie mit allen Kräften zusammen und schrie: »Guck, guck wie eklig! Ich bin viel dicker als du.« Natürlich mit der Hoffnung, die anderen Mädchen würden widersprechen. Das taten sie auch fleißig, doch das änderte nichts an meinem Gefühl. Wir alle wussten, dass es unsere Aufgabe ist, uns irgendwann in die Diätwelt des Frauseins zu stürzen. Selbst mir war das klar, obwohl ich so dünn war, dass meine Eltern mich mit Kakao und süßen Cerealien mästeten, doch an mir blieb davon nichts hängen.

Über die nächsten Jahre hinweg verglichen wir Mädchen immer wieder unser Gewicht, berechneten den BMI und verfolgten aufmerksam, wie wir uns körperlich entwickelten. Das bedeutete auch, auf einer Klassenfahrt nachts um zwei nebeneinander vorm Toilettenspiegel zu stehen und Mittesser zu zählen. Zu Hause in meinem Bett stapelten sich die Ausgaben aller damals erhältlichen Frauenzeitschriften: *Maxi*, *Freundin*, *petra*, *Cosmopolitan* und *Young Miss*. Ich lag Schokolade essend daneben und las ein Buch. Es war sehr anstrengend, nicht vollständig zu verblöden.

Die Lektüre der Zeitschriften brachte mich dazu, unzählige Shampoos, Pflaster gegen Mitesser, Gesichtsmasken, Schaumfestiger und Spülungen zu kaufen sowie jede Menge Make-up und mehrere Epilierfoltergeräte. Meine Klassenkameradinnen machten es genauso. Hätte ich meinem damaligen Ich erzählt, was es zwanzig Jahre später sehen wird, wenn es in den Spiegel blickt, hätte es vermutlich gesagt: »Das lasse ich nicht zu, vorher erschieße ich mich.«

So weit sollte es nicht kommen. Heute stehe ich vor dem Spiegel und bin froh, dass es viele gute Gründe gibt, die mich am Leben halten. Das Alter macht milde und genügsam. Mittlerweile habe ich ein paar erfolgreiche Sportmuffel im Umfeld sowie Freund*innen, die mich in Teams brauchen, in denen ganz andere Fähigkeiten gefragt sind. Die Blicke, die ich in meiner Kindheit und Jugend wahrgenommen habe, und die Spitznamen, die ich in meiner Schulzeit hatte, kann jedoch niemand vergessen machen. Wer mich damals mochte, hatte getrennte Eltern, ein Drogenproblem oder war todunglücklich. Es finden sich immer die Richtigen im Leben. Zum Glück.

Mich an all das zu erinnern – und das musste ich, um dieses Buch überhaupt schreiben zu können –, war ein krasser Trigger. Zu Beginn fiel es mir leicht, weil ich alles noch vor Augen habe: die matt vibrierenden Nächte voller Kontrollverlust, das schwarze Loch in mir, das ich mit meinem Magen verwechselte, der Geruch von ausgekotztem Schokoladeneis und der Geruch meines Ex-Freundes, der neben mir auf dem Badewannenrand saß und mir fasziniert dabei zusah, wie ich mich übergab, und mich anschließend tröstete. Der grabschende, onanierende und übergriffige Täter und die Wochen voller Ohnmacht und erstickten Worten danach. Die Namen der Menschen, die in diesem Buch auftauchen, ihre Elternhäuser und ihre Traumata. Jahre später waren sie nur Schatten, die sich gelegentlich in der schimmernden Oberfläche meiner Selbstbeherrschung spiegelten. Doch für dieses Buch musste ich ihnen wieder näherkommen. Das war nicht einfach.

Der Vergangenheit Raum zu geben bedeutet, der Sehnsucht nach Erkenntnis nachzuspüren. Sich der Gefahr auszuliefern, Erklärungen zu finden, die heute keine Entschuldigung mehr sein dürften und trotzdem zur Stelle sind, wenn ich in die falsche Richtung blicke. Doch mir einzugestehen, was ich lange nicht wahrhaben wollte, und es zu formulieren, fühlt sich befreiend an.

Etliche Episoden der Apple-TV-Serie *Physical* beginnen mit einer Warnung: »Die folgende Episode enthält Szenen über eine Essstörung, die einige Zuschauer als beunruhigend empfinden könnten. Wir raten den Zuschauern nach ihrem eigenen Ermessen zu handeln.« Die Serie triggert. Und sie erzählt von Triggern. Von Burgerläden und Männern, die auf der Straße neben Frauen wichsen. Von Frauen, die genormten Bildern zu entsprechen versuchen, und von heimlichen Essstörungen und Kontrollzwängen. Die Hauptfigur Sheila steht vor dem Spiegel und beschimpft sich mit den Worten: »Meine Güte, sieh dich nur an, ist das dein Ernst? Glaubst du wirklich, dass du das noch tragen kannst? […] Heute ernährst du dich frisch und gesund. […] Und wenn du das alles geschafft hast, darfst du dir nach dem Abendessen eine kleine Portion Cobbler gönnen. Aber ohne Eis. […] So schwer ist das nicht. Du brauchst nur ein kleines bisschen Scheißdisziplin. […] Du Fettarsch.«[1] Sie tut das, was unendlich viele Frauen jeden Tag machen.

Das ist ein Trigger, aber einer, der mich mit Dankbarkeit erfüllt. Das gilt auch für die ungeschönte Darstellung von Prinzessin Diana in der vierten Staffel von *The Crown*, wenn sie zwischen glänzenden Kupfertöpfen und endlosen Regalen versteckte Törtchen, Trifles und Eclairs in sich hineinstopft. Oder wenn sie vor der Toilettenschüssel in die Knie geht, nachdem sie sich vollgefressen hat.[2] Und nicht nur das. Auch die echte Prinzessin, Lady Di, machte nach ihrer Scheidung Mitte der 1990er ihre Depressionen und ihre Essstörung publik.

Vor solch expliziten Darstellungen wird oft gewarnt, weil sie zur Nachahmung anregen könnten – auf diese Gefahr hat beispielsweise die NEDA (National Eating Disorders Association/USA) in Bezug auf *The Crown* hingewiesen. Wenn die wunderschönen Vorbilder davon erzählen, wie sie in den Hochzeiten ihres Ruhms nur Halt an der Klobrille finden konnten, wirke es so, als ob die Krankheit zum Lifestyle der Reichen und Schönen gehöre. Dabei ist oft das Gegenteil der Fall: Der Ruhm, der Druck und die Angst zu scheitern lösen die Krankheit aus. Bei den Reichen und Schönen und bei unfassbar vielen Menschen vor den Endgeräten. Die Erwartungshaltungen an unsere Körper überschwemmen uns alle überall.

Und genau deshalb ist es so wichtig, in Filmen, Büchern, auf Podien und in den Medien zu thematisieren, was hier gesellschaftlich falsch läuft. Das hilft uns, Zwänge und Krankheiten einzuordnen, wir müssen uns nicht mehr allein schämen, sondern fühlen uns gesehen. Trotz der Ohnmacht.

Es mehren sich Stimmen, die behaupten, dass die Triggerwarnung selbst triggert. Wer die Warnung liest, habe sofort Bilder im Kopf und Gefühlsempfindungen. Immerhin erlaubt sie, zu entscheiden, ob man weiterlesen will. Andere sagen: Heilung geht durch den Schmerz. Überwindung entsteht durch Aushalten. Ich weiß nicht, was stimmt. Ich befürchte, es stellt sich für jede*n anders dar und ändert sich immerzu. Das Leben bleibt bis auf Weiteres unfair und kompliziert.

Dieses Buch handelt ungeschönt von Essstörungen, von sexualisierter Gewalt, nicht vorhandenen Orgasmen, der Angst vorm Alter und ausgefransten Mottenlöchern im Gemütsteppich. Zu Beginn des Schreibprozesses dachte ich, es ginge hauptsächlich um mich. Dann aber erkannte ich, dass das Gefühl der körperlichen Unzulänglichkeit gewollt ist. Zahlen, Analysen und Texte von Psycholog*innen und Expert*innen untermauern diese Auffassung ebenso wie die Erfahrungsberichte anderer und ihre Geschichten. Nicht ich bin verrückt, sondern das System: Die Erwartungshaltung der Gesellschaft treibt viele Frauen in den Wahnsinn. Das ewige Ungenügend trübt wie ein Grauschleier den Blick auf uns selbst.

Was mir am Ende des Schreibens geblieben ist, sind Wut und Hoffnung zugleich. Aus körperlicher Entfremdung ist Annäherung geworden. Ich wollte mir die Deutungshoheit zurückerobern. Es ist mir immerhin gelungen, einiges klarer zu benennen. Ich habe keine einfachen Lösungen, die uns davor bewahren, uns morgen wieder traurig im Spiegel anzusehen. Ich glaube nicht an Body Positivity und Simplifizierungen. Ich glaube nicht an die alleinige Lösung durch Wohlfühl-Safe-Spaces und erst recht nicht an ihr Gegenteil. Aber ich halte gesellschaftlichen Wandel für möglich, wenn wir aus unserer Ohnmacht ausbrechen.

Ich glaube an all die Menschen, die jeden Tag für körperliche Selbstermächtigung und Autonomie kämpfen. Die für Selbstbestimmung und Akzeptanz auf die Straße gehen, die sich zeigen, sich der Öffentlichkeit aussetzen und Beschimpfungen einstecken. Ich glaube an die, die sich verweigern. Ich glaube an die, die mitlaufen. An alle Geschlechter. An alle Formen. Ich schreibe für die, die ihr Denken und Handeln hinterfragen. Jeden Tag ein kleines Stück mehr, auch wenn es wehtut.

Lange Zeit wäre ich meinen Körper am liebsten losgeworden. Wollte transzendent sein wie die Menschen in der Literatur oder im Kloster. Nur noch Geist sein. Innerlich. Doch ich glaube nicht an die Aufteilung von Körper und Geist. Für mich sind da nur Nervenenden und Hormone, Schweißperlen und Übelkeit, Tränen und Juckreiz. Ich betrachte meine Gefühle als hyperrealistische Illusion, die mein Körper produziert und meinem Bewusstsein aufdrängt. Ich kenne die Macht meines Körpers. Ob etwas bequem ist oder nicht, ist abhängig von ihm. Er ist gleichzeitig Analysezentrum, Gefahrenabwehr und Kommunikationsabteilung. Er bleibt mein einziges Mittel, um mich zu erfahren und mich auszudrücken. Er ist meine Verlängerung in die Welt hinein. Er ist da, und ich muss mit ihm umgehen.

Unser Körper ist mehr als Haut, Nase, Mund. Mehr als Oberfläche und Erscheinung. Er ist unser Zuhause. Er lässt uns atmen und verwehen, rennen und innehalten. Er lässt uns lachen und erstaunen, zweifeln und zurückschrecken. Er erträgt Krankheiten, Behinderungen und das Alter mit Hingabe und Akzeptanz. Wenn wir unser Spiegelbild nicht ertragen können, gibt er uns salziges Wasser, um den Stress über unsere Wangen zu spülen. Wenn wir ihn mit Chemie vollpumpen, versucht er, sie abzubauen. Wenn ein Skalpell unsere Haut durchsticht, fließt das Blut heraus, mit dem er lebensnotwendigen Sauerstoff durch unsere Arterien pumpt, und verschließt die Wunde.

Unser Körper ist nicht nur Gefäß, sondern Ich. Keine manipulierbare Hülle, sondern mein Erfahrungsraum. Kein seelenloses Fortbewegungsmittel, sondern mein Leben. Das Denken wird durch diesen einen Körper geprägt, bedingt und begrenzt. Was ich ihm zumute, beherrscht mich. Was er durchleidet, verletzt mich. Was ich ihm verzeihe, befreit mich. Verändert er sich, verändert sich alles.

Kotz dich glücklich

Ich wurde mehr als nur ein braves Mädchen, ich wurde Bulimikerin. Kein Mensch kann ewig die Luft anhalten. In der Bulimie atmete ich auf. In der Bulimie weigerte ich mich, mich zu fügen, schwelgte im Hunger, gab meiner Wut Ausdruck. In meinen täglichen Fressorgien wurde ich zum Tier.

– GLENNON DOYLE, *UNGEZÄHMT*

Es ist Sommer. In der knallenden Sonnenhitze verbrenne ich meine Haut, auf der Schwimmbadwiese liegend, auf der ich so gerne mittags schlafe. Auf Partys im Wald und auf Balkonen von Bekannten, die sturmfrei haben, kühle ich sie ab. Ich ernähre mich von Chips und Pommes und Schokoladeneis. Von Center Shocks und Mentos Fruit und Milchschnitte. Von Pizza und Alcopops. Von Berentzen Saurer Apfel und Wodka mit Orangensaft, eiskalt. Das Leben ist okay. Wenn es nur nicht so verdammt ungerecht wäre. Ich spüre sie sehr genau, diese Ungerechtigkeit: Niemand versteht mich. Niemand sieht mich. Ich stecke fest im tiefen Tal der Pubertät.

Ich tue alles für ein bisschen Aufmerksamkeit und Anerkennung: teile Kopfhörer, lüge Lehrer*innen an, klaue Klamotten, übe tanzen, lasse abschreiben und verschenke Zigaretten. Alles dreht sich darum, beliebt zu sein und begehrt. Wir alle wollen glänzen, aber dennoch eine Persönlichkeit entwickeln mit eigenwilligen Macken und individuellen Interessen. Wir alle wollen unseren innersten Wünschen folgen und trotzdem nicht unangenehm auffallen. Die Welt liegt uns zu Füßen, doch wir rutschen ständig aus auf ihrer glatten Oberfläche, die uns blendet. Weich gebettete Rebellion, ohne in Ungnade zu fallen, ist das Ziel. Der Weg dorthin findet oft verheult im Bett sein jähes Ende. Ich suche die große Liebe oder zumindest ein bisschen echte Nähe. Aber wie sagte Klaus Lemke so schön: »Im Leben gibt's mehr aufs Maul als Küsse im Dunkeln.«

Wir suchen nach Halt während wir uns im Kreis drehen. Und nach Vorbildern. Die große Schwester meiner besten Freundin ist in allem extremer und krasser als wir. Wir downloaden Musik bei Napster, sie lernt Programmieren. Unsere Haare sind Natur, ihre Haare sind blondiert. Wir hören Hip-Hop, sie tanzt zu Techno. Wir leihen uns am Wochenende ihren Perso, sie kommt in jeden Club. Wir haben gerade angefangen zu kiffen, sie schmeißt schon Ecstasy. Wir finden uns zu fett, sie hat Bulimie. Wir beobachten diesen Umstand zunächst angewidert, dann besorgt, dann immer faszinierter. Ist das bisschen Kotzen nicht eine gute Option, um die Fressflash-Kalorien wieder loszuwerden? Immerhin wissen wir alle, wie wichtig es ist, schlank zu sein. Bauchfreie Tops muss man tragen können. Die geklaute Unterwäsche muss sitzen. Und wer will schon die Love Handles über dem engen Bund der Schlaghose rausschwabbeln lassen?

Das Idealbild hängt im Sommer 2000 an Bushaltestellen und funkelt als Editorial vom Hochglanzpapier der Magazine: *Ich bin schön, also bin ich. Ich bin schlank, also bin ich. Ich bin von mir erschaffen, um für euch zu sein.* Mit dieser Sicherheit in den Augen strahlen uns die jungen Frauen auf den Werbeplakaten an. So rekeln sie sich in Filmen, so beherrschen sie die roten Teppiche und so viben sie durch Musikvideos. Welches Girl will nicht einmal so tanzen wie Queen B – Beyoncé? Die strahlenden Popikonen sind moderne Königinnen und Prinzessinnen. Ihr Bild ist ein überlebensgroßes Mahnmal: *Auch du kannst in dem 14,99-Bikini gut aussehen. Der sitzt hervorragend, wenn dein Körper es erlaubt.*

Bei den meisten von uns schafft es der schlechte Schnitt der Chinaware, gerade einmal das Nötigste zu verdecken, bevor wir ins Wasser springen und danach den Tag mit Zuppeln verbringen. Doch daran denken wir nicht, wenn wir konsumgierig zuschlagen. Immerhin geht es darum, unser Bedürfnis nach Anerkennung zu stillen, und bei Claudia Schiffer und Gisele Bündchen sitzt der Bikini doch auch. Ihre Blicke, ihre Grazie, ihre Körper sind uns Vorbilder, Leitbilder, Begleiter. 90-60-90 ist der Goldstandard. Ihre grazilen Gliedmaßen, ihre Sanduhrfigur und ihre schlanke Taille wollen wir auch.

Das Maß der dünnsten, jemals vermessenen Taille liegt angeblich bei 33 Zentimetern, mit dementsprechend deformierten Rippen und Organen. Die Super-Sanduhr sozusagen und die Übersteigerung eines Schönheitsideals, das sich in den westlichen Ländern immer wieder durchzusetzen vermochte. Schon im antiken Griechenland gab es erste Schnürbänder für die Taille.[3] Im 14. und 15. Jahrhundert wurden in Europa dann die Schnürmieder erfunden. Bald folgten die Korsetts. Getragen wurden sie von Adligen, aber auch von Frauen des aufstrebenden Bürgertums. Selbst Mägde trugen Miederwesten. Die Sanduhrfigur in unterschiedlich starker Ausprägung blieb bis auf wenige zeitliche Ausnahmen – so war die Französische Revolution auch eine Befreiung der weiblichen Figur – das Ideal. Bis heute sind Mieder und Shapewear in Mode. Ohne Spanx kein abzeichnendes Kleid. Die Unternehmerin Sara Blakely wurde mit dieser Geschäftsidee zur Selfmade-Milliardärin.[4] Korsagen und Korsetts sind aktuell auch dank der fiktiven Prinzessinnenserie *Bridgerton* auf den Must-have-Listen der Modezeitschriften zu finden.[5]

Die Taille der berühmten Kaiserin Elisabeth von Österreich soll ins Korsett geschnürt gerade einmal einen Umfang von fünfzig Zentimetern gehabt haben. Nicht von ungefähr gibt die Regisseurin Marie Kreutzer ihrem Film über die Kaiserin den Titel *Corsage*. Er steht für das Kleidungsstück und gleichermaßen für das enge höfische Korsett, aus dem die Kaiserin auszubrechen versucht. Im Laufe des Films hören wir Vicky Krieps in der Rolle der zarten und verbissenen Kaiserin immer wieder herrisch »fester« sagen, wenn eine Zofe die Schnüre am Korsett nicht entschieden genug anzieht. So, als wolle sie sich selbstbestimmt den Atem rauben, weil die Luft in dieser Umgebung zu dünn ist für eine freie Frau.

Sisi gilt in ihrer Zeit als »schönste Frau Europas«. Sie arbeitete jeden Tag hart, um ihr sagenumwobenes Aussehen zu behalten, das bis heute Gesprächsstoff geblieben ist. Kein Wunder also, dass Schönheitstipps der Kaiserin im Internet kursieren: Alle paar Wochen hat es einen ganzen Tag in Anspruch genommen, ihre außerordentlich langen Haare zu waschen und über Wäscheleinen zu trocknen. Bis zu drei Stunden täglich wurden sie gekämmt. Die Kaiserin soll aus Angst vor einem Doppelkinn ohne Kissen geschlafen und Gesichtsmasken aus rohem Kalbfleisch angewandt haben.[6] Den Fleischsaft trank sie pur. Das Gesicht reinigte sie mit dem Saft leicht vergammelter Zitronen. Spezielle Rezepturen für Anti-Sommersprossen-Creme, Sonnenschutz und Haarkuren aus Cognac und Ei wurden für sie vom Personal angefertigt. Heute sind die Rezepte online zu finden, zum Nachmachen. Für einen strahlenden Sisi-Auftritt. Selbst der Stuhlgang der Kaiserin ist hier Thema. Das durch sie berühmt gewordene Veilchensorbet verströmt auch beim Verlassen des Körpers noch guten Duft. Hier zeigt sich eine Frau als Gesamtkunstwerk. Eine von ihr geschaffene Lebensleistung.

Fotos und Gemälde einer Elisabeth mit Falten sucht man übrigens vergebens. Die lässt sie nicht zu. Wie manche Schönheit nach ihr will sie alternd nicht gesehen werden. Sie diktiert früh das öffentliche Bild von sich, das wir noch heute kennen und bewundern.[7] Gemalt wird sie so, wie sie es verlangt. Nicht erst Photoshop und Social Media schenken den öffentlichkeitswirksamen Menschen Methoden zur fleißigen Verbesserung und Manipulation des eigenen Abbilds. »Kleider machen Leute« und »Fake it till you make it« sind seit Generationen westlicher Konsens. Ihre Inspiration findet Sisi zwar nicht an der Bushaltestelle oder im TikTok-Feed, aber im von ihr angelegten »Schönheitenalbum«, worin sie Fotografien besonders hübscher Damen Europas sammelte.[8]

Sisi kann als unfreiwilliges It-Girl ihrer Zeit verstanden werden. Sie wurde durch ihre Ehe zu einer öffentlichen Person und litt unter dem Druck, perfekt sein zu müssen. Was auch immer sie tat, sie stand unter Beobachtung. Sie musste Eindruck machen und eine unfehlbare Herrscherin verkörpern. Dieser Aufgabe stellte sie sich widerwillig, aber engagiert. Am Ende gewann sie zumindest den Kampf gegen ihren Körper.

Verheiratet wurde Sisi 1854, mit gerade einmal 16 Jahren, an den streng regierten Hof der Habsburger in Wien. Zwei Wochen später dichtete sie bereits: »Ich bin erwacht in einem Kerker, und Fesseln sind an meiner Hand.« Die Ehe betrachtete sie ab diesem Moment als eine »widersinnige Einrichtung«, und sie sah sich als verkauftes Kind.[9] Eine schlanke, sportliche Jugendliche mit eigenem Kopf. Der Wiener Hofstaat versuchte, ihn ihr abzutrainieren. Wenn Romy Schneider im Film die junge Kaiserin und ihre Schicksalsjahre verkörpert, indem sie freudig reitet, ihre Kinder liebkost und ihren Gatten anhimmelt, wird ihr wahres Schicksal nur fragmentarisch dargestellt. Die echte Kaiserin genügte ihrem Publikum nicht. Sie verließ den Hof gen Süden, strebte nach Freiheit und quälte ihren Körper.[10]

Im Ratgebersegment für Frauen eines Online-Buchhändlers entdecke ich etwas Kurioses. Die Autorin Elisabeth Praschl-Bichler hat Sisis Körperthematik gleich ein ganzes Buch gewidmet: *Kaiserin Elisabeths Fitness-Programm – Sport und Diäten einer Pionierin des 19. Jahrhunderts*. Ist die Pionierleistung Sisis, dass sie sich bereits dem modernen Schlankheitsdiktat unterwirft? Täglich trainierte Elisabeth an eigenen Geräten und ritt wie eine Besessene. Überlieferungen zufolge ernährte sie sich zeitweise nur von ein paar Orangen und ihrem frisch gepressten Fleischsaft. All das wirkt so, als hätte die Kaiserin sich einer Diagnose stellen müssen: Anorexia athletica. So wird heutzutage eine Essstörung bezeichnet, die Schlankheitswahn mit manischer sportlicher Betätigung verbindet. Besonders unter Tänzer*innen ist sie weit verbreitet. Statt dies besorgt zur Kenntnis zu nehmen, bleibt bis heute die Bewunderung für Sisis eiserne Disziplin.

Was trieb sie um? Die Hoffnung, ihr Körper könnte ihr ein angenehmeres Zuhause sein als jenes, dem sie entfloh? Der Körper als bezwingbarer Feind in einem Leben voller Zwänge, aus denen sie sich nur mühsam zu befreien vermochte? Der Körper als einer der wenigen Schlachtplätze, auf dem es für Frauen* einen fairen Gegner und einen Kampf mit Gewinnaussicht gibt? Die Selbstkasteiung vermittelt vielen Frauen* Sicherheit. Die schlanke Taille macht sie zu Siegerinnen über ihre Lust und ihre Gefühle in einer Welt, in der sie kaum Chancen haben, auszubrechen, sich zu wehren und ihren Bedürfnissen zu folgen. So werden sie von den Unterdrückten zu Unterdrückerinnen, die die Kontrolle haben.

Sisi wird aktuell in so vielen Kino-, Fernseh- und Streaming-Produktionen wie noch nie gefeiert. Heute wird auch ein Blick auf die wahre Sisi hinter der Schmonzette geworfen. Aber würden wir uns so sehr für sie interessieren, wenn ihr selbst auferlegtes Schönheitsideal nicht dem zeitgeistigen Frauenbild von heute entspräche und wir in ihren Qualen nicht uns selbst erkennen würden?

Kaiserin Sisi ist eine der ersten berühmten Frauen, deren Essstörung bekannt ist. Anorexia nervosa, früher Anorexia hysterica, und Bulimia nervosa sind moderne Krankheiten, deren Symptome vor dem 17. Jahrhundert nicht beschrieben wurden. Einzelne Fälle wurden in religiösem Kontext verortet,[11] andere dann bei Frauen in psychoanalytischer Behandlung beobachtet.[12] Doch Essstörungen blieben seltene Krankheiten. Das hängt vermutlich damit zusammen, dass Essen lange Zeit nicht im Übermaß vorhanden war. Die Bulimie wird sogar erst ab 1980 als eigenständige Krankheit geführt.[13]

Seit den Wirtschaftswunderjahren sind es nicht mehr nur die satten Eliten, die Gefahr laufen, an einer Essstörung zu erkranken. Wir alle wollen schön sein. Und schön sein heißt schlank sein. Der weltberühmten Modeschöpferin Coco Chanel (1883–1971) wird der Spruch zugeschrieben: »Man kann nie reich und dünn genug sein.« Die durch sie vorangetriebene Befreiung von Korsett und Mieder führte zu einem neuen Problem: Unabhängig davon, ob gerade Jugendlichkeit oder Sanduhrform mit Rundungen en vogue ist, die Taille der Frau hat jetzt von sich aus schlank zu sein. Was mit den Mannequins von Chanel in Paris begann, setzt sich erbarmungslos bis heute fort. Bereits in den 1960ern sah man die ultraschlanke Twiggy, die aus einer Arbeiterfamilie stammte, auf der *Vogue* – dem Schlankheitswahn-Fachblatt schlechthin – in die Welt blicken. Kein Gramm Fett zu viel. Und dank der omnipräsenten Werbung für Abnehmpillen, Sportprogramme und Ernährungscoachings wirkt das Korsett von innen so erreichbar wie nie zuvor.

Der Magerwahn verbietet das Essen, denn Essen ist Lust. Essen ist Hingabe. Essen ist Schwäche. Und Schwäche ist in unserer Leistungsgesellschaft nicht vorgesehen. Vor allem nicht, wenn du hoch hinauswillst. Kein Wunder also, dass Essstörungen im Showgeschäft fast schon dazugehören – wie bei Jane Fonda, Lady Gaga, Taylor Swift oder Lily Collins, die ihre Geschichten öffentlich machten, und Zoë Kravitz, die in einem Interview sagte: »Ich dachte, es sei Teil des Frauseins und der Promiwelt. Ich denke, dass es definitiv daran lag, dass ich umgeben von dieser Welt war. Ich fühlte mich unter Druck gesetzt.«

Anorexia nervosa und Bulimie haben in den letzten Jahrzehnten ihren Platz in der Popkultur manifestiert. In einer Zeit, in der überall die Rede von fettleibigen Menschen ist und die Volkskrankheit Adipositas als erbarmungsloser Teufel an die Wand gemalt wird, kann durch Schlankheit ein elitäres Gefühl geschaffen werden. Die gute Figur ist etwas, womit man sich von der Masse abhebt und Leistungsfähigkeit beweist. Der Körper war und ist ein Statussymbol, in das es zu investieren gilt. Die schlanke Figur ist ein Zeichen für Kontrolle und Zugehörigkeit. Und die Menschen auf den Laufbändern und unterm Skalpell kämpfen gewaltig, um mitzuhalten. Dünn zu sein ist in diesem Machtkampf nicht nur ein Beweis für Gesundheit, sondern auch für Jugend. Denn der junge Körper ist normalerweise schlanker, hat weniger Fettpolster gebildet, noch schwabbelt er unnötig. Sein festes Bindegewebe ist die Benchmark.

Die krassen Abnehmjunkies schlucken für ihr Ziel Kapseln mit Bandwürmern, die sich dann langsam im Körper ausbreiten, oder in Orangensaft getränkte Wattebäusche. Sie trinken Abführmittel oder Nahrungsergänzungsshakes. Und in Hollywood trendet seit 2022 die Injektion mit Wegovy und Ozempic, zwei Medikamente für Adipositas- respektive Diabetes-Patienten, die den Hunger unterdrücken. In meiner Familie hüpft mensch, seitdem ich denken kann, von Diät zu Diät: Friss die Hälfte, Weight Watchers, Müsli zum Frühstück, Trennkost, Glyx-Diät, Paleo, Eiweiß-Diät, Low-Carb und No-Carb und vieles mehr. Am Ende des Hungerns soll die glorreiche Zukunft liegen; in Wahrheit lauert da aber nur der Jo-Jo-Effekt. Aber die nächste Frauenzeitschrift wird auch dafür bzw. dagegen eine neue Diät-Idee haben. Freund*innen, Bekannte und Kolleg*innen erklären regelmäßig, warum sie gerade irgendetwas nicht essen. So hungern und bingen wir alle ein bisschen und normalisieren einen kranken Wahn.

Kinder wachsen in solchen Strukturen mit dem Glauben auf, dass das Glück unter den Fettpolstern liegt, die sie noch gar nicht haben:

> »Einzelne Symptome gestörten Essverhaltens sind relativ weit verbreitet. So gelten mehr als 20 von 100 Kindern und Jugendlichen im Alter von elf bis 17 Jahren als auffällig bezüglich ihres Essverhaltens. Sie zeigen also Symptome einer Essstörung, wie etwa Unzufriedenheit mit Figur und Gewicht oder Heißhungeranfälle. Mädchen sind fast doppelt so häufig betroffen wie Jungen.
> Fast die Hälfte der Mädchen und ein Fünftel der Jungen im Alter von 15 Jahren empfindet sich als zu dick, obwohl sie normalgewichtig sind. Mehr als die Hälfte der Mädchen hat in diesem Alter bereits Diäterfahrungen gesammelt, jedes vierte Mädchen sogar mehrfach.«[14]

Was ist das für eine Welt, in der wir ständig Diät machen und unzufrieden sind mit unserem Körper? Und wer profitiert davon? Die Frauen* und Männer*, die sich zwischen Diätdrink und Frühstück entscheiden müssen, jedenfalls nicht. Die Verherrlichung des perfekten Körpers und des Dünnseins ist extrem, vielleicht weil ein niedriger BMI so schwer erreichbar ist in einer Welt, die den ganzen Tag an unsere Gelüste appelliert, uns mit Schokoladenwerbung, 24/7-Burgern und Schlafmangel drangsaliert? Genau genommen sind wir der Spielball zwischen einer milliardenschweren Schönheitsindustrie und der ebenso milliardenschweren Genussmittelindustrie geworden. Die Giganten verkaufen uns erst den hautschädigenden Zucker und dann die Gesichtsmaske. Sie ballern uns voll mit unnötigen Kalorien und kassieren dann am Eingang zum Fitnessstudio. Am Ende des Kreislaufs stehen die Diätkonzerne, die Pharmariesen und die Ärzte. Sie wiederum versuchen, uns zu befreien, indem sie uns mithilfe weiterer Chemie wieder gesundes und schlankes Aussehen herbeizaubern wollen. Die meisten in den westlichen Industriegesellschaften leiden da schon lange unter Rosazea, Diabetes oder Depressionen.

Wir werden krank beim Versuch, gesund und fit auszusehen. Magersucht ist in Deutschland die dritthäufigste chronische Erkrankung bei jungen Frauen.[15] Männer machen nur einen Bruchteil der Betroffenen aus. 10 bis 15 Prozent der Krankheitsverläufe enden tödlich. Die Opfer sterben an Infekten, an Herz-Kreislauf-Problemen, Organversagen oder Suizid. Geprägt ist die Krankheit durch eine verzerrte Selbstwahrnehmung, auch Körperschemastörung genannt.[16] Ähnliches gilt für die Bulimie. Das Gefühl, immer zu fett, zu unförmig, zu falsch zu sein, zerfrisst erst das Hirn und dann den Körper.

Wie konnte das passieren, dass so viele ihren Körper, der sie durch die Welt trägt, der ihnen Gefühle gibt und Erkenntnisse verleiht, sie sehen und riechen lässt, als unzulänglich empfinden? Wie kann es sein, dass wir uns selbst so verachten, dass wir meinen, wir hätten solche Qualen verdient? Essstörungen gehören heute dazu, und sie ereilen viele. Die Gescheiterten und die Ambitionierten, die Armen und die Reichen, die Dicken und die Dünnen.

Während die Magersucht Kontrolle bedeutet, bietet die Bulimie einen geplanten Kontrollverlust. Sie ist attraktiv, wenn wir keinen Bock oder keine Kraft mehr haben, uns zusammenzureißen. Sie bietet Raum, uns zu entäußern. Sie schafft Lust durch Völlerei und anschließend Platz für Neues in einem entleerten Körper. Bulimie ist der Rollercoaster im Essstörungs-Game. So tritt Bulimie im Vergleich zu anderen Essstörungen auch am häufigsten in Verbindung mit weiteren psychischen Erkrankungen wie dem Borderline-Syndrom auf. Die sogenannte Ko-Morbiditätsrate liegt bei 95 Prozent.[17] In dieser Verbindung kommt es oftmals zu multiplem Substanzgebrauch und selbstverletzendem Verhalten. Kurzum: Die Leute kotzen nicht nur. Sie saufen, rauchen, ritzen und wüten auf ihrer Flucht aus dem Schmerz.

Nach der Trennung meiner Eltern sitze ich zwischen den Stühlen. Neue Familie, neue Stadt, neue Perspektiven. Neue Mitschüler*innen, die mich langsam, aber sicher als Außenseiterin identifizieren werden. Neue Umgangsformen. Neue Ansprüche. Ich bin gerade elf geworden und unglücklich mit diesem Wechsel. Ich will zurück in die gewohnte Welt und komme in der neuen nicht an. Dazu frühpubertäre Krisen, Streit mit den Eltern und die übliche Unsicherheit. Viele kommen damit zurecht. Ich nicht. Ich verliebe mich unglücklich. Ich wachse zu schnell. Ich bin zu lang. Ich trage nie die richtigen Klamotten und eine hässliche Brille. Ich rede zu viel und zu falsch.

Über Jahre hinweg wurde ich gehänselt, weil ich zu dünn war, obwohl ich immer gerne aß. Ich bin leidenschaftliche Köchin und Bäckerin. Meine Beziehung zu

Essen, zu Nahrungsmitteln und zu Gewürzen ist obsessiv. Wer einen Restauranttipp braucht, ruft mich an. Wem ich eine Torte backen soll, ebenfalls. Ich liebe es, Lebensmittel zu kaufen, zu berühren, zu riechen, zu kneten, zu schmecken. Ich liebe es zu essen.

Als Jugendliche bin ich nie satt. Ich stopfe mich voll, wie alle Frustesser*innen das tun. Bonbons kaufe ich nur in 500-Gramm-Packungen. Chips tütenweise. Schokoladentafeln sind kleine Snacks zwischendurch, und die Pasta, die es zum Mittagessen gibt, reicht nie. Ich esse und esse und esse, aber mein Hunger will nicht vergehen. Keine Befriedigung. Nirgends.

Mit 14 oder 15 gehen meine beste Freundin und ich dazu über, uns mit den bekannten Zahlen zu messen, so wie alle. Nackte Zahlen schaffen Vergleichbarkeit und Verlässlichkeit im Irrsinn. 90-60-90 und BMI. Wir kennen die Formel auswendig. Weniger ist mehr. Ich wiege 58 Kilo bei 178 Zentimeter Körpergröße. Ich finde, es sollten nur 54 Kilogramm sein. Maximal. Die Jeansgröße möchte ich unbedingt von 27 auf 26 reduzieren und den Hüftumfang dementsprechend. Maße sind entscheidend, und so rollen überall auf der Welt Frauen* Maßbänder aus und schnüren sich damit die Luft ab. Meine beste Freundin und ich haben klare Ziele definiert, in ihrer Schwester ein Vorbild und außerdem ein gelungenes Narrativ: Wir müssen das Essen loswerden. Wir müssen herauswürgen, was uns schadet.

Ich suche Sicherheit darin, mich immer regelmäßiger zu übergeben. Denn ich bilde mir ein, es ginge ums Dünnsein und um die Begierde der anderen. Was ich dabei übersehe, ist das eigentlich Befriedigende an der Bulimie: die

Erleichterung von mir selbst. Diese verdammte Schwere loswerden. Dieses große Paket an Unsicherheit und Unzufriedenheit, das auf mir lastet und mir durch einen vollen Magen verdeutlicht wird. Der perfekte Körper soll mich retten. Dass ich ihn in Wahrheit zerstöre, blende ich aus. Ich kotze, weil ich keine andere Möglichkeit sehe, mich anzupassen, anzukommen und Ruhe zu finden. Kotzen ist wie Strafe und Sühne und Befreiung zugleich. Ich kotze, um mich zu ertragen.

Mit meiner Mutter wird es in dieser Zeit immer schwieriger. Ich bin sauer auf sie, weil ich mich in einer neuen Welt zurechtfinden muss und scheitere. Also flüchte ich. In Bücher, auf Partys, in die Nacht und in den Rausch. Ich bin nicht mehr ansprechbar für sie. Meine Mutter hat keine Kraft mehr, das zu ertragen, und beschließt, dass ich woanders wohnen soll. Ihre Idee: ein Internat. Ich bin dagegen und ziehe zu meinem Vater. Doch das verschlimmert die Situation nur. Dort gehe ich selten in die Schule, und das Gefrierfach wird mein bester Freund. Darin sind meistens eine Tiefkühlpizza und russischer Wodka zu finden. Ein ideales Frühstück für Verzweifelte. Ich sitze vor dem kleinen Röhrenfernseher, gucke schlechte Talkshows, die seit den 1990ern das Privatfernsehen fluten, und verkrieche mich danach aufs Klo, während sich Mandy und Saskia lauthals um ihren Ex-Freund streiten. In Anbetracht des keifenden TV-Elends komme ich mir vor, als hätte ich alles im Griff.

Wenn ich abends zu Hause bin und wir als Familie zusammen essen, ist es schwieriger, anschließend auf dem Klo zu verschwinden. Noch unmöglicher erscheint es mir, das Essen bei mir zu behalten. Also fange ich an, zwei Einkaufstüten ineinander zu stopfen, damit ja nichts rausläuft oder stinkt, und mich in die Tüten hinein zu übergeben. Wenn keine*r da ist, schmuggele ich die Plastiktüten in die Mülltonne.

Über die Jahre perfektioniere ich die Kotzerei. Sie wird zu einem Ritual mit klaren Regeln und einer beherrschbaren Systematik. Meine Sehnsucht nach Leichtigkeit wird stärker, bis sie irgendwann meinen Alltag bestimmt. Aus der fixen Idee, mit einer schlankeren Hüfte mein Leben schöner zu machen, ist ein körperlicher Automatismus geworden. Die Abläufe sind geplant: Einkauf, Essen, Bad. Mein Körper weiß, was er zu tun hat. Tiefkühlpizza und Wodka haben ausgedient, denn sie brennen sehr unangenehm in der Speiseröhre. Ich weiß jetzt, was ich beim Bingen essen muss, damit es sich weniger schlimm anfühlt. Am besten ist Eiscreme. Literweise. Am Ende ergießt sie sich schaumig süß wieder in die Kloschüssel.

Mit 18 bin ich sofort ausgezogen und wohne mit meinem Freund in einer WG. Alles muss jetzt etwas geplanter ablaufen, denn meistens ist jemand anderes zu Hause. Wir essen den ganzen Tag. Vor dem Kiffen und nach dem Kiffen und währenddessen. Ich weiß jetzt auch, wann und wie lange ich mich übergeben muss, um mich danach wohlig leer und erschöpft zu fühlen. Ich gehe gut organisiert baden. Ich lasse langsam Wasser in die Wanne, damit niemand mitbekommt, wie ich mir die Seele aus dem Leib kotze. Danach wasche ich mich wieder rein. Ich bin penibel. Niemand soll mich hören oder meine verheulten Augen sehen.

Im Anschluss bin ich bereit für ein paar Stunden ermattete Ruhe. So erledigt und angestrengt, dass selbst mein Gehirn aufhört zu blubbern. Endlich. Die Qual an sich hat beruhigende Wirkung auf mich. Ich leide, also bin ich. Jedoch heimlich, lautlos und unauffällig. Niemand soll merken, wie unglücklich ich bin. Die Bulimie ist harte Arbeit, ein unerbittliches Niederringen meiner eigentlichen Bedürfnisse. Solange mir der Platz im Leben fehlt, finde ich ihn im Kampf gegen meine Lust und meinen Lebenshunger.

Seltsam und einsam fühlt sich das an. Ich konnte damals nicht anders, als damit weiterzumachen. Betrachtete ich mich von außen, so war ich mir unendlich peinlich. Ich schämte mich für meine Hilflosigkeit. Heute weiß ich, dass es bei den meisten Bulimiekranken und anderen Essgestörten genauso läuft. Sie kommen nicht raus aus diesem Kreislauf. Die Essstörung beginnt, alles zu dominieren, während sie zwischen Vertuschung, Beherrschung und Kontrollverlust mäandern. Dabei gibt es keinen Grund, sich zu schämen. In ihrer Orientierungslosigkeit finden Jugendliche Sicherheit in Dingen, die ihnen schaden. Das ist normal. Das passiert. Sie halten sich an Vorbildern und Wunschträumen fest, und manche von ihnen driften ab.

Eine Essstörung wird nicht durch Heidi Klum und ihre *Germany's-Next-Topmodel*-Sendung ausgelöst. Eine Kosmetikwerbung bringt niemanden dazu, mit dem Kopf in der Kloschüssel zu hängen. Im Kern der Krankheit geht es nicht darum, schön zu sein oder dünn oder sich als Abziehbild für ein Publikum zu erschaffen. Niemand beginnt, sich den Finger in die Kehle zu rammen, weil eine schlanke Schönheit am Nachbartisch sitzt. Eine Essstörung ist eine komplexe psychische Erkrankung, bestehend aus einer verzerrten Selbstwahrnehmung und einem langen Leidensweg.

Modelagenturen und Fashiondesigner*innen stehlen sich mithilfe dieser Tatsache entspannt aus der Verantwortung. Andere appellieren an den Verstand und den Entscheidungswillen der zumeist jungen Frauen. Doch woher sollen der Wille und die Kraft kommen in einer Welt, die uns unsere Selbstwirksamkeit immer wieder abspricht? Eine Welt, in der die Schönheitsindustrie uns glauben macht, dass Schönheit gleichbedeutend mit Glück ist und beides käuflich erwerbbar.

Unsere Gesundheit ist ein Kollateralschaden, der in diesem System gern in Kauf genommen wird. Eine Frau, die sich um ihr Aussehen kümmert und krankhaft darauf fixiert ist, nicht sie selbst zu sein, ist keine Gefahr für die gängige Machtstruktur. Woher soll sie die Kraft nehmen, diese aussichtslose Schlacht zu kämpfen? »Wenn eine Kultur auf weibliche Schlankheit fixiert ist, geht es nicht um weibliche Schönheit, sondern um weibliche Unterwerfung. Diäthalten ist das wirksamste politische Sedativum der Geschichte der Frauen, eine latent verrückte Bevölkerungsgruppe ist eine lenkbare Bevölkerungsgruppe.«[18]

Du musst nicht schlank sein. Du musst nicht kotzen. Nein. Lass es. Aber, wenn du trotzdem nicht anders kannst, dann solltest du wissen, dass du nicht schuld daran bist, sondern in einer Gesellschaft lebst, die dich dafür belohnt, dir selbst zu schaden.

Ich bin mit 18 das erste Mal frustriert von der Kotzerei und klicke mich durch Pro-Ana-Seiten, Websites, die Thinspirations für Magersüchtige und Abnehmtipps bereithalten. Ich lerne, was Refeed-days sind und wie man den Hunger genießt. Auf den Seiten sehen die Frauen so aus, wie ich mir das vorstelle: elfengleich und unbeschwert. Hier reihen sich auch Bilder der Olsen-Zwillinge und besonders schlanker Models aneinander. Aber es hilft nicht. Ich fühle mich zu undiszipliniert und zu schwach für eine Magersucht. Es steckt keine Kaiserin Elisabeth in mir. Ich muss essen. Damit aufhören kann ich nur kurz. Dann überrennt mich der Hunger erneut und unerbittlich.

Als ich mich eines Morgens aufmache, um in einem stickigen Bus Richtung Schule zu fahren, überkommt mich die Übelkeit. Ich presse mit schweißnassen Händen, die wie immer eiskalt sind, den Stopp-Knopf. Mein Kreislauf stockt. Schwindel überfällt mich. Da ist nur Übelkeit. Ich muss hier raus. Jetzt. Ich stolpere aus dem Bus und greife nach einem Laternenpfahl an der Haltestelle, um mich zu übergeben. Unkontrolliert, ungeplant. Ich weiß nicht, ob mich jemand sieht. Mein Kopf pulsiert so laut, dass ich denke, er könnte gleich explodieren. Am liebsten würde ich im Erdboden versinken.

Ich laufe durch die Kälte nach Hause. Mein Magen hört nicht auf zu rebellieren. Selbst die unendlichen Vorräte an Medikamenten, die die Apothekerfamilie meines Freundes in die Wohnung trägt, helfen nicht mehr. Vomex und flaschenweise MCP-Tropfen (Metoclopramid) können die Übelkeit nicht unterbinden. Ich fühle mich ausgeliefert und verloren. Mein Körper kontrolliert jetzt mich. Er schlägt zurück.

Ich muss mich dem Problem stellen und etwas unternehmen. Ich faste. Ich lese Bücher. Ich gehe zum Arzt, breche zwei Therapien ab und kämpfe mich allein da durch. Ich führe Protokoll und gehe schwimmen. Ich trenne mich von meinem Freund. Es wird besser, bis es wieder schlechter wird. Bis mir wieder nichts anderes einfällt, als zu essen und mich zu übergeben. Ich spiele dieses Kreislaufspiel noch einige Jahre. Die Bulimie und ich entwickeln eine On-off-Beziehung voller Leidenschaft und Hass.

Als ich irgendwann den Absprung schaffe, mache ich das nicht, weil es mir schadet oder weil es mir keine Befriedigung mehr verschafft. Ich höre auf damit, weil die Krankheit mein Aussehen zu beeinträchtigen beginnt, weil sie meine Zähne und Haare zu zerstören droht, weil mein Magen nicht mehr belastbar ist, weil sie zu viel Zeit in Anspruch nimmt und weil sie nicht in das Bild passt, das ich gern von mir zeichnen will. Ich höre aus demselben Grund auf, der mich anfangen ließ. Ich suche ein System, das mich nach außen glänzen lässt, während es die Gräben in meinem Inneren vertuscht.

Der Weg aus einer Essstörung führt nicht zwangsweise über die Selbstliebe. Trotzdem ist ein gelungener Anfang häufig davon geprägt, anderen Dingen mehr Bedeutung beizumessen. Sich zu fragen: Was will ich eigentlich von diesem Leben? Womit will ich meine Zeit verbringen? Was interessiert mich mehr? Und besonders: Gibt es etwas, wofür ich gesund sein will?

Heute kotze ich nicht mehr absichtlich, und es kommt immer seltener vor, dass ich mich übergeben muss. Wenn die Kinder einen Virus anschleppen oder ich trotz Stress Alkohol trinke oder unfassbar nervös bin. Wenn es dann passiert, empfinde ich danach noch immer ein Gefühl der

Erleichterung und Ruhe. Ich erschrecke dann kurz, nehme es hin und versuche, mich abzulenken.

Bulimia nervosa ist heilbar. Trotzdem fühlt sie sich für mich an wie Alkoholismus oder Depressionen. Sie bleibt für immer. Sie kommt angekrochen, wenn ich an meine Grenzen stoße, und offenbart sich als Lösung. Sie bietet an, mich aufzufangen, wenn ich abrutsche. Mein Magen reagiert auch heute auf Nervosität, Anspannung und Stress. Er reagiert auf Liebeskummer, Drama und Trauer. Mir wird dann schlecht. Und ich bekomme Hunger. Ich habe dann Sehnsucht nach Schokolade, Käse und Eis. Ich will Pizza, die mich umarmt, und Zucker, der mich ausfüllt. Die Tröster sind immer die gleichen. Die Mechanik auch. Was mir geblieben ist, das ist die immerwährende Unersättlichkeit.

Der Schönheitskomplex

We delight in the beauty of a butterfly, but rarely admit the changes it has gone through to achieve that beauty.

– MAYA ANGELOU

»Nichts schmeckt so gut, wie es sich anfühlt, dünn zu sein.«[19] Ein Satz von Kate Moss, Ikone meiner Jugend, eingebrannt in mein Gehirn und unser kollektives Gedächtnis. Zusammen mit den verführerischen Bildern der 1990er: Kate mit Naomi. Kate by Peter Lindbergh. *Kate pole dancing* für die White Stripes. Kate – ein Allerweltsname, den Kate Moss zur Marke gemacht hat. Kate, die Frau, die wir alle sein wollten. Und wenn nicht Kate, dann Cindy oder Tyra oder Kaia oder Gigi oder Bella oder Hailey.

Was wir dabei vergessen: Für die Stars, die wir zum Vorbild für unsere diätmüden Körper machen, ist die eigene Schönheit der Beruf, eine Unternehmung also, die mit hohen Investitionen verbunden ist. Sie bezahlen Köch*innen, Trainer*innen, Kosmetiker*innen und Ärzt*innen, um den Anforderungen der Zielgruppe gerecht zu werden. Für den perfekten Auftritt lassen sie sich pushen, anschreien und unterstützen. Extrem gutes Aussehen ist, wie jede Form des Erfolgs, eine Mischung aus persönlichen Voraussetzungen, harter Arbeit und Glück. Es braucht viel Geld, Zeit, Engagement und Unnachgiebigkeit.

Wenn wir eine Olympionikin im Wettkampf sehen, wissen wir, dass wir nicht so stark und agil sein können wie sie. Es ist für uns nachvollziehbar, dass diese Leistung außergewöhnlich ist. Wir erkennen an, dass eine Krankenschwester oder eine Astronautin eine langwierige Ausbildung macht, viel Wissen anhäuft, Erfahrung sammelt und sich engagieren muss, um in ihrem Job gut zu sein. An uns selbst sehen wir jeden Tag, wie viel Ausdauer und Talent es braucht, um etwas gut zu machen. Das Gleiche gilt für berufsmäßige Schönheiten. Warum streben wir danach, ihnen ebenbürtig zu sein? Warum vergleichen wir uns mit ihnen? Wie kommen wir darauf, dass wir uns dieses Aussehen nebenbei aneignen könnten? Weil sie so tun, als würde es ihnen leicht von der Hand gehen? Weil sie unter der Retusche immer lächeln? Weil sie auch in Heels zum Shopping gehen? *That's Showbizz, Baby!*

Wir Konsument*innen kennen das Spiel aus der Werbung: Hier wirken schöne Fotos und ein tolles Image auf uns. Es ist die Überflutung durch glossy Videomaterial und Hairextensions, die in Zeitlupe vor dem kitschigen Sonnenuntergang Südafrikas aus dem Cabrio wehen. Beim Geruch des neuen Shampoos verschmelzen wir kurz mit der Frau ohne Spliss und ohne graue Haare. Wir rekeln uns im Angora-Plastikgemisch, das sich trotz teurem Wollwaschmittel niemals wie 100 Prozent Kaschmir anfühlen wird.

Bereits als Kind musste ich schmerzlich lernen, dass Werbung nicht zu trauen ist. Aus der Zahnpastatube, um die ich bitten und betteln musste, sprühte kein Sternenregen, obwohl die Glitzerexplosion über den Fernsehbildschirm geflimmert war. Übrig blieb nur unendlich scharfe Paste, und ich war so betrübt darüber, dass ich es heute noch fühle. Ein paar Enttäuschungen später kann ich den Realitätscheck schon im Supermarkt antizipieren. Je älter ich werde, desto weniger traue ich den Versprechungen der Industrie. Das Parfum wird mich nicht in das gephotoshopte *happy face* von Julia Roberts verwandeln. Genauso wissen wir, dass uns der Joghurt nicht schlank macht und dass das Fertiggericht nicht unsere Beziehung rettet. Je öfter wir beim Shopping gescheitert sind, umso mehr ahnen wir, dass hinter den leuchtenden Millionenkampagnen, deren Selbstzweck die Lüge ist, eine schmutzige Realität steckt. Zu oft und zuverlässig erwartet uns der Spiegel im eigenen Zuhause, und die Werbung büßt dadurch ihre Wirkung ein. Trotzdem fallen wir beim nächsten Besuch im Supermarkt wieder darauf rein.[20]

Es ist ein langwieriger und komplexer Prozess, sich aus diesem antrainierten Konsumverhalten zu lösen – und ob es jemals ganz gelingen kann, bleibt die große Frage. So benutzte ich über Jahrzehnte hinweg mehrmals wöchentlich Shampoo und Spülung und Conditioner und Haarkur und Haaröl. Ich habe mein Haar nach Anleitung gewaschen und gepflegt und gebürstet und mich danach gefühlt, als hätte ich etwas Sinnvolles getan. Dabei war es pure Zeitverschwendung zugunsten diverser Großkonzerne. Erst als meine Mutter ihre Haare nur noch mit Lehmerde (Ghassoul) wusch und sie immer fantastischer aussahen, begann ich, mein Verhalten zu hinterfragen. Während ich noch skeptisch abwog, verzichtete sie schon immer häufiger auf die Erde. In der Zwischenzeit benutzt sie fast nur noch Wasser. Ich tat es ihr mit den großen Kindern zusammen gleich. Dann folgte mein Mann. Die kleinen Kinder waschen sich nur mit Wasser und haben das schönste Haar. Für meine langen Haare macht es Sinn, mit etwas Zitronen- oder Essigwasser nachzuspülen, bevor ich über rote Teppiche, in Maskenmobile und zu Shootings gehe. Sie wälzen sich gelegentlich in Antihitzespray, Volumenschaum oder Haarspray. Alles fein. Was bleibt, ist die Verärgerung über das Werbesternchen an jeder Ecke, das mir sagt, dass ich meine Haare mit acht verschiedenen Produkten malträtieren soll.

Diese Dauer-Beauty-Werbung erschien mir früher wie ein Service, der mich wissen lässt, welche neue Chemiekeule mich schöner zaubert. Heute macht sie mich aggressiv, weil sie so viel einnehmender und lauter ist als ein realistischer Blick. Die Schönheitsindustrie zerstört in unfassbarem Ausmaß unsere Welt. Shampoo macht nicht schöner, es macht ärmer und kränker. Die Tonnen von Plastikverpackungen, Palmöl, Chemikalien und Transport-CO_2 schaden enorm. Es kotzt mich an, dass das Allereinfachste, nämlich der Verzicht auf Müll, der uns Zeit, Geld und Ressourcen raubt, unter dem lauten Gebrüll der Schönheitsbilderflut begraben ist.

Die Werbung instrumentalisiert die berufsmäßige Schönheit und Jugendlichkeit der Models, um uns Produkte zu verkaufen. Ganz besonders uns Frauen, die wir bereit sind, deutlich mehr Geld für Rasierer, Stifte oder Dienstleistungen auszugeben. Wir bezahlen hier nicht für das Produkt, sondern für die ergänzende Marketingmaschine. Der Begriff dafür lautet Pink Tax und stammt aus dem Jahr 1994, als in Kalifornien auffiel, dass es in 64 Prozent aller Textilreinigungen teurer ist, eine Damenbluse reinigen zu lassen als ein Männerhemd.[21] Obwohl seit den Neunzigerjahren einige Gesetze verabschiedet wurden, änderte sich an der Gesamtproblematik nur wenig. Frauen bekommen weniger Lohn für gleiche Arbeit und zahlen dann mehr Geld für die gleiche Leistung.

Verführung lauert nicht nur im Film oder in der Werbung, sondern durchdringt die Medien in ihrer Gesamtheit. Es ist erschreckend, wie Zeitungen, Magazine und Fernsehen die Werbebildästhetik auf allen Ebenen aufgreifen und verteidigen. Wie sie selbst Artikel über gestresste, Vollzeit arbeitende Mütter mit Frauen bebildern, die offensichtlich Models sind. Schlagen wir die Zeitung auf und scrollen wir durch die endlosen Weiten des Internets, überfluten uns Bilder, die alltägliche Menschen gut gepflegt und glatt gebügelt darstellen, die wirken, als würden sie in starren Rollenbildern feststecken. Nur für sozial Schwache gibt es Ausnahmebilder in Form von schlecht gekleideten und schlecht frisierten Personen in heruntergekommener Umgebung. Vorurteile deluxe für eine konsumhungrige Gesellschaft.[22] Doch im wahren Leben sind die perfekt gefärbte, blondierte Föhnwelle und die porenreine Haut selten bei der Kinderabholung vor der Kita anzutreffen.

Die Bildermassen, die von allen Seiten in unseren Alltag strömen, lassen selbst die nicht kalt, die nicht mehr an die Glitzersternchen glauben. Zu allgegenwärtig sind die schönen Menschen geworden. Die Bilder nagen an uns, fressen sich tiefer und legen sich neben den Satz von Kate Moss. Ob wir wollen oder nicht. Selbst wenn wir versuchen, diese Bilder zu ignorieren, oder sie gar nicht bewusst betrachten: Unser Unterbewusstsein spuckt sie wieder aus und lässt sie in Träumen und Gedanken zurückkehren. Wir internalisieren sie.[23]

Was da tief in uns schlummert, verätzt unsere Laune. Unser Gleichgewicht gerät aus den Fugen. Wir mäandern im Selbstbild zwischen dem, was wir sind, einer idealisierten Version unserer selbst, und dem, wovon wir denken, dass wir es sein sollten. Da ist kein Entkommen. Die sogenannte Theorie der Selbstdiskrepanz besagt, dass wegen dieses unüberbrückbaren Unterschieds verschiedene körperliche Beschwerden entstehen: Unbehagen. Angststörungen. Essstörungen. Depressionen.[24]

Die Bewertung unseres Äußeren regiert die Berichterstattung und die Plattformen, unabhängig davon, ob das Thema Beauty, Wirtschaft oder Politik ist. Damit fördert sie Body Shaming, Ageism, Ableism und Lookism. Akne und Narben, schiefe Zähne und Alter und Frauen, die nicht super gepflegt und fit aussehen, bleiben auf Plakaten und Posts außen vor. Menschen mit Behinderung finden meist keinen Platz, und Falten werden bei Modellen jenseits der Dreißig wegretuschiert. Zeigen Frauen diese Makel doch, werden sie mit Häme überschüttet. *Directly sliding into your DMs*: »You look tired.« – »Are you ok?« – »You should see a doctor.« Hat sich der Zeh einer Prominenten über das Riemchen der Sandalette geschoben oder ist eines ihrer Speckröllchen zu sehen, stürzen sich die Magazine voller Abscheu darauf. Wir lesen das gern, weil wir dann weniger allein sind, und gleichzeitig brennt sich das Wording fest. Elisabeth Lachner bringt es in ihrem Buch *Riot, don't diet* wunderbar auf den Punkt: »Schönheit ist ein System, das nur dann funktioniert, wenn es viele ausschließt. Diese Exklusivität hat drastische ökonomische und soziale Konsequenzen für Menschen abseits der weißen, jungen, dünnen Norm.«[25]

Wir alle spüren die beurteilenden Blicke auf unseren Körpern. Sie sind keine Einbildung. Die Studie einer amerikanischen Forscherin zeigt: Frauen werden immerzu körperlich abgecheckt, unabhängig davon, ob ihre Attraktivität oder ihre Persönlichkeit gefragt ist. Das Eye-Tracking verrät: Männer beurteilen Frauen danach, wie sehr ihr Körper einer Sanduhrfigur entspricht.[26] Kein Wunder, dass wir uns verhalten, als stünden Tyra und Heidi lauernd an der nächsten Ecke und sagen, dass sie kein Foto für uns haben.

> »Menschen beurteilen Schönheit im Kontext von sozialen Vergleichen, das heißt, wir passen unser Schönheitsempfinden an unser Umfeld an. Wenn wir in einem Umfeld leben, das im Durchschnitt attraktiver ist, dann erhöhen wir unseren Attraktivitätsstandard entsprechend. (…) Da spielen heute auch die Medien eine große Rolle, die uns mit anderen Schönheitsidealen konfrontieren. In den 80er Jahren gab es bereits eine berühmte Studie, die gezeigt hat, dass, nachdem Männer die Serie ›Charlie's Angels‹ (deutsch ›3 Engel für Charlie‹) sahen, sie ihre Partnerin als weniger attraktiv beurteilten. Danach wurde das Phänomen als ›Charlie's Angels-Effekt‹ benannt.«[27]

Oft genug steht da wirklich jemand und tuschelt. »Hat die keine Freunde, die ihr sagen, dass sie sich anders anziehen sollte?«, oder: »Mit den Beinen würde ich keinen kurzen Rock tragen.« Ich nehme mich und meine Umgebung davon nicht aus. Wie oft dachte ich selbst auf dem Fahrrad über die Frau vor mir: Fahr schneller, du Fettarsch. Wie oft ertappe ich mich dabei zu denken: Boah, da würde ich aber was machen lassen. Wie oft frage ich mich, warum eine Frau sich nicht anders kleidet, schminkt oder bewegt? Wie oft prüfe ich die Figur einer anderen Frau? Wie oft bemesse ich ihre mögliche Kompetenz an ihrem ersten Erscheinungsbild? Wie oft vergleiche ich sie mit anderen Frauen? Gegen die gehässigen Frauenzeitschriften in mir selbst muss ich beständig ankämpfen, denn ich habe gelernt, durch ihre Brille zu gucken. Obwohl ich seit zwanzig Jahren keine dieser Zeitschriften mehr gekauft habe, leben sie in mir fort wie ein Herpesvirus, der sich festgesetzt hat.

Während ich die anderen Frauen beobachte, fühle ich mich ebenfalls beobachtet, auch von mir selbst. Und ich erkenne den gelernten Selbsthass. Doch diese Erkenntnis hilft nicht, nicht einmal einer Frau, die kurz davor ist, ihr Augenlicht zu verlieren, wie Mely Kiyak in *Frausein* beschreibt: »Mit kaputter Sicht sehe ich auf den nackten Körper. Es galt, das nackte Ich auszuhalten. Obwohl ich fast nichts mehr sah, schämte ich mich. Scham vor dem Anblick der Brüste. Dem Dreieck zwischen den Beinen. Dieser gewaltigen Blöße mit all ihren Rundungen und Abstufungen. Oder dem, von dem ich vermute, wo und was es war. Obwohl die, die im Spiegelbild gerade zerfloss, im Prinzip jedermann hätte sein können, hielt ich den Anblick nicht aus.«[28]

Dieses Gefühl kenne ich. Ich sehe meinen Bauch im Croptop oder meine Rosazea-Pusteln auf der Wange, und es kostet mich Überwindung, so das Haus zu verlassen. Im Fachjargon wird das »social physique anxiety« genannt und kann zum stetigen Scheitern am eigenen Spiegelbild führen.[29] Der immerwährende Vergleich zermürbt unsere Seelen.

Sind die Medien also schuld an unserem Schönheitsdilemma? Nein. Aber eine Gesellschaft, die solche Medien entwickelt, verbreitet und liest, die trägt durchaus Verantwortung. Medien prägen, bilden, fordern. Jeder will ein bisschen mitmachen. Jeder will ein Stück vom Beautykuchen. L'Oréal brüllt uns an, und wir brüllen mit: »Weil ich es mir wert bin.« Unser Wert wird zu einer Summe degradiert, die wir bereit sind, in unser Aussehen zu investieren. Eine weitere Lüge, auf die wir reinfallen sollen: Selbstwert ist käuflich! Nein, ist er nicht. Im Gegenteil, es ist so, wie Glennon Doyle in *Ungezähmt* beschreibt:

> »Die Verheißung der Konsumkultur lautet, uns von Schmerz freikaufen zu können – sie behauptet, dass wir nicht deshalb traurig und wütend sind, weil Menschsein nun mal weh tut, sondern weil wir keine Designerküche besitzen, nicht *ihre* Beine, nicht diese eine Markenjeans. Auf diese Weise lässt sich wunderbar ein Wirtschaftssystem führen, aber kein Leben. Konsum lenkt ab, hält auf Trab, betäubt. Taubheit hindert uns zu werden.«[30]

Die Werbemechanismen zu begreifen und auf ein paar Haarpflegeprodukte zu verzichten, schützt mich nicht davor, im Sommer im Bikinidilemma zu ertrinken. Die Hitze brennt sich in meinen Verstand, und die Augen schmerzen. Ich muss blinzeln, doch was ich aktuell sehe, gefällt mir: Die stark fragmentierte und individualisierte Mode der frühen 2000er ist zurück. Die Zeit, in der Ausschnitte so tief waren, dass mir ständig Essen zwischen die Brüste fiel, das ich dann zwischen BH und T-Shirt wieder herauspulen musste.

Dazu ein paar krass gemusterte Radlerhosen wie aus den 1990ern. Alles kann, nichts muss. Hauptsache extrem. Romantik ist zurück mit Blümchen, Rüschen und Pünktchen. Punk und Indie sind zurück mit grünen Haaren, Piercings, Karomustern und Dr. Martens. Außerdem diese aufregenden Mischungen aus sporty und Techno sowie sporty und Hip-Hop inklusive Neonfarben, Fischerhüten, klobigen Turnschuhen, sportlichen Unterhosen und irisierendem Wahnsinn. Feiern wir wieder Gabber Partys in den Wäldern? Alles gibt es in Übergröße und in mikroskopisch klein. Sweater mit dem Umfang von Zelten und Tops in der Größe von Briefmarken. Vermutlich kommen jetzt auch noch die großen Brüste zurück. Welche Stars sich wohl schon eine OP gebucht haben? Der Heroin-Chic ist jedenfalls schon da, und alle begeben sich in den Abnehmwahn. Sogar Kim Kardashian hat ihre Kurven in das Marilyn-Monroe-Kleid gehungert.

Ich fühle mich in meine Jugend zurückkatapultiert und feiere es – die Frauen, die bauchfrei und überschminkt durch die Stadt wirbeln, ihre grellen Gelnägel und ihre Plastik-Accessoires. Die letzten fünfzehn Jahre waren im Vergleich dazu zur Schau getragene Beherrschung. Der kleinste gemeinsame Nenner: nicht auffallen, nicht irritieren. Mode ist plötzlich nicht mehr verdammt ernst, sondern albern, laut, unbequem, provozierend, fragend und ja: sexy. In meinem Kopf höre ich spießige Eltern zu Hause rotieren: »So kannst du doch nicht rumlaufen. Du siehst aus wie eine Nutte.« *Yes. You go, girl!* Da sind wieder Brüste und Bäuche und Beine zu sehen, nackte Haut und abgefuckte Posen. Die Klamotten kaschieren alles oder nichts. Das gilt auch für die Bademode. Badeanzüge mit Cut-outs und Schnitte, die mir Angst machen. Wenn ich sie anziehe, dürften einige Körperteile rausfallen. Das schöne Social-Media-Meme: »How to get a beach body? – 1. Have a body.

2. Go to the beach«, fühlt sich beim Posten im Schlafanzug immer besser an als vorm Spiegel oder am Strand, wenn man versucht, Brüste und Haut wieder an den dafür vorgesehenen Platz zu schieben.

Trotzdem brauche ich einen neuen Bikini und bin frustriert, nicht in die Einheitsgrößen der Hersteller zu passen, die mich online mit Anzeigen überschwemmen. Ein Großteil der Produkte verspricht unsere Ozeane, unseren Stil und unsere Sexyness zu retten. Zum Beweis werden 90 Prozent der Bikiniwerbungen in meinem Instafeed mit perfekten Frauenkörpern inszeniert. Keine Kratzer, keine blauen Flecken, keine Pigmentstörungen. Die Haut der makellosen Girls in der Bikiniwerbung ist sonnengebräunt, frisch geölt und fest. Sehr, sehr fest. Schon beim Hinsehen rutscht meine Haut einen halben Zentimeter tiefer. Sie schmilzt weg vom Knochen und von der Perfektion.

Der überteuerte, schlecht sitzende Badeanzug einer amerikanischen Superfirma liegt noch immer als Warnung in meinem Schlafzimmer. Er ist zu kurz und sitzt nicht richtig. Bei genauerem Hinsehen erkenne ich jetzt, dass er auch den Frauen im Onlineshop nicht wirklich passt. Die sehen aber so gut aus und haben so feste Brüste, dass der BH-Bügel sie nicht stützen muss. Das Silikon oder Photoshop oder die Gene, wie man in Hollywood so gerne sagt, tragen sie wie Ballons darüber hinweg. Ich habe meinen Traum jetzt für die Post verpackt, aber ich kann ihn nicht abschicken. Ich schaffe es nicht, den Rücksendeschein anzufordern und auszufüllen. Werde ich jetzt eine der Frauen, die Klamotten mit Etikett weiterverkauft?

Die Deutschen kaufen pro Person durchschnittlich sechzig neue Teile im Jahr. 20 Prozent davon bleiben ungetragen. Was auf Secondhand-Plattformen wie dem Mädchenflohmarkt landet, hat nicht selten noch ein Etikett, und ein großer Teil ist neuwertig.[31] Es sind Stoff gewordene Träume und Hoffnungen auf ein schöneres Ich in einem besseren Leben. 20 Prozent verwandeln sich in verstaubte Enttäuschung. Mit dem Rest versuchen wir, unsere Unzufriedenheit zu kaschieren.

Ich werde noch einige Tage unglücklich in unverschämt beleuchteten Kabinen stehen und schwitzend in Postfilialen warten, um Pakete zurückzusenden, bis etwas passt. Viele Frauen werden neben mir stehen, statt im Schwimmbad zu liegen. Sie werden mein Schicksal teilen, sich der Selbstobjektivierung hingeben und schlechte Laune bekommen.[32] Doch statt sich über die Industrie und die Werbung aufzuregen, werden sie sich über sich selbst ärgern. Darüber, dass sie nicht abgenommen haben, dass sie zu wenig Sport treiben und dass sie nicht einfach drüberstehen und im ausgeleierten Vorjahresbikini ins fucking Schwimmbad gehen und Pommes essen. Sie werden die nächste Diät machen und dann kaufen, was der Markt diktiert.

Was wir zu kaufen haben, sagt uns heute nicht mehr nur die Fernsehwerbung, sondern auch unsere Lieblingsinfluencerin auf Instagram. Das visuelle Prinzip bleibt gleich und wird von den Algorithmen der Tech-Giganten befeuert. Selbst wenn wir versuchen, unseren Instafeed durch diverse Einstellungen »sauber« zu halten, werden wir mit Bildern von nackten weißen Menschen bombardiert.[33]

Insta-Fame hat keinen intrinsischen Wert für mich. Das

ist nicht mein Beruf. Mein Geld verdiene ich hier nicht, und ich will das auch in Zukunft nicht tun. Denn in der Social-Media-Bubble kann ich nur begrenzt zeigen, was ich kann. Meine Arbeit braucht länger, um sich zu entfalten. Als Zeichen für Erfolg bedeutet Instagram jedoch alles. Follower*innen sind essenziell geworden. Das betrifft nicht nur Influencer*innen, sondern auch alle anderen, die mithilfe der Öffentlichkeit ihr Geld verdienen: Schauspieler*innen, Autor*innen oder Wissenschaftsjournalist*innen. Es gilt für Geburtshelfer*innen, Künstler*innen und Start-up-Gründer*innen genauso wie für selbstständige Tischler*innen und für angestellte Berater*innen. Es gilt für mich.

Wer den Algorithmus für sich gewinnen will, postet sein hübsches Gesicht und viel Haut. Ein Foto von mir, gutes Licht und in der Caption eine Erfolgsmeldung oder, noch besser, was richtig Emotionales oder Relevantes. Das Ganze zum richtigen Zeitpunkt, und booom: Die Likes werden kommen! Während ich sie erwarte, jagt betörend das Dopamin durch mein Gehirn und motiviert mich, es wieder zu tun. Instagram wirkt im Belohnungszentrum. Es befriedigt uns da, wo sonst Schokotorte, Sex oder eine Line Koks unsere Neurotransmitter zum Tanzen bringen.[34] Wer soll sich dem entziehen können? Und wer soll das aufhalten?

Die Tech-Giganten wünschen sich nur eines: mehr Screentime. Sie werden unserem Gehirn geben, was es will, damit wir das Handy bloß nicht aus der Hand legen. Gefragt ist dein Gesicht, deine Katze, dein Baby, deine Haut. Der Algorithmus diktiert, und wir machen mit oder fliegen raus. Besonders gut laufen beispielsweise Fitfluencer und ihre Fitspirations, wie Katharina Pilgrim sie für eine Studie untersuchte: »Es geht um sichtbare Muskulatur. Es geht aber auch um Femininität, also um sichtbare weibliche Rundungen, gleichzeitig also um einen sehr disziplinierten Lifestyle, der dahintersteckt, aber trotzdem noch die Sexualisierung des Körpers gleichzeitig in den Mittelpunkt rückt. Weil Sex sells.«[35] Wer nicht im richtigen Raster agiert, wird vom Algorithmus zensiert oder fällt bei Instagram unter den sogenannten »Shadowban«, wobei »vaguely inapproppriate content« aus der Entdecken-Rubrik entfernt wird und somit keine neuen Follower*innen mehr hinzugewonnen werden können.[36] Auf diese Art beeinflussen die sozialen Medien unsere Sicht auf den Körper und unser Verhalten maßgeblich. Vor allem das von Jugendlichen.

Die richtigen Follower*innenzahlen entscheiden über die besseren Filmrollen, die spannenderen Verträge und die schöneren Projekte. Es gibt nicht wenige Schauspieler*innen, die sich aufgrund mangelnden Interesses an ihrer Arbeit erst mal dafür entschieden, mit einem Beauty-YouTube-Channel Follower*innen zu sammeln, um dann endlich auf der großen Leinwand zu landen. Es funktioniert. Erfolgreiche YouTube-Kanäle bringen das Gleiche wie früher ein Moderator*innen-Job bei Viva oder MTV. Der Social-Media-Fame schafft eine erste oder zusätzliche Öffentlichkeit und damit Interviews, Aufmerksamkeit und Reichweite. Bei der Besetzung von Schauspieler*innen ist der Fame-Faktor genauso wichtig wie ihre Fähigkeiten.

Das sorgt dafür, dass Follower*innenzahlen erwartet werden. Wofür früher Marketingabteilungen und PR-Agenturen beschäftigt wurden, sind die Künstler*innen heute selbst verantwortlich. So spart man sich Budget und Arbeit. Die Zielgruppenanalyse liefern dann die Insights der Business Accounts der Akteur*innen. Autor*innen haben ihr Lesepublikum schon mitzubringen, Journalist*innen sowieso. In den USA liefen Musiker*innen Sturm, weil Plattenfirmen ihre Musik nicht rausbringen wollten, bevor es nicht einen viralen TikTok-Moment gibt. Verzweifelt posteten Stars wie Halsey oder FKA Twigs über den Druck, der von den Labels ausgeübt wird.[37] Wer nur gute Musik macht und keine Ideen für *funny content* entwickeln und umsetzen kann, geht unter. Wer hingegen viral erfolgreich ist, kann danach fast alles tun: singen, tanzen, schauspielern.

So liegt auch meine Hoffnung auf dem nächsten Post. Er könnte ein Lottogewinn sein. Als Künstler*innen wünschen wir uns natürlich Aufmerksamkeit, Zuschauer*innen und Leser*innen. Wir brauchen sie, um zu überleben. Und unsere Autor*inneneitelkeit will ebenfalls gepflegt werden. Deshalb gilt es, öfter Fotos machen zu lassen. Shooting. Shooting. Shooting. So läuft das. Denn das Bild, das wir von uns hochladen, ist entscheidend. Je besser wir aussehen, desto besser für die Karriere. Wir brauchen Content. Sonst kauft keiner mein neues Buch. Ein unbedachtes Selfie reicht da nicht. Also hadere ich mit jedem Bild, das ich von mir schieße. Achte auf jede Falte, jedes Stirnrunzeln und jedes geplatzte Äderchen. Wie automatisiert scanne ich mein Gesicht nach Fehlern. Die anderen auch. 45 Prozent aller 14- bis 21-jährigen Frauen in Deutschland machen mehr als fünfzig Selfies, bevor sie eines posten.[38] Meistens höre ich nach fünf Selfies auf, fühle mich alt und hässlich und muss etwas tun, das ich besser kann.

Hin- und hergerissen zwischen der Sehnsucht nach

Instafame und dem Bedürfnis, den ungeschriebenen Gesetzen wenig Raum in meinem öffentlichen Leben zu geben, kämpfe ich mich durch den Social-Media-Jungle. Gegen nackte Haut habe ich nichts. Im Gegenteil. Aber sie zu Marketingzwecken hübsch verpackt zur Bewerbung meines neuen Regieprojekts einsetzen? *Seriously?* Das bekomme ich nur selten hin, auch wenn mein Lächeln besser klickt als das Filmplakat.

Ein fader, bitterer Nachgeschmack bleibt: Hätte ich mit etwas mehr Engagement und Überzeugung heute vielleicht den neuen Like-Rekord brechen können? Hätten diese Likes und die damit verbundene Ausschüttung von Glückshormonen meinem Leben einen neuen Spin verpasst? Wie viele Kommentare hätten mir den notwendigen Push gegeben? Wären meine Follower*innenzahlen dann explodiert? Bin ich zu faul, zu veraltet, zu widerspenstig für echten Fame? Ich stalke die Profile der Konkurrenz und sehe: Niemand hat es leichter als ich. Wenn wir versuchen zu posten, was wir lieben, gut finden oder was uns inspiriert und zum Nachdenken anregt, verlieren wir. Außer es sind wieder die üblichen niedlichen Verdächtigen.

Junge Frauen auf der ganzen Welt versuchen, in diesem Game mitzuhalten. Sie stürzen sich in den Abgrund des Vergleichs. Die Onlineplattformen sind voll mit Games zum Thema Körper: Ab Crack, Thigh Gap, Bikini Bridge, Belly Button Challenge, Underboob Pen Challenge, A4 Yao und Co. sind nicht nur schwer zu verstehen, sondern als Schönheitsideale für eine normale Frau nahezu unmöglich zu erreichen. Es geht um die sogenannte Champagnerrinne, die krass antrainiert werden muss auf einem ohnehin schon ultraschlanken Körper, damit zwischen Brust und

Bauchnabel Flüssigkeit durch einen Kanal fließen kann. Thigh Gap bedeutet, dass man zwischen den Oberschenkeln hindurchblicken kann, ohne dass die Beine extra angespannt werden, während die Bikini Bridge beschreibt, dass im Liegen der Bikini zwischen den Hüftknochen keinen Hautkontakt hat. Bei der Belly Button Challenge geht es darum, einmal mit dem Arm hinter dem Rücken entlang zum Bauchnabel zu greifen. Wer das nicht schafft, ohne sich die Schulter auszukugeln, sollte nach Meinung der Schlankheitspolizei dringend abnehmen. Für A4 Yao muss die Taille so schmal sein, dass sie hinter einem A4-Blatt versteckt werden kann. Hinter 21 Zentimetern unbarmherzigem weißem Papier. Für die Underboob Pen Challenge muss die Brust groß genug sein, dass sie einen Stift halten kann. Hier bin ich Siegerin, ich kann den Inhalt eines ganzen Mäppchens unter meinen Brüsten verstauen.

Die berühmteste Ab Crack der Welt gehört Emily Ratajkowski. Sie bewältigt mit Sicherheit auch alle anderen Challenges ohne Probleme und beweist dies täglich ihren fast 30 Millionen Follower*innen. Seitdem sie 14 ist, arbeitet sie in der Fashion- und Beautyindustrie. Ihre Bekanntheit wurde von Firmen wie L'Oréal und DKNY mit Millionen an Marketingbudget ins Unermessliche gepusht. Sie ist wertvoller Teil der Schönheitsmaschine und trägt zum Reichtum der Konzerne und ihrer Besitzer bei. LVMH, ein Konglomerat aus den Bereichen Fashion, Beauty und anderen Luxusgütern und Mutterkonzern hinter DKNY, ist Europas wertvollstes Unternehmen, das allein im ersten Halbjahr 2022 mehr als 10 Milliarden Euro machte und dessen CEO Bernard Arnault aktuell mit einem Vermögen von 191,3 Milliarden Dollar als reichster Mann der Welt gilt, vor den Gründern der Tech-Giganten oder erfolgreichen Playern der Petro-Chemie. Wer es schafft, für sie zu arbeiten, wird mit Marktmacht in unserem Gehirn gespeichert.

EmRata (so die Abkürzung ihres Namens im Celebrityzirkus) veröffentlichte 2021 ein Buch: *My body*, eine Sammlung ihrer Essays, die unter anderem im *New York Magazine* veröffentlicht wurden. Darin beschreibt sie den Verkauf ihres Aussehens als Befreiung von dem, was sie nach ihrem Studium erwartet hätte: »(…) aber das Geld war besser als das, was meine Freundinnen als Kellnerinnen oder im Einzelhandel verdienten. Ich fühlte mich frei: frei von den Arschloch-Bossen, mit denen sich meine Freundinnen herumschlagen mussten, frei von Studentenkrediten und frei, zu reisen, mehr auswärts zu essen und zu tun, was mir verdammt noch mal gefiel. Es erschien mir verrückt, dass ich jemals die Schule über die finanzielle Sicherheit gestellt hatte, die das Modeln zu bieten begann.«[39]

Sie schreibt über ihr Recht auf Selbstbestimmung, über das Recht am eigenen Bild, über das Geld, das sie verdient, und darüber, wie scheiße die Branche sie als Frau behandelt und dass sie ein öffentlicher Körper ist, ein Objekt und gleichzeitig ein Mensch. Diese explosive Mischung aus Pseudoaktivismus, Nacktheit und Ruhm hat sie zur Kim Kardashian für progressive Intellektuelle gemacht. Gefeiert wird das auch von der als Körper-Aktivistin geltenden Schauspielerin und Autorin Lena Dunham. Sie führte auch Regie bei EmRatas »Pregnancy Reveal Video«[40] und modelte im Bikini für ihr Fashionlabel. Sie sind befreundet, beide Töchter von Intellektuellen, die verstanden haben, wie das System läuft, und sagen, was es dazu zu sagen gibt, während sie für sich rauspressen, was geht.

EmRata benutzt ihr Benutztwerden als Waffe, begreift ihren Ruhm als Schwert, das sie selbst verletzt und trotzdem den Blick auf das Wesentliche freilegt. Was paradox erscheint, ist in einer kapitalistisch geprägten Körperkratie, einer Gesellschaft, in der der schöne Körper regiert und wir gelernt haben, auf ihn zu reagieren, naheliegend.[41] EmRata schafft den Spagat, zeitgleich das Problem und Teil seiner Lösung sein zu wollen und uns beides zu verkaufen. Auch ihr Ab Crack ist direkt nach der Geburt des Babys wieder da und lässt jede Kritik sanft abperlen. Es gibt kein richtiges Leben im falschen.

Was es heißt, kurz nach einer Geburt wieder einen flachen Bauch zu haben, ist mir vertraut, denn ich gehöre zu den wenigen, die dieses unverschämte Körperglück haben. Auch wie Bikini Bridge und Thigh Gap am eigenen Körper aussehen und wie es ist, wenn man sich nach der bestandenen Belly Button Challenge Wasser die Champagnerrinne runterlaufen lassen kann, kenne ich. Und ich weiß, wie es sich anfühlt, nur noch 54 Kilo zu wiegen bei 1,78 und in alle Klamotten zu passen. Man fühlt sich leicht. Ja, verdammt leicht. Aber, wenn man dabei nicht gesund ist, sondern getrieben, dann ist es nicht dieses unbeschwerte Leichtsein, sondern jenes, nach dem sich Leute sehnen, die sich auflösen wollen und der Welt entfliehen. Es ist dieses Magersuchtleicht aus der Hölle.

Abnehmen allein ist nicht zielführend. Kaum eine ist glücklicher oder zufriedener, weil sie abgenommen hat. Die Strapazen und Kosten sind es nicht wert. Ich war nicht glücklicher, als ich schlanker war, und ich mochte meinen

Körper kein bisschen lieber, denn die Vorbilder blieben besser und schöner und schlanker, als ich es je sein könnte. Die Pro-Ana- und Pro-Mia-Seiten meiner Jugend sind mit den Jahren aus dem Netz verschwunden. Ärzt*innen und Soziolog*innen schlugen Alarm, bis die Politik reagierte. Heute gibt es gesetzliche Regelungen gegen Magermodels auf deutschen Laufstegen und den Jugendmedienschutz-Staatsvertrag, der die Seiten verbietet, auf denen sie bejubelt wurden.[42] Sie gelten jetzt offiziell als Verstoß gegen den Jugendschutz. Das klingt gut. Aber ein Blick auf manch fitnesshungrige, megaschlanke Influencerin zeigt: Es gibt Ersatz. Hier lassen sich heute die Jugendlichen inspirieren, die nach Schönheits- und Abnehmtipps suchen. Sie werden nicht verstehen, dass sie okay sind und es ihnen nicht besser geht, wenn sie schöner oder schlanker sind, solange wir sie mit den immer gleichen Bildern konditionieren.

Mit Thinspirations und Beautystandards verhält es sich wie mit Pflanzensamen. Sie sind in der Luft, hängen in unserem Haar und kleben auf unserer Haut. Fallen sie auf fruchtbaren Boden, vermehren sie sich. Befreien wir eine Ritze vom Pflänzchen, blüht in der nächsten ein neues. Solange wir die Nährstoffe bereitstellen für diese Kultur, wird der Schönheitswettbewerb weiterlaufen. Ich ertappe mich selbst, wie ich auf flache Bäuche und Oberarme ohne Winkfleisch starre und mir einbilde, dass mein Leben besser wäre, würde ich nur mit neu modellierten Oberarmen fröhlich aus meiner Instastory strahlen. Wider besseres Wissen, wider all meiner Erfahrung und trotz der wahnwitzig traurigen Geschichten vieler Insta-Sternchen: Sie lächeln uns an, und wir lächeln sehnsüchtig zurück.

Die großen Instagram-Stars sind bekannter als die politisch und gesellschaftlich relevanten weiblichen Persönlichkeiten der Welt. Kim Kardashian und ihre Schwestern, ebenfalls bekennende Feministinnen, deren Follower*innenzahlen im dreistelligen Millionenbereich liegen, sind so unfassbar berühmt, dass es wehtut. Für einen einzigen Post wird ihnen von Unternehmen zwischen 270 000 und 450 000 Euro bezahlt. Langfristige Kooperationen werden mit Multi-Millionen-Verträgen besiegelt.[43]

Jeder erinnert sich an Marilyn Monroe, aber wer kennt Eleanor Roosevelt? In wie vielen Wohnungen hängt Audrey Hepburn, und wer kann sie von der viel größeren Schauspielerin Katharine Hepburn unterscheiden? Wie viele Wissenschaftlerinnen, Entdeckerinnen und Forscherinnen wurden von der Geschichte geschluckt, die uns die Beautyikonen regelmäßig ins Gedächtnis zaubert. Weltberühmte Feministinnen wie Malala bringen es auf Twitter, wo es hauptsächlich um Text und Inhalt geht, zwar auf ähnliche Follower*innenzahlen wie EmRata, auf Instagram aber haben sie nicht einmal 10 Prozent der Gefolgschaft. Für Kamala Harris brauchte es einen milliardenschweren US-Wahlkampf, damit sie als Vice President der USA auf 5 Prozent der Follower*innenschaft von Kim Kardashian kam.[44] Wer erreicht also mehr Wähler*innen? Selbst, wenn es diese engagierte Aktivistin und die Politikerin auf ein *Vogue*-Cover schaffen: Es fehlt das Mediabudget für den nächsten Push. Die Zielgruppe für die großen Zukunftsfragen ist kleiner als die für die nächste neue Wimperntusche. Die Konzerne haben mehr Geld und mehr Schlagkraft durch ihr Geld, durch Neuromarketing und allerhand psychologischer Tricks. So machen sie die Beautys und einige wenige mit unserem Geld reich, während wir fleißig, aber erfolglos unsere Cellulite massieren.

Unsere größten Stars sind nicht berühmt, weil sie besonders sind. Sie sind weder *the most beautiful women or man alive* noch *best dressed*. Sie sind weder besonders geschmackssicher noch fleißiger als ihre sehr engagierten Kolleg*innen. Sie sind einfach nur die besten Litfaßsäulen. Mit ihnen lässt sich besonders viel Profit machen. Sie werden als vertrauenerweckende, coole Ärzte mit George-Clooney-Lächeln bekannt, sagen zwei schlaue Sätze zum Thema Politik und Gerechtigkeit, und schwupps, haben wir Kaffeekapseln gekauft. Verdammt.

Als Testimonial Werbung zu drehen heißt nicht nur, akut sehr viel zu verdienen. Es ist Schweigegeld dafür, dass die Stars ihr Gesicht und ihre Persönlichkeit verkaufen. Die Follower*innen sind der Bonus, der sich wieder in Geld umwandeln lässt. An jeder Hauswand zu hängen, egal für was, bedeutet, im Anschluss wieder Menschen ins Kino, in Konzerte oder auf deinen Kanal zu ziehen und dann wieder in den Drogeriemarkt.

Ich sollte vor ein paar Jahren mal ein Interview geben für ein Magazin, das in Bioläden ausliegt und sich viel mit Naturkosmetik beschäftigt. Es ging um meinen Beruf, aber auch um die Pflegeprodukte, die ich verwende. Die Fragen wirkten harmlos. Ich antwortete wahrheitsgemäß, dass ich nicht an Shampoo glaube und auch ansonsten Olivenöl einem teuren Haaröl oder Abschminkserum vorziehe. Meine PR-Agentin hatte an beiden Fronten einiges zu diskutieren, bis wir einen Kompromiss gefunden hatten, den sie drucken wollten und mit dem ich leben konnte.

Wenn der Ungeschminkt-Trend aufkommt, machen vor

allem die mit, die ungeschminkt gut aussehen. Alles medienwirksam und beautyprodukt-gerecht. Gwyneth Paltrow schmiss eine ganze Ungeschminkt-Party in L. A. und schaffte es, mit ihrem Goop-Imperium erst ihre »natural beauty« zu hypen, mit ihrem Eso-Trash Millionen zu machen, indem sie Rosenquarz-Roller und Mikrobiom-Pulver verkauft, um dann auf ihrem Insta-Kanal für »uniquely, purified anti-wrinkle injection for frown lines«-Botox zu werben. Natürlich »clinically proven« und »FDA approved«. Lasst den Frauen ohne Geld für Botox doch wenigstens das gute Gewissen beim Schminken. Lasst uns das gute Gewissen beim Sein.

Wie also umgehen mit denen, die scheinbar alles haben, was wir wollen? Sind wir neidisch? Sind wir sauer, weil sie verstanden haben, wie es läuft? Sind wir enttäuscht, weil sie sich ausziehen und wir nicht auf ihre Art nackt sein wollen? Können die Kardashians, Beyoncé oder EmRata überhaupt Feministinnen sein? Sind sie Vorreiterinnen mit großer Reichweite, oder erweisen sie der Sache einen Bärendienst? Wir kennen die Reaktionen auf die »Emanzen«, die sich dem Schönheitsdiktat widersetzen, doch zur Genüge: »Kurzhaarige Kampflesben«, »Du kriegst doch eh keinen ab«, »Du musst mal ordentlich durchgefickt werden«. Der Kampf der Popkulturfeministinnen mit dem Beautyimperium kann trotzdem immer nur ein individueller und niemals ein kollektiver sein, weil er auf dem Rücken all derjenigen Frauen* ausgetragen wird, die das Fußvolk in der Schönheitsmaschine sind. Mit ausbeuterischen Kapitalistinnen, die sich nur selbst bereichern wollen, lässt sich schwer eine Revolution planen. Neben den Produkten der Großkonzerne verkaufen die Reichen und

Schönen uns ihre eigenen Gesichtsmasken und ihre eigene Fashionlinie. Frauen*, die gerne aussehen würden wie sie, rennen in Läden, um den Fast-Fashion-Müll zu kaufen, den sie sich nicht leisten können, der sie nicht weiterbringt und der ihre Umwelt und ihre Selbstwahrnehmung zerstört. Die Leidtragenden sind die Frauen*, die das Zeug für die Labels unter fragwürdigen Bedingungen herstellen müssen, und die Frauen*, die alles kaufen, was hier unsinnigerweise beworben wird.

Ist es verlogen, wenn Frauen* sich Feministin nennen und gleichzeitig die Chancen ergreifen, die die Welt ihnen zugesteht? Und wie verlogen ist dann jede von uns? Werbung habe ich nie gedreht, weil ich mich nicht verkaufen wollte, doch ich benutze Social-Media-Plattformen trotzdem als Tool. Marken wähle ich mit Bedacht, wenn es um Kooperationen geht, aber 100 Prozent sauber ist das selten. Auf viele Produkte verzichte ich und benutze trotzdem gerne Concealer, Foundation und Rouge. Ich mag es, gut auszusehen und Fotos bearbeiten zu lassen. Wie unterstützt euer Geld die Medien und die Unternehmen, die diese Mechanik befeuern? Was schlummert in euren Regalen und Aktienportfolios? Wie viele Menschen arbeiten in den Medien, im Marketing oder in anderen Kommunikationsbereichen und ändern täglich nichts? Nicht mit Absicht, sondern weil das System dahinter uns alle schon verschluckt hat.

Wer sich einbildet, der Schönheitswahn und der damit zu machende Profit wären ein Internetphänomen, täuscht sich gewaltig. Schon im 18. Jahrhundert forderte der Schriftsteller Jonathan Swift: »Schönheit sollte besteuert werden, und jede schöne Frau sollte ihre Steuer selbst festsetzen. Eine solche Steuer würde gerne bezahlt und hätte die besten Wirkungen.«[45] Die Instagirls und Models der Nullerjahre sind nicht nur Restbestände des Supermodel-Zeitalters. Sie führen fort, was in der westlichen Welt schon lange galt. Unser Ideal entspringt unserer kulturellen Prägung. Wohlgeformt zu sein ist hier seit jeher Anspruch der Reichen und Sorglosen, die heute durch ihre Omnipräsenz Vorbild für uns alle sind. Schon im antiken Griechenland wurde das Idealmaß des Körpers erforscht. Ernährungstipps und Hinweise zur sportlichen Betätigung finden sich bereits vor über 2000 Jahren. Bei den Römern galt *Mens sana in corpore sano*, ein gesunder Geist in einem gesunden Körper. Ob der Körper gesund ist, wurde damals ebenfalls an seiner äußeren Erscheinung abgelesen.

Menschen quälten sich zugunsten der Schönheit mit Nahrung, Bewegung, Körperpflege und allerhand Verstümmelungen durch die Jahrhunderte. Doch zumeist blieb der Masse nicht die Zeit oder das Geld zur Übertreibung. Die Demokratisierung der Schönheit durch erschwingliche Produkte, bezahlbare OPs und Instafilter mag kurzfristig aussehen wie die Überwindung von Klassengrenzen. Aber irgendwann werden wir merken, dass aus einem Gefängnis für wenige jetzt ein Gefängnis für viele geworden ist.

Das gilt nicht nur für Frauen im Westen. So beschreibt Zarnab Rana in ihrem Artikel »Fake Reality: Women Portrayal in Beauty Product Advertisements of Pakistani Private Channels« die Situation in ihrem Heimatland: »Die Vorstellung, ›perfekt‹ zu sein, wird durch die Medien verstärkt, aber die meisten Frauen leiden unter Ängsten, Depressionen und dem Gefühl, in ihrem Zuhause unsicher zu sein. Die Angst vor Minderwertigkeit und Ablehnung macht sie verletzlich und weniger wettbewerbsfähig in der Gesellschaft, was zu einem Gefühl der Passivität und einem geringen Selbstwertgefühl führt.«[46] Schon längst haben wir mit unseren Beautyidealen die gesamte Welt durchkolonialisiert. Überall auf aller Welt versuchen Frauen, aufgrund fehlgeleiteter und rassistischer Werbung einem unerreichbaren, westlichen Schönheitsideal zu entsprechen, und nehmen dafür unfassbare Qualen in Kauf.

Wer genetisch oder finanziell benachteiligt ist, kann sich immerhin mit der Hilfe von Filtern aufhübschen. Das Angebot ist unendlich und macht unsere Gesichter niedlich oder sexy, die Lippen voll und rot, die Haut glatt und rosig, das Onlineleben glänzend. Es gibt Filter, die unsere Zähne weißer erscheinen lassen, und welche, die uns aussehen lassen, als wären wir ungefiltert schön. Selbst meine Mutter, die im wahren Leben alles ablehnt, vom Haare färben bis zum Bügel-BH, vom Zähne bleichen bis zum Nagellack, war neulich plötzlich gefiltert auf Instagram zu sehen. Als ich sie irritiert anrief und fragte, warum, war ihre Antwort lapidar und nachvollziehbar: »So ist es weniger anstrengend, als das richtige Licht zu suchen und die Wimpern zu tuschen.«

Der nächste Schritt sind die Avatare für das Metaverse. Ich kenne niemanden, dessen Avatar so scheiße aussieht wie die Person in echt. Obschon einige Firmen uns Falten zur Auswahl anbieten. Also tippe ich auf ein bisschen mehr Falten und dann auf ein bisschen weniger Falten und dann auf ein bisschen mehr Falten und dann denke ich: Falten! Das ist ein Avatar. Ich will im Metaverse doch nicht die Einzige mit Falten sein! Speichern. Ich bin im Alltag so gut wie nie geschminkt, aber mein Meta-Avatar trägt Augen-Make-up. Dafür habe ich hier keine Brüste. Zumindest kann man die nicht auswählen. Mit Brüsten steht Facebook ohnehin auf Kriegsfuß. Zwar finden sich in der Auswahl lila Haare, verschiedenfarbige Hörgeräte und Nasenpiercings, Brüste und wirklich schwergewichtige Menschen suche ich vergeblich. Das Web 3.0 ist kein Ort für dicke Titten.

Bereits in den 1960ern war klar, dass die Technisierung es unseren Körpern nicht leicht machen wird. In der beeindruckenden Ausstellung *Future Bodies*, kuratiert von Patrizia Dander, war unter dem Titel »Fragile Körper, kaputte Systeme« an der Wand zu lesen: »Als die Künstlerin Eva Hesse in den 1960er-Jahren ihre ›mechanischen Zeichnungen‹ schuf – grafische Verbindungen von menschlichen und technologischen Formen, die gerade keine funktionierenden Apparate darstellen sollten –, adressierte sie, was heute umso dringlicher scheint: Wenngleich eine Offenheit gegenüber jeder Art von Körpern und Identitäten behauptet wird, ist die Realität geprägt von starren Kategorisierungen, normativen Vorstellungen und der stetigen Verbesserung körperlicher Funktionalität.«[47]

Schon nach einem Nachmittag Filter-Testing und Avatar-Erstellung kann ich mein echtes Gesicht nicht mehr ertragen, wenn ich am Spiegel vorbeimuss. Weil ich mir nicht gefalle, mag ich es immer weniger, Schnellschuss-Selfies zu posten. Gleichzeitig bin ich zu faul und zu eitel für den engagierten Filtergebrauch. Ich poste Bilder von Drehs und Events, bei denen ich gut geschminkt bin, oder ich überlasse die Bildbearbeitung den Fotograf*innen. Um die öfter zu buchen, bin ich zu geizig. Am Ende bin ich neidisch auf diejenigen, die ihre Bilderflut professionalisiert haben und jedes durch die Korrekturschleife jagen, und auf die, denen es egal ist. Aber saßen die schon einmal mit einem Produzentenkollegen im Casting und haben den mutmaßen hören, ob eine Schauspielkollegin vielleicht schlechte Haut hat? Der Tod für eine Schauspielerin. Ich weiß doch, wie es läuft. Warum wehre ich mich so?

Ich arbeite beim Film, ich kenne ich alle Tricks. Digitale Bildbearbeitung steht am Ende eines langen Prozesses der Bildkreation. Davor liegen: Schminke, Licht, Kameraeinstellung, Linse. Ich weiß genau, wo wir getäuscht werden, was ein bisschen mehr oder weniger Kontrast mit der Haut anstellt und wie man jemanden in Szene setzt. Desgleichen, wie man dünn aussieht und wie man dünn wird. Es ist Teil meines Berufs, das Schöne und das Hässliche zu durchdringen und zu inszenieren.

> »Die Menschen mögen Schönes. Sie wollen Schönes anfassen, Schönes anschauen und nach Möglichkeit selber schön sein. Schönes hat Wert. […] Um nach Schönheit zu streben, braucht man keinen Grund. Schön ist gut. Und gut macht glücklich. Glück lässt sich sicher verschieden definieren, aber jeder, bewusst oder unbewusst, will auf seine Art glücklich sein. Selbst ein Mensch, der sterben will. Er sieht sein Glück im Tod. Er sieht sein Glück in der Auslöschung seiner selbst. Die Antwort lautet: Glück. Nicht mehr und nicht weniger.«[48]

Natsuko, die Ich-Erzählerin und Protagonistin in Mieko Kawakamis Roman *Brüste und Eier* macht sich Gedanken über den Schönheitsfetisch japanischer Frauen. Sie versucht herauszufinden, warum ihre Schwester, eine finanziell schlecht aufgestellte alleinerziehende Mutter, die mit fast vierzig als Hostess in einer Bar jobbt und sich berufsbedingt die Nächte mit betrunkenen Männern um die Ohren schlägt, unbedingt eine Brust-OP braucht und kein anderes Thema mehr kennt. Die Schwester der Protagonistin ist bereit, für das Schönheitsglück zu hungern, sich ätzende Creme auf die Brustwarzen zu schmieren, damit sie heller werden mögen, und sich für viel Geld, das sie nicht hat, unters Messer zu legen. Am Ende der Qual vermutet sie ein glücklicheres Leben. Trotz Schmerzen. Trotz Schulden. Trotz Gefahr.

Die nicht befriedigte Suche nach Glück begleitet unsere globalisierte Unzufriedenheit. Wen wundert es da, dass sich manche nackt fühlen, wenn sie nicht geschminkt sind? Dass Frauen auf der ganzen Welt viel, viel Geld investieren in neue Brüste, neue Zähne und in Pflegeprodukte. Frauen verbringen Monate ihres Lebens damit, Haare zu färben, Gesichtsmasken zu tragen und Krähenfüße zu massieren. Wenn Filler und Botox nicht mehr reichen, wird operiert. Von der Lidfalte bis zu den Schamlippen. International steigen die Zahlen. Corona verstärkte den Trend erneut. Die Branche boomt. Gleichzeitig legt die Attraktivitätsforschung nahe, dass gut aussehende Menschen es leichter im Job haben.[49] Das Schönheitsstreben regiert als *self fulfilling prophecy*. Am Ende steht ein erhoffter Erfolg: Job. Geld. Anerkennung.

Schönheits-OPs machen die wenigsten Frauen glücklicher. Im Gegenteil. Frauen, die ihre Brüste vergrößern lassen, haben ein dreifach erhöhtes Risiko, Suizid zu begehen, im Verhältnis zum Durchschnitt.[50] Der Auslöser ist nicht die Operation, sondern das Selbstbild oder die Selbstverachtung, die dazu führte, den Eingriff vornehmen zu lassen. Die Selbstverachtung, die wir als Gesellschaft schüren.

Ich hätte trotzdem gerne operierte Brüste. Das denke ich jedes Mal, wenn ich vorm Spiegel stehe und keinen BH trage. Auch wenn ich Frauen ohne BH sehe oder mit freien Rückenausschnitten. Wenn ich im Bett liege und meine Brüste auf beiden Seiten ganz entspannt Richtung Achselhöhle gleiten und den Armen den Platz nehmen, an meinem Körper entlang auf die Matratze zu sinken. Als meine Kinder klein waren, liebten sie diese Brüste. Meine Brüste haben sie genährt und ihnen Geborgenheit geschenkt. Kleinkinder greifen auch in der Öffentlichkeit in T-Shirts und suchen an der Brust nach Nähe. Auch nach dem Stillen kam meine Tochter immer wieder zu mir und wollte mit meiner Brust kuscheln. »Meine Brust«, sagte sie dann, wackelte daran herum und giggelte. Eines Tages, als sie morgens neben mir im Bett lag, schob sie sie aus der Achselhöhle nach oben, sah ihr beim Hinabsinken zu und wurde immer genervter. Sie fragte mich enttäuscht: »Warum rutscht die immer runter, ist die kaputt?«

Damit hatte ein dreijähriges Kind erkannt, wie ich mich fühle: Etwas ist kaputt. So, als müsste ich repariert werden. Und gleichzeitig frage ich mich: Was würde meine Tochter daraus lernen, wenn ich jeder Schlabberbrust und jedem Fehler mit einem Skalpell zu Leibe rücke? Kann ich mir als Vorbild erlauben, Geld und Gesundheit zu riskieren für ein Stück Pseudo-Jugendlichkeit? Ich bin ratlos. Ich will weder mir selbst noch meinen Kindern noch der Gesellschaft mit meinem Selbstbild schaden, aber genauso gerne würde ich mich in meinem Körper ein bisschen wohler fühlen. Wo verbirgt sich gesunder Verbesserungswille, und wo lauert der manische Selbstoptimierungswahn?

Ich frage mich: Wie viel Hyaluron passt in das Gesicht einer intelligenten Frau? Wie viel Botox kann ich meiner politischen Haltung zumuten? Wie viel Hängebrust braucht meine feministische Agenda? Der Streit wird offen und erbittert geführt, und es gibt nur eine Antwort: Eindeutigkeit. Du bist dafür oder dagegen. Du lässt was machen, oder du stehst zu deiner Natur. Aber das Leben spielt sich in den Ritzen und Nähten dazwischen ab, da, wo unsere Ideale von Träumen davongeschwemmt werden und wo Zweifel hart zuschlagen, wenn wir glauben, dass es Klarheit gibt. Die einzige Frage, die am Ende bleibt, ist: Welche Frau will ich sein?

Die Antwort ist so eindeutig wie peinlich. Der Schönheitskomplex hält mich fest umschlungen: Neben all den inneren Werten, dem echten Erfolg und dem erstrebenswerten Wissen wäre ich am liebsten die schönste Frau der Welt. Eine Greta Garbo, eine Marlene Dietrich, eine Audrey Hepburn. Ich würde gerne besser aussehen, ich würde gerne nicht altern, ich wünsche mir makellose Haut und ein festeres Bindegewebe. Ich wäre gerne eine echte Version der ganzen Fakes in den Medien. Eine Frau, die morgens aufwacht und sich wohlfühlt in ihrer Haut, weil sie alle Parameter erfüllt. Eine Frau, die es nicht gibt.

Ist eine Welt mit normalen, unveränderten Körpern überhaupt noch realistisch? Unser Körper ist ohnehin ein Produkt. Das Ergebnis unserer Herkunft, unseres Umfelds, unserer Kultur, unserer Konditionierung. Wir sind unsere Vorfahren, ihre Ängste, ihre Krankheiten, ihre Bewegung. Unsere Körper sind gemacht. Die Art, wie wir uns verhalten und wie wir uns pflegen. Es beginnt mit dem Bleichmittel in der Zahnpasta und den gefärbten Haaren. Und es wird nicht enden mit Silikonschläuchen in unseren Lippen und dem Eigenfett in unserem Hintern.

Unsere gesellschaftliche Stellung ist heute nicht mehr gottgegeben. Der als Leistungsgesellschaft getarnte Kapitalismus, in dem du alles werden kannst, wenn du nur hart genug dafür arbeitest, aber eigentlich immer idiotisch im Hamsterrad rennst, vermittelt die Idee von Aufstiegschancen. Wer genetische oder soziale Vorteile wie Intelligenz, Schönheit, sportliche Begabung oder Findigkeit aufweisen kann, hat es leichter. Zwar kann Vermögen über vieles hinwegtäuschen, aber noch haben Talente, Nerds und Schönheiten eine Chance.

Doch was passiert, je mehr die Fähigkeiten und das Aussehen eines Menschen durch den Geldbeutel der Eltern definiert sind? Der »bessere«, der klügere, der schönere Mensch wird geboren. Das Göttliche wird zum Greifen nah. Schon heute lassen uns Samenbanken den vielversprechendsten Genpool anhand von Bildern und Daten erahnen und auswählen. Blutgruppe, ethnische Zugehörigkeit, aber auch Hobbys und Persönlichkeitstests sollen den Kund*innen das beste Material garantieren. Welche Augenfarbe soll unser Baby haben? Wie sportlich soll es sein? Sie können mit Kreditkarte zahlen. Die körperliche Zweiklassengesellschaft ist schon da, und sie wird sich noch massiver ausbreiten.

Designerbaby. Das klingt nach Science-Fiction, nach dystopischen Filmen wie *Gattaca*. Hier wird die Menschheit unterteilt in valide und in-valide Menschen. Erstere sind durch künstliche Befruchtung entstanden und wurden geprüft. Zweitere auf natürlichem Weg. Im Film wird auf die Gefahr des Genetic Engineering aufmerksam gemacht. Es wäre nicht das erste Mal, dass absurd wirkende Filmhandlungen von der Wirklichkeit übertroffen werden. Methoden wie CRISPR-Cas9 sind bereits auf dem Vormarsch. Die sogenannte Genschere – oder auch molekulares Skalpell – erlaubt einzelne Genabschnitte herauszuschneiden oder durch andere zu ersetzen. Der Einsatz in der Medizin ist geplant und wird viele Krankheiten verhindern.[51] Die Genschere wird außerdem genetische Modifikationen zugunsten unserer Talente und Fähigkeiten sowie äußerer Faktoren erlauben: Hautfarbe, Augenfarbe, Größe, … *you name it.*

Natürlich wünsche ich mir für meine Kinder und Enkel*innen nur das Beste. Und bislang konnte ich mich mit gutem Gewissen dafür entscheiden, keine Fruchtwasseruntersuchung zu machen und die Babys zu Hause zur Welt zu bringen. Niemand würde sie deshalb von irgendetwas ausschließen, ihnen einen Beruf verweigern oder sie als minderwertig betrachten. Dafür bin ich dankbar. Ob das in einer durchdesignten Zukunft noch möglich sein wird, ist fraglich. Wenn die Option besteht, die Ausgangsposition für das eigene Kind zu verbessern: Werden wir sie nutzen? Würde ich sie nutzen? Wo sind die Grenzen?

Schon heute können wir feststellen, dass Kinder mit Behinderungen kaum mehr geboren werden. Die Präimplantationsdiagnostik und verschiedene Tests bei Schwangeren in Verbindung mit Spätabtreibungen machen es möglich. Ich habe Verständnis für jede Familie, die eine solch schwere Entscheidung trifft. Doch Inklusion erscheint dadurch als Übergangsthema. Behinderungen werden vermieden, und die, die wir im Laufe unseres Lebens erlangen – was den Großteil unserer Behinderungen ausmacht –, bekämpfen wir mit aller Macht. Prothesen, Laserbehandlungen, Hörgeräte, künstliche Gelenke. Es wird an der Reduktion vermeintlicher Fehler gearbeitet. Ist der moderne Plastikmensch unausweichlich?

Wie sollen wir uns dem entziehen, wenn unsere sechzigjährige Freundin mit straffem Kinn zum Abendessen kommt? Mit hängenden Hautlappen daneben sitzen? Halten wir das aus? Halte ich das aus? Kann ich mir nicht vorstellen.

Schuld und Sühne

Unser Körper ist Gegenstand eines Krieges. Es ist ein Krieg mit unerwarteten Kontrahent*innen und ungewissem Ausgang. Wie in jedem Krieg fallen Ressourcen mal dieser, mal jener Seite in die Hände. Wie in jedem Krieg hüllen die ins Feld geführten Ideologien die Gegner*innen und den Schauplatz in den Nebel des Ungefähren: Manchmal erkennen wir, dass etwas unseren Blick verstellt, ein andermal ist es Teil unseres Normalzustandes, wie die Schwerkraft, unsichtbar, aber unentrinnbar.

– SUSIE ORBACH, *BODIES*[52]

Warum tun wir uns das alles an? Die hohen Schuhe, die zu engen Hosen, die Qual vorm Spiegel? Die Nasenkorrektur, die Intimspülung, die Anti-Cellulite-Massage? Warum buchen wir Behandlungen mit Fäden, Hyaluron und Mikronadeln? Warum gehen wir zur Maniküre, Pediküre und zum Friseur? Warum stecken wir unser hart verdientes Geld in teure Cremes, die nur die Chemiekonzerne reich machen, aber niemals unsere Haut? Warum kämpfen wir gegen unser Gesicht, unser Haar und unser Fett? Warum kämpfen wir gegen uns selbst?

Schönheit ist eine harte Währung und bleibt für Frauen oft die einzige bezahlbare Eintrittskarte. Wer mit an den Tisch will, an dem Entscheidungen getroffen werden und an dem Geld verteilt wird, hat es als Frau mit Talent und Leistungsbereitschaft oft schwerer als ein vermeintliches Püppchen, das so tut, als sei es ungefährlich. Kein Wunder also, dass viele Frauen aufgeben und den leichter erscheinenden Weg wählen, solange sie jung und attraktiv genug sind, um als schmückendes Beiwerk an Armen zu hängen. Das gilt ganz besonders da, wo Glamour und Oberflächlichkeit zu Hause sind: Filmfestspiele in Cannes, *Hôtel du Cap-Eden-Roc* in Antibes, eines der prächtigsten und teuersten Hotels an der Côte d'Azur. Es wurde 1863 vom Gründer des *Le Figaro* fertiggestellt, mit der Hilfe von französischem und russischem Geld. Seither übernachteten hier Olga mit Pablo Picasso, Marlene Dietrich mit Erich Maria Remarque, Yoko Ono mit John Lennon und Amal mit George Clooney. F. Scott Fitzgerald setzte dem Hotel mit seinem letzten Roman *Zärtlich ist die Nacht* ein Denkmal. Der Ort wurde zum Mythos. Heute kostet das kleinste Zimmer in der Nebensaison über tausend Euro die Nacht und ein simples Pasta-Gericht viel zu viel für Normalsterbliche. Ich bin eingeladen von solventen Co-Produzenten. Die Sonne blendet, der Wein ist kühl und das Essen solide. Mit mir am Tisch sitzen fünf weiße Männer zwischen 45 und 60, die das Mein-Haus-mein-Auto-mein-Boot-Spiel spielen. Nur geht das beim Film etwas anders: Mein Film, mein Budget, meine Party, mein Star. Das Ergebnis ist dasselbe: Selbstinszenierung. Das Gegockel ist nicht angenehm, aber erträglich, wenn ich dabei über den Pool hinweg aufs Meer blicken darf. Das Game und das Gehabe sind mir durchaus geläufig, immerhin mache ich seit fast zwanzig Jahren Filme. Obwohl ich mich eingenistet habe in diesem Spiel der Ambivalenz, bin ich immer Zuschauerin geblieben. Lachend kann ich über dumme Sprüche stolpern, mich selbst auffangen und darüber lustig machen. Ich spiele den Narren am Hofe des Königs, bin streng, aber unterhaltsam, integer, aber flexibel, erfahren, aber neugierig.

Wir Filmleute ziehen in ein paar Stunden weiter zur nächsten Party. Was wir im *Eden-Roc* zurücklassen, ist diese surreale Hollywood-Film-Stimmung. Wer bleibt, sind die noch älteren Männer, die ihr Statusspiel den ganzen Tag so erbärmlich weiterspielen wie in Ruben Östlunds

Film *Triangle of Sadness*, und die jungen Frauen, die in Chanel Total Looks und mit ausdruckslosen Gesichtern in ihr Handy starren. Sie sehen so perfekt aus wie das Essen auf ihren Tellern, das sie nicht anrühren. Schönheit ist ihr Beruf. Ihre Bühne ist weder das Theater noch das Kino oder der Laufsteg. Ihre Bühne sind die Luxushotels und Privatyachten. Hier verdienen sie teuren Schmuck, außergewöhnliche Reisen und, wenn alles gut geht, ihre Rentenversicherung in Form einer Ehe. In *Triangle of Sadness* bringt es die Hauptdarstellerin auf den Punkt: »Was, wenn ich schwanger werde und nicht arbeiten kann? Ich muss wissen, dass die Person, mit der ich zusammen bin, sich um mich kümmert. Sonst vergeude ich meine Zeit. […] Ich bin ein Model, Schatz. Der einzige Weg, aus diesem Leben rauszukommen, ist, die Trophäenfrau von jemandem zu werden.«[53]

Gewiss sind nicht alle Frauen, die ich an diesem Nachmittag treffe, Models, die Trophywife werden wollen, und nicht alle Callgirls, die mit reichen Männern ihr Geld verdienen, aber nachweislich laufe ich in einer Woche Cannes etlichen Sexworkerinnen über den Weg, von der Straßenprostituierten bis hin zu den »putes de luxes«. In Cannes kann eine Frau angeblich bis zu vierzigtausend Euro die Nacht verdienen. »Frauen, die während der Filmfestspiele in Cannes auf Yachten untergebracht sind, werden ›Yacht-Girls‹ genannt, und die Grenze zwischen professionellen Prostituierten und B- oder C-Listen-Hollywood-Schauspielerinnen und -Modellen, die für Sex mit reichen älteren Männern bezahlt werden, ist manchmal sehr fließend«, erklärt ein Veteran der Filmindustrie.[54]

Um in diesem Job erfolgreich zu sein, braucht es gewiss Fingerspitzengefühl, bestimmte Umgangsformen und einen Sinn für die Bedürfnisse der Gönner. Vor allem aber braucht es ein bestimmtes, normschönes und gepflegtes Aussehen. Die Girls auf der Terrasse des *Eden-Roc* vermitteln ganz klar: Einen Millionär bekommst du nicht mit dicken Beinen und unreiner Haut. Alle hier sind elegant und makellos. Wenn du nicht reich wirst, so liegt es daran, dass du nicht schön genug bist, um dich fürs Frühstück oder die Yacht als Begleitung zu wählen. Der Kapitalismus ruiniert unser Körpergefühl.

Westlich sozialisierte Frauen lernen schon früh, dass weiblicher Reichtum und damit verbundene Macht ein Ergebnis von Schönheit und Angepasstheit sind. In jedem Fall braucht Frau dafür einen Mann. Sie kann den Umweg über die eigene Karriere wählen und dann den Prinzen abstauben, wie Meghan Markle, oder sofort aufs Heiraten setzen. Die einzige Ausnahme gilt für Töchter von reichen Vätern. Einen Platz unter den Top Ten auf der *Forbes*-Liste der reichsten Frauen hatten 2022 ausschließlich Erbinnen oder Ex-Gattinnen von Milliardären inne. Die Liste wird angeführt von Françoise Bettencourt-Meyers, Erbin des L'Oréal-Imperiums, das ihr Großvater gründete (dessen Lebensgeschichte ein eigenes Kapitel an patriarchalem Machtmissbrauch und Einflussnahme offenbart), und damit finanziell erfolgreichste Nutznießerin unserer Unzufriedenheit. Auf weiteren Plätzen der Liste folgen Alice Walton (Erbin von Walmart), MacKenzie Scott (Ex von Jeff Bezos, Gründer von Amazon) und Julia Koch (Erbin von Koch Industries, ihr Mann verstarb).[55] Der Eindruck bleibt: Männer erwirtschaften das Geld, Frauen bekommen es von Männern geschenkt.

Dieser Reichtum ist so weit weg von unser aller Lebensrealität und Vorstellungskraft, dass manche meinen, dass er uns egal sein könne. Auf diese Art reich zu sein, ist obszön, unangenehm und umweltschädlich. »Diesen Reichtum wollen wir doch gar nicht!«,sagen daher viele und resignieren gegenüber ihrer eigenen Ohnmacht und einer sich anbiedernden Politik. Das System ist schuld, und das System ist uns scheinbar entglitten.

Wie schreibt die große Sibylle Berg, bekennende Straight Edge Punk, so schön in ihrer allerletzten *Spiegel*-Kolumne:

> »Während viele der Leser*innen hier bewusst in drei Pullovern und sechs Socken gewrapt in ihren Wohnungen sitzen, die sie entweder gar nicht heizen wegen der zu erwartenden hohen Rechnungen oder nur auf 18 Grad, haben sie doch das gute Gefühl, es irgendwie auch für das Klima zu tun. Und für die Reichen. Also die zehn Prozent der Weltbevölkerung, die für mehr als die Hälfte der Kohlenstoffemissionen seit 1990 verantwortlich sind. Wir sind/werden gerne arm, damit der Irrsinn des steigenden BIPs, das nichts über unsere Lebensbedingungen aussagt, weitergehen kann. Und Unternehmen ihre Aktionäre mit geplanter Obsoleszenz erfreuen, Berge von Schrott erzeugen, und Amazon Waren ökologisch sinnvoll um die halbe Welt fliegt, um Retouren irgendwo zu verbrennen.«[56]

Waren. Schrott. Shopping. Wir müssen auch unsere eigene Gier in Augenschein nehmen und unsere Bequemlichkeit. Keinesfalls wollen wir den wahren Preis bezahlen, den all diese Produkte kosten müssten, wenn die Lieferketten und

Produktionsketten fair und nachhaltig wären und die Umweltverschmutzung mit eingepreist würde. Niemand will verzichten. Alle wollen dabei sein. Erfolgreiche und reich gewordene Menschen, also meistens Männer, werden gefeiert und hofiert. Von Elon Musk bis Jeff Bezos. Selbst um die Queen, die Vorsteherin eines kolonialen, rassistischen und ausbeuterischen Systems, wurde weltweit getrauert.

Diese Menschen haben ihren Reichtum größtenteils durch die Unterdrückung anderer erwirtschaftet, bedienen sich, ohne zurückzugeben, und werden dafür bewundert, dass sie dem Staat ein Schnippchen schlagen. Denn allzu oft richtet sich die Wut, die eigentlich ihnen gelten sollte, gegen den Staat, den diese Reichen ausbeuten und als Handlanger missbrauchen. Dabei entsteht der Eindruck, dass Politiker*innen heutzutage oft noch ohnmächtiger wirken als die Bevölkerung. Ist das der Grund, wieso Uli Hoeneß nach einem Gefängnisaufenthalt wegen Steuerhinterziehung wieder Präsident des FC Bayern wurde? Werden wir deshalb von einem Bundeskanzler regiert, der dubiose Cum-Ex-Geschäfte zumindest geduldet hat und sie zu vertuschen versucht? Ansage von oben. Wer wählt diese Leute? Ein großer Teil unserer Bevölkerung. Wem nutzen diese Leute? Den oberen zehn Prozent.

Das reichste Prozent besitzt, international betrachtet, über die Hälfte des weltweiten Vermögens.[57] Die Zahlen für Deutschland sehen nur wenig besser aus. Hier entfällt rund ein Drittel des Vermögens auf ein Prozent der Haushalte. Ein weiteres Drittel wird den nachfolgenden neun Prozent zugerechnet. Somit bleibt das letzte Drittel für neunzig Prozent der Bevölkerung, also die erschreckend große Mehrheit.[58]

53,2 Prozent der Weltbevölkerung müssen mit 1,1 Prozent des weltweiten Vermögens auskommen. Also mit nichts. Sie haben kein ausreichendes Essen, keine Bildung, keine Privilegien. Viele von ihnen wünschen sich nur eines: dazuzugehören, reich zu sein, mitzuspielen im Game, das die Großkonzerne über all die Bildschirme flimmern lassen. Rap von Gucci bis Lamborghini brüllt immerzu: Respektiere mich, ich bin angekommen im Kapitalismus. Haste was, biste was. Egal ob Gangster oder Adel, Clankriminalität war in Deutschland schon immer angesagt. Es bleibt schwer, sich auf andere Art Anerkennung und Respekt zu verschaffen. Du musst das Geld klauen – mit Gewalt oder per Gesetz.

Die sogenannte Mittelschicht will sich auch lieber vermögend fühlen und blickt gemeinsam mit den Reichen auf die Menschen herab, die von Armut betroffen sind. Geht es um ihre Unterstützung, wird jeder Cent gespart, jede Erhöhung verhindert und jede Sozialleistung mehrfach geprüft. Kein armer Mensch soll nur einen Cent zu viel bekommen. Diese Denkart bildete den Nährboden für die Hartz-IV-Reformen, Selbstständigkeit für alle und den unendlich großen Niedriglohnsektor, also für die Abschaffung des Sozialstaats. Viele Unternehmen haben die Verantwortung für ihre Mitarbeitenden outgesourct, die Start-up-Szene ändert mit Überstunden schiebenden Mitarbeitenden die Welt, bis das Ding meistbietend verscherbelt wird, und wir pendeln frustriert zwischen Ohnmacht und Konsum. Wir wissen, dass bestimmte Formen von Herkunft, mangelnde Bildung, Krankheit und Elternschaft Menschen arm machen. Trotzdem reichen wir den Betroffenen keine rettende Hand, aus Angst davor, sie könnten uns mit nach unten ziehen. Allenfalls werfen wir ihnen Almosen hin und erwarten dafür Dankbarkeit. Wer sich nicht allein freischwimmen kann, hat verloren. Es ist müßig, an dieser Stelle erneut zu erwähnen, welchem Geschlecht die Reichen beziehungsweise die Armen en gros angehören. Auch in Deutschland sind die Sparvermögen von Frauen* eklatant niedriger als die von Männern, obwohl Frauen* prozentual gesehen mehr Geld ihres Einkommens zurücklegen. Das liegt am Pay Gap und an der massiven Steuerungerechtigkeit namens Ehegattensplitting – bzw. höherer Besteuerung des Zweitgehalts – sowie an der dadurch häufig beeinflussten Entscheidung für den schlecht bezahlten Teilzeitjob. Zusammengenommen führt das für sehr viele Frauen* zu niedrigen Renten und sich manifestierender weiblicher Armut.[59]

In der kapitalistischen Wirtschaftsordnung, in der wir leben, ist es daher essenziell, sich mit dem Thema Geld und Besitz auseinanderzusetzen. Die Superreichen gehören zur Verantwortung gezogen bzw. deutlich stärker besteuert, wenn wir nicht zurückwollen in eine Verteilungs- und Machtstruktur wie vor der Französischen Revolution. Reichtum geht schließlich mit Entscheidungsgewalt einher. Wenn große Teile der Bevölkerung wegsehen und den Reichtum nicht beanspruchen, den sie erwirtschaftet haben, lassen sie sich die Chance auf tief greifende gesellschaftliche Veränderungen und Einflussnahme entgehen. Da weiße Hetero-Cis-Männer über den Großteil des Geldes in dieser Welt verfügen und damit über die Finanzen von Frauen* und anderen unterprivilegierten Gruppen bestimmen, haben sie die Macht, die Regeln zu diktieren: für die Besteuerung ihres Geldes, für unsere Gesellschaftsform und für das Aussehen und das Mitspracherecht von Frauen*. Unterdrückung beginnt immer mit Gewalt, Geld und Macht. Genau hier müssen wir also ansetzen und die Rückverteilung des Geldes einfordern. Es ist genau dieser unangenehm große Reichtum, den wir zurückhaben wollen – und zwar verteilt auf alle.

Vor allem Frauen* sollten damit beginnen, sich mit Geld zu befassen, es erwirtschaften und anlegen zu wollen. Ökonomische Gleichberechtigung ist der Schlüssel für mehr Gerechtigkeit und Veränderung. Frauen* müssen lernen, dass das Wertvollste, was eine Frau besitzen kann, nicht ihr Körper ist, auch wenn es noch immer so scheint. Sie müssen Möglichkeiten für gesellschaftliche Mitsprache finden, die eben nicht darauf beruhen, den Körper zu verleihen oder zu verkaufen. Der feministische Leitspruch »Mein Körper gehört mir.« geht in diese Richtung. Er ist ein Aufruf zur Selbstbestimmung. Denn nur durch die Idee, dass Körper besessen werden können, entsteht die Möglichkeit, sich einzubilden, man könne ihn veräußern, in die Sklaverei überführen oder von seiner Seele getrennt betrachten. Was aber, wenn ein Körper gar nicht besessen werden kann, weil er Subjekt ist und kein Objekt? Was, wenn wir unser Körper sind und damit frei?[60]

Eine Frau soll über ihren Körper frei verfügen können, soll ihn benutzen, vermieten, verleihen, bedienen. Gehören darf sie dabei niemandem. Wir sollten immer das Recht auf Selbstbestimmung, Autonomie und Unabhängigkeit haben, ungeachtet der gesellschaftlichen Machtverhältnisse. »Selbstbestimmung geht über die Überwindung bzw. Abwesenheit von äußerem Zwang hinaus. Sie erfordert positives Bewusstsein über Möglichkeiten eigenen Handelns mit einem Spektrum von Anpassung bis Ausbruch. Geschlechtliche Selbstbestimmung schließt Abweichung, Veränderung und Deutungshoheit über körperliche Geschlechtsmerkmale ein.«[61]

Wenn in einer Gesellschaft Frauen* über ihren Körper definiert und dabei objektifiziert und als Ware betrachtet werden, führt das dazu, dass Frauen* jede Unzufriedenheit gegenüber sich selbst oder ihrem Leben beständig auf den eigenen Körper projizieren. Das macht unseren Körper zum natürlichen Feind. Zum Schuldigen. Der Körper ist das Kapital der Frau. Funktioniert er nicht im Sinne der ihm aufoktroyierten Bestimmung, ist er zur Verantwortung zu ziehen. Wir bestrafen unsere Körper mit Hunger oder Gewalt, mit Be- und Misshandlungen. Wir quälen uns, stürzen uns in selbstzerstörerisches Verhalten oder ungesunde Beziehungen, weil wir dem Leistungsdruck in diesem Hamsterrad nicht standhalten können, das uns auf der Suche nach Selbstermächtigung ins Leere laufen lässt.

Die Deutungshoheit über den eigenen Körper wird bis heute immer noch unterdrückt und bestraft. Forschung, Philosophie und Politik bleiben, auch bezogen auf den weiblichen Körper, vom männlichen Blick dominiert. Besonders wenn es um das sexuelle Begehren von Frauen geht. In *Morgen wird Sex wieder gut* beschreibt Katherine Angel, wie sehr eine frei gelebte weibliche Sexualität Frauen nach sexuellen Übergriffen zum Verhängnis werden kann:

> »Das ideale Opfer ist, wie ein prominenter britischer Anwalt einmal sagte, ›vorzugsweise sexuell unerfahren oder wenigstens unbescholten‹. Der Beweis, dass

> eine Frau Apps wie Tinder benutzt hat, um Sexualpartner kennenzulernen, kann sich vor Gericht gegen sie wenden, auch wenn er für die eigentliche Anklage im Prozess irrelevant ist, und die Bereitschaft einer Frau, Gelegenheitssex mit einem Fremden zu haben, spricht in der Verhandlung oft deutlich gegen sie. [...] Anzeichen für Genuss werden Frauen als Fehler angerechnet – ebenso besondere Vorlieben oder Kinks, zu denen, nebenbei bemerkt, Frauen seit Jahrzehnten von Frauenmagazinen und Sexratgebern aufgerufen werden, sie im Namen der sexuellen Befreiung auszuprobieren.«[62]

Diese Schuldgefühle und Schuldzuweisungen werden von uns allen internalisiert. Selbst wenn wir Rückschläge oder Gewalt und Erniedrigung erleben: Wir machen unsere Körper dafür verantwortlich. Wenn wir an Überforderung leiden und die Doppelbelastung von Arbeits- und Care-Work-Stress nicht schaffen, dann hat der Körper versagt, nicht das System. Wenn wir erfolgreich sind, haben wir uns hochgeschlafen oder Schwänze gelutscht und gelten als billige Bitches. Wenn wir erfolglos bleiben – im Beruf oder in der Liebe –, sollten wir mal mehr lächeln und uns eine neue Frisur zulegen oder gleich ein ganzes Makeover buchen. Wenn wir nicht schwanger werden, liegt es an unserem Körper, an unserer Ernährung, unserem Verhalten, an unseren Hormonen. Deshalb wird Verhütung noch immer beim weiblichen Körper eingefordert. Pille, Diaphragma, Spirale, Fruchtbarkeitstest. Zwar gibt es gerade unter jungen Frauen einen signifikanten Rückgang bei der Nutzung der Pille, doch verhüten laut einer Studie im Jahr 2019 noch immer 47 Prozent mithilfe dieser hormonellen Methode.[63] Wenn wir ungewollt schwanger werden, haben wir nicht richtig verhütet oder konnten unseren Körper nicht gut genug kontrollieren. Wenn wir dumm angemacht werden, war unser Rock zu kurz, unser Blick zu aufreizend und unser Körper zu sexy. Wenn wir vergewaltigt werden, hat unser Körper die Männer dazu getrieben, uns ungewollt zu penetrieren. Wenn aus diesem grausamen Übergriff eine Schwangerschaft resultiert, dann können wir es ja nicht so schlimm gefunden haben, sonst hätte unser Körper die Einnistung doch verhindert.

Gesetze und Regeln untermauern diese Haltung in vielen Ländern. Tina Hartmann schrieb in der *Frankfurter Rundschau* über die Verbindung zwischen Frauenfeindlichkeit und rechter Politik und blickte dabei erkenntnisreich auf das Abtreibungsgesetz in einem unserer Nachbarländer: »Es wie in Polen zu verschärfen bis zu dem Fall, in dem die Frau vergewaltigt wurde, der Fötus missgebildet ist oder die Geburt die Frau gefährdet, ist der feuchte radikal patriarchale Traum von der vollständigen Kontrolle über den weiblichen Körper. Es ist der Traum von der femizidalen Vergewaltigung.«[64]

Diese Narrative sind international derart verbreitet, dass es fürchterliche Folgen für Frauen und Mädchen hat. Gerade wenn es darum geht, die sexuelle Begierde von Männern abzuwenden, die ihren vermeintlich unkontrollierbaren Trieb nicht selbst im Zaum halten können. In patriarchal geprägten Gesellschaften auf der ganzen Welt kommt es mit dieser Begründung zu Gewalt gegen Frauen, wobei ihr Körper als Ursprung der Schuld und des Übels definiert wird. Im Zentrum dieser Haltung, die innerhalb der meisten Religionen geteilt wird, steht oftmals die absurde Idee der Jungfräulichkeit, die mit dem intakten Jungfernhäutchen oder Hymen verbunden wird. Dies führt zur Erwartung, dass die Frau in der Hochzeitsnacht, in der es zum ersten Sex ihres Lebens kommen soll, bluten müsse. Eine Haltung, die wir heute oft dem Islam zuschreiben, die jedoch einen klaren Ursprung in der Bibel hat: »Obwohl der Koran vorschreibt, dass sowohl die Frau als auch der Mann als Jungfrau heiraten soll, wird nicht erwähnt, dass dieser Blutverlust in der Hochzeitsnacht notwendig ist. Die Bibel ist das einzige religiöse Buch, das – im Deuteronomium, Kapitel 22 – tatsächlich auf die Aufbewahrung von blutbefleckten Tüchern als legalen Beweis der Jungfräulichkeit hinweist. Der Mythos des intakten Jungfernhäutchens hat also eher einen kulturellen oder christlichen Ursprung als einen islamischen.[65]

Die Rekonstruktion des Hymen, der vulvinalen Korona, die nichts verschließt und nur in sehr seltenen Fällen durch Geschlechtsverkehr überhaupt in Mitleidenschaft gezogen wird, ist ein Eingriff, den sich Frauen aufgrund von sozialem Druck wünschen und auch in Deutschland durchführen lassen. Sie ist Teil des weiten Feldes der ästhetischen Chirurgie – wie auch die Schamlippenkorrektur oder die G-Punkt-Vergrößerung –, macht jedoch nichts schöner. Sie hat weder einen medizinischen noch einen ästhetischen Zweck. Sie folgt sozialem Druck, unserer Gefallsucht oder einfach unserem Schamgefühl.

Genitalverstümmelungen (engl. *Female Genital Mutilation*, FGM) gehen deutlich weiter. Hierbei werden Teile der äußeren Geschlechtsorgane ganz oder teilweise entfernt. »Mehr als 200 Millionen Mädchen und Frauen, die heute leben, sind in dreißig Ländern Afrikas, des Nahen Ostens und Asiens, in denen FGM praktiziert wird, Opfer von FGM geworden.«[66] In Ländern wie in Kamerun kommt es mit der gleichen Begründung zu anderen scheußlichen Taten: Mütter bügeln und/oder malträtieren die Brüste der pubertierenden Töchter mit heißen Gegenständen wie Steinen oder Spachtel,[67] um Männer davor abzuschrecken, vor der Eheschließung mit ihnen Sex zu haben. Und das, obwohl sich die dortige Gesellschaft langsam verändert: Die jungen Frauen heiraten oft später, weil sie in Ausbildungen drängen, ökonomische Unabhängigkeit anstreben und nicht nur Hausfrau und Mutter sein wollen. Allerdings: »Ein Viertel aller Kamerunerinnen wird vor dem 16. Lebensjahr schwanger. Das ergab eine Regierungsstudie aus dem Jahr 2011. Oft entstehen die ungewollten Schwangerschaften durch Vergewaltigungen. 2009 ergab eine andere Umfrage, dass 20 Prozent der Frauen schon einmal vergewaltigt wurden.«[68]

Es gibt weniger brutale Methoden, um Frauen zu verstecken und dem vermeintlich unfreiwillig lüsternen, männlichen Blick zu entziehen: Hidschab, Burka und lange Kleidung. Und noch immer ermahnen erschreckenderweise selbst westlich sozialisierte Mütter ihre Töchter, sich nicht zu freizügig zu kleiden. Die Aufforderung hinter all diesen Methoden bleibt gleich: Schäm dich! Schäm dich dafür, dass du mit dem Körper einer Frau geboren wurdest. Schäm dich dafür, dass du eine Frau bist. Schäm dich für deine Sexualität, deine Bedürfnisse, dein Selbstbewusstsein. Schäm dich dafür, dass du Interessen hast oder Machtansprüche. Und so schämen wir uns kollektiv.

Schon die Tatsache, dass der lateinische Begriff für die äußeren weiblichen Geschlechtsorgane von dem Wort *pudere* abstammt, das »sich schämen« bedeutet, spricht Bände. Erst 2014 machten sich die ersten Mediziner*innen daran, diese Begrifflichkeit zu hinterfragen. Es dauerte lange, bis die Bezeichnung »Pudendum« aus der *Terminologica Anatomica*, dem internationalen Standardwerk zur Bezeichnung der menschlichen Anatomie, verschwand.[69] Andere Begrifflichkeiten mit demselben Wortstamm aber blieben. Der *nervus pudendus* oder die Pudendusneuralgie sind noch immer die gängigen Fachbegriffe.[70] Die Ungleichbehandlung von männlichen und weiblichen Körpern betrifft nicht nur die Nomenklatur unserer Körperteile, sondern erstreckt sich über nahezu alle medizinischen Teilbereiche, in denen der weibliche Körper weniger ernst genommen wird. Eine solche Medizin aber ist tödlich:

> »Über Jahrtausende hinweg fußte die Medizin auf der Annahme, der männliche Körper stehe für den menschlichen Körper an sich. Die Folge ist eine riesige, über lange Zeit entstandene Datenlücke hinsichtlich weiblicher Körper. Diese Lücke wächst weiter, weil die Forschung noch immer die ethische Notwendigkeit ignoriert, weibliche Zellen, Tiere und Menschen in ihre Untersuchungen aufzunehmen. Dass diese Situation im 21. Jahrhundert fortbesteht, ist ein Skandal.«[71]

Es wird noch lange dauern, bis sich diese Situation ändert. Bis dahin schämen wir uns weiter. Ich schäme mich für meine Müdigkeit, meine schlechte Laune, meine hormonbedingt schlechte Haut und dafür, dass ich zur Toilette muss. Prinzipiell sind Toilettengänge für Frauen ein komplexes Themenfeld, weil wir nicht im Stehen gegen Häuserwände pissen können, sondern uns immer verstecken müssen. Bevorzugt in Schallschutzkabinen, damit bloß niemand hört, dass wir pinkeln oder gar kacken. Frauen leiden auch häufiger unter *Parcopresis*, dem sogenannten schüchternen Darm. Sie gehen dann weder im Büro noch auf anderen öffentlichen Toiletten kacken, sondern warten immer, bis sie wieder zu Hause sind. Sie sind sogenannte Heimscheißerinnen. Und auch da folgen sie ihrem körperlichen Bedürfnis oft nur dann, wenn der Mann nicht zu Hause ist und sie nicht riechen kann. Nick Halsam, der Autor des Buches *Psychology in the Bathroom*, formuliert es im Interview so: »(Es) existiert im Bereich der Hygiene eine klare geschlechtsspezifische Doppelmoral, mit der *Parcopresis* zusammenhängt. Frauen werden von der Gesellschaft dazu sozialisiert, sich vor Ausscheidungen und Exkrementen zu ekeln und sich mehr um die Reinheit ihres Körpers und die Beseitigung von Körpergerüchen zu kümmern.«[72] Frauen reden über ihre Verdauung nur dann, wenn es darum geht, den störenden Blähbauch loszuwerden, also dann, wenn ihr Aussehen gefährdet ist.

Wir schämen uns dafür, Menschen zu sein, und haben Angst, dass jemand merkt, dass wir keine Maschinen sind. Unser Periodenblut, unsere Schamhaare, unsere Sehnsucht werden versteckt. Vertuscht werden zumeist auch unsere Gang-Bang-Fantasien und unsere Sex Toys. Am Ende geht es immer darum, unser wahres Selbst zu verleugnen zugunsten der perfekten Frau, die wir zu erschaffen versuchen. Die Gefallsucht und die Scham machen uns sprachlos. Sie verhindern, dass wir uns zeigen, offenbaren oder aufbegehren. Die Scham lähmt uns. Andrea Büttner beschreibt es treffend: »In der Scham liegt radikales Potenzial, weil sie sich immer an gesellschaftliche Konventionen und Normen knüpft. Wo wir uns schämen, da berühren wir den Bereich des nicht Darstellbaren, in dem die Sprache und das Zeigen zusammenbrechen.«[73]

Ist Freizügigkeit also das Gegengift der Wahl? Zeigen wir unsere Freiheit, wenn wir die Hüllen fallen lassen? Sind Entblößen und Verstecken nicht nur zwei Seiten derselben Medaille namens Unterdrückung? Das Ziel bleibt immer, uns auf unseren Platz zu verweisen. Das Patriarchat, durchgesetzt von Hetero-Cis-Männern und den sie unterstützenden Frauen, die an dieser Stelle nicht vergessen werden sollten, schreibt uns vor, wie wir uns zu kleiden haben. Während die westliche Welt uns zur Zurschaustellung von Schönheit und Makellosigkeit nötigt und uns mit Häme überzieht, wenn wir uns wehren, wird Frauen* in vielen Ländern, die wir neuerdings sprachlich dem »globalen Süden« zuordnen, mit Gewalt empfohlen, sich zu verbergen. Dazwischen herrschen verschiedene Graustufen, aber wenig Freiheit.

Selbstverständlich sollen Frauen sich so freizügig kleiden dürfen, wie sie wollen. Aber ist es selbstermächtigend, wenn sie es auch aus Gefallsucht tun, wie es die französische Schriftstellerin, Regisseurin und Feministin Virginie Despentes in *King Kong Theorie* beschreibt? Sie erklärt hier eine Untersuchung der Psychoanalytikerin Joan Rivière, die entdeckt hat, dass eine bestimmte Art Frau so sehr unter ihrer intellektuellen Überlegenheit litt, dass sie unweigerlich versuchte, durch Koketterie und Unterwürfigkeit davon abzulenken, gar »sich selbst als im Besitz des Penis ihres Vaters darstellte, nachdem sie ihn kastriert hatte«[74]. Despentes schlussfolgert:

> »Diese Analyse bietet einen Schlüssel zum Verständnis der Schwemme heißer Outfits im heutigen Popgeschäft. Egal ob du durch die Stadt läufst, MTV oder eine Varietésendung im ersten Programm siehst oder in einem Frauenmagazin blätterst – du bist erschlagen von der Explosion des extremsten, oft sehr kleidsamen Schlampenlooks, den viele junge Mädchen übernehmen. Im Grunde ist das ihre Art, sich zu entschuldigen und die Männer zu beruhigen. ›Sieh nur, wie gut ich bin, trotz meiner Autonomie, meiner Bildung, meiner Intelligenz, ist mein einziges Ziel immer noch, dir zu gefallen‹, scheinen die Gören im String zu verkünden. ›Ich wäre zwar durchaus fähig, anders zu leben, aber ich setze die wirkungsvollsten Verführungsstrategien ein und entscheide mich damit für ein nicht selbstbestimmtes Leben.‹«[75]

Ausnahmen gibt es im Punk. Da, wo sich Menschen radikal positionieren und akzeptieren, dass sie aus dem System fallen. Wo sie sich Freiheiten nehmen, statt deren Gewährung abzuwarten. Dort, wo Anarchie geträumt wird. Virginie Despentes ist ein Punk, Vivienne Westwood ebenfalls, Patti Smith, die *Godmother of Punkrock*, ist eine Poetin von solcher Wucht, dass sie es ausgehalten hat, als alle ihren Kleidungsstil, ihre Art und ihren Ausdruck öffentlich niedermachten.

Wer aufbegehrt, bekommt es als Frau mit der gesamten

Bandbreite patriarchaler Unterdrückung zu tun. Bis vor ein paar Jahren geschah das in den Medien oder auf der Straße, heute kommt Cybermobbing hinzu. Für die Dokumentation *#Dreckshure* auf arte lasen mehrere Aktivistinnen vor, was sie in ihrem digitalen Postfach erwartete: »Mit meinem Schwanz drin, wirst du dein Maul halten«, »Weißt du, was ich gerne tun würde? Ich würde dir am liebsten den Bauch aufschlitzen, damit deine Eingeweide herausquellen. Du sollst in Schmerzen ertrinken. Dann würde ich dich vergewaltigen und quälen«, oder: »Sie müssten auch mal von Nordafrikanern vergewaltigt werden. Dann wüssten Sie, wie das ist.« Oft sind die, die solche Sätze schreiben, ganz unauffällige Männer von nebenan, oft auch Männer aus der gehobenen Mittelschicht, aber eben: »Keine abnormalen Ausnahmen des Systems, sie sind das System.«[76] Online lassen sie im Schutz der Anonymität die Hüllen fallen. Sie reagieren erbost und gewaltbereit, wenn Aktivistinnen wie Trisha Shetty, indische Anwältin und Gründerin von SheSays, Beziehungen fordern, die auf Einverständnis beruhen, oder Autorinnen wie die französische Schauspielerin Pauline Harmange mit Essays wie *Ich hasse Männer* für Furore sorgen. Wie können diese Frauen es wagen, sich gegen die gesellschaftliche Ordnung zu stemmen?

Es geht um Besitzansprüche, um Macht und um Strafe. Die laute, aufmüpfige Frau braucht die harte Hand, braucht Führung, braucht den Käfig. Die Gewalt im Netz ist Ausdruck und Nährboden zugleich für die Gewalt, der Frauen noch immer ausgesetzt sind. Männer, die sich hilflos fühlen, schlagen um sich. Strafend manifestieren sie ihren Platz und regeln die Position, die zwei Partner*innen zueinander einnehmen, durch ihre Stärke.

Als ich mich noch schuldig fühlte für meine Lust und mein Kotzen und meine schiere Existenz und mich für meinen Körper schämte, war ich bereit, diese Strafe hinzunehmen und die Schläge einzustecken. Hatte ich es nicht verdient? Weil ich zu renitent war und mich so sehr nach Freiheit sehnte und zu offensichtlich an der Welt litt? War ich zu kompliziert oder zu anstrengend? In jedem Fall war ich dankbar, den Selbsthass outsourcen zu können. Ich akzeptierte in meiner ersten richtigen Beziehung blaue Flecken, klatschende Hände auf meinen Wangen und Tritte. Manchmal provozierte ich sie sogar. Ich bettelte regelrecht um Strafe für meine Existenz. Die benachbarte WG hörte uns. Immer wieder mal. Alle lachten. Keine*r sagte was. Keine*r half.

Nichts davon entschuldigt, was passiert ist. Aber es verdeutlicht vielleicht, dass es nicht immer die sozioökonomische Abhängigkeit ist, die Frauen in einer solchen Beziehung bleiben lässt. Ich bin nicht gegangen, weil es sich richtig anfühlte, was mir passierte, obwohl ich wusste, dass es falsch war. Es ging auch um die Manifestation meines Opferstatus. Ich fühlte mich mickrig und ungenügend. Mit blauen Flecken und Tränen im Gesicht passte mein Äußeres endlich zu meinem Inneren. Das klingt nach einem absurden Grund, dafüri n einer gewalttätigen, toxischen Beziehung zu bleiben, aber Scham macht uns ohnmächtig, sprachlos und einsam. Es war meine Form von Sühne und Abbitte.

Wenn Frauen* sich wehren, wird es gefährlich. Wenn sie sich dem Besitzanspruch der Männer entziehen, kann es auch zu Femiziden kommen. »Laut der Kriminalstatistik des Bundeskriminalamtes gab es 2020 in Deutschland

359 Fälle von (versuchtem) Mord und Totschlag an Frauen*. Das BKA führt diese Fälle unter häuslicher bzw. Partnerschaftsgewalt. Somit ist fast jeden Tag eine Frau* von einem versuchten oder vollendeten Tötungsversuch durch (Ex-)Partner* betroffen. Und dies sind nur die Zahlen des Hellfeldes!«[77] Im Iran beispielsweise sitzen Frauen im Gefängnis, weil sie sich gegen den verordneten Hidschab wehren. Aber auch eine Verurteilung zu Peitschenhieben ist möglich. Andernorts dürfen Frauen nicht Auto fahren oder nicht Fußball spielen. In Afghanistan wird ihnen die Schulbildung verwehrt. Überall auf der Welt werden Frauen* an ihrer körperlichen Selbstbestimmung gehindert, wenn sie nicht ihrer Aufgabe nachkommen, angenehm und sozialverträglich zu sein. Das muss aufhören. Wir alle müssen etwas dagegen tun, ob wir das gerne machen oder ob wir uns damit quälen.

Um aus dem Strudel der Scham und Selbstkasteiung auszubrechen, muss sich unsere Sicht auf uns selbst radikal verändern. Wir dürfen uns bei unserem Anblick im Spiegel nicht mehr schuldig fühlen und in Scham versinken. Wie zitiert Anaïs Nin eine Idee aus dem Talmud so schön? »Wir sehen die Dinge nicht so, wie sie sind, sondern wie wir sind.«[78] Es lohnt der Versuch, einen genauen Blick auf die eigenen Genitalien zu werfen oder auf die anderen Dinge, die uns peinlich sind, und uns im Anschluss selbst in die Augen zu sehen. Wenn wir der Selbstbetrachtung standhalten, lernen wir auch, eigene Wünsche zu äußern, und schämen uns nicht mehr für sie. Standhaft bleiben. Klar und deutlich. Einfach nur sein, als Ganzes. Uns aushalten, wertschätzen und selbst ertragen.

Spielkind

Wer, wenn er normal und bei Verstand ist, geht schon auf einem Seil oder drückt sich in Versen aus? Das ist zu verrückt. Mann oder Frau? Auf alle Fälle Ungeheuer.

– JEAN GENET, »DER SEILTÄNZER«

Weniger zittern sollte ich und mehr Angst haben, aber es weht kalt unter meinen Mantel an dieser abgefuckten Ecke. Es riecht nach Rausch und Zigaretten, und der feuchte Asphalt schimmert leicht im Dämmerlicht. St. Pauli hört auf zu glitzern, wenn die Sonne aufgeht und der Dreck der Nacht in Rinnsalen vom Bordstein tropft. Menschen, die sich gerade noch in ihre Jugend zurückgesoffen haben, lauern plötzlich mit zerfurchten Gesichtern auf einen neuen Tag voller Katastrophen, der sich gern mehr Zeit lassen dürfte. Es war Lemkes liebste Stunde. Drehbeginn um fünf. Auch an meinem ersten Tag. 2006. Fußball-WM. Finale. So stolpern wir, ohne zu wissen, was wir tun, aus der Bar vor die Kamera. Folgen der Straße und versuchen, uns am Leben festzuhalten. Lemke immer hinterher, geradewegs zu auf das nächste Unglück.

In den müden Augen der Passanten ist erkennbar, dass in ein paar Stunden alles verflogen sein wird. Nur der Bodensatz wird zurückbleiben: die Pisse. Der Kater. Und ich, auf einem Balkon in der Davidstraße, nach meinem ersten echten Filmdreh. Ich bin fast nackt gewesen, habe mich gerekelt und probiert, mit zwei Männern zu schlafen. Ich lasse mich treiben, das Adrenalin pumpt durch mich hindurch. Heute beginnt ein neues Leben.

Aus allem Profit schlagen, was geht. Immer. Nichts ist Lemke heilig. Was zählt, ist das Risiko. Sich das Leben zurechtzubiegen, *against all odds*. Als Tagediebe, als Halunken und Zweifelnde das letzte bisschen Glitzer finden, das im Rinnstein schlummert. Mit Lemke drehen heißt vor allem, sich die Stadt zu eigen zu machen. Egal ob Hamburg, München oder Berlin. Das ist das berühmte Klaus-Lemke-Vampirsystem. Am Leben saugen, bis es alle seine Geschichten ausgespuckt hat. Einfach reingehen, drehen, den Laden übernehmen. Aber auch aufhören, wenn's am schönsten ist.

Wir tragen die höchsten Schuhe, die feinsten Anzüge und haben die Sehnsucht im Gepäck. Von der Realität wollen wir nichts wissen, und das lässt sie umso heftiger zuschlagen. Wenn sie dann kommt, ist die Kamera schon da. Denn Lemke ist immer auf der Hut. Eines hat er nie: Mitleid. »Stell dich nicht so an. Mach dich grade! Kamera? Action! Cut!« Wir kämpfen immerzu miteinander, ringen um Worte und um die Deutungshoheit. Unsere Filme trotzen wir nicht nur der Welt, sondern auch uns gegenseitig ab. In tiefem Respekt vor der unerbittlichen Kampfeslust des Gegenübers. In liebevoller Verbundenheit, deren Ziel das Zähmen dieser wilden Bestie ist – wie Klaus einen Film immer nennt.

Lemke bringt mir alles bei, was er über das Kino weiß. Und das ist eine ganze Menge – und nichts. Denn das ist so wunderbar an ihm: Er sagt, dass wir alle immer die gleichen Idioten bleiben, die wieder und wieder von vorne anfangen müssen. Wir alle sind Spieler. *Fake it till you make it.* Und von allem, was man über uns sagen kann, stimmt immer auch das Gegenteil. Auch bei Klaus.

Er ist pünktlich und höflich und genau. Er ist melancholisch, schüchtern und zweifelnd. Eindeutigkeit ist ihm zu simpel. Haltungen sind da, um sie zu brechen. Immer unter dem Radar fliegen, flexibel bleiben, Ausschau halten. Die Förderung hassen und die Öffentlich-Rechtlichen lieben. Die Frauen Cowboy nennen und die Jungs links liegen lassen. Und trotzdem als Macho gelten! Vergessen, wo die offenen Rechnungen sind. Schenk ein. Weiter geht's.

Das ist meine Chance. Lemke, damals schon fast siebzig, traf ich einige Tage vor unserem ersten Dreh in seinem Hotel im Portugiesenviertel am Hamburger Hafen. Es ist gemütlich, aber nicht dekadent. Eine Besetzungscouch gibt es nicht und auch keinen Champagner. Nur ein paar kleine portugiesische Vanillepuddingtörtchen, *Natas*. Hollywood hatte ich mir anders vorgestellt. Ich bin zwanzig und für meine Verhältnisse relativ entspannt. Zwar will ich unbedingt zum Film, aber ob diese Begegnung mich meinem Traum näher bringen kann, erscheint mir ungewiss. Der Regen hängt in meinen engen Jeans fest, und ich will keinen Kaffee. Lemke? Rocker? Nie gehört. Heldengeschichten und Legendenbildung. Wäre der Typ so eine große Nummer, wie die um ihn herumschwirrenden Menschen immer wieder suggerieren, warum bucht er dann keinen Star? Immerhin: Er behauptet, er habe Iris Berben entdeckt.

Wir werden in den nächsten Tagen immer wieder telefonieren. »Baby, hör mal …« Wir quatschen über Gott und die Welt. Vor allem über Gott. Was ist das Göttliche in der Kunst? Ist es Renaissance oder Barock? Lemke ist natürlich Barock. Klar. Und irgendwann gibt es dann einen Drehtermin. Was es nicht gibt, sind Verträge, Drehbücher, Verlässlichkeit oder Folgetermine. »An der Ecke. Um fünf. Bring hohe Schuhe mit. Dann sehen wir weiter.«

Mir strahlt die Sonne ins Gesicht. Mein Frühstück, bestehend aus Wodka und Zigaretten, wirkt. Rauchend fällt mir auf: Ich habe meine Sache gut gemacht. Zwar muss ich noch immer ein bisschen zittern, aber ich bin erleichtert. Da angekommen, wo ich hingehöre. Endlich. Nie wollte ich etwas anderes. Nur Spielen und Schreiben. Filme machen, zwischen Kunst wohnen und auf Bühnen stehen. Das wird nicht immer leicht sein, ich werde meine Grenzen verschieben, scheitern und mich gelegentlich verbiegen. Ich werde es hassen, gegen Mauern rennen, vor Angst und Wut gelähmt sein und in Übelkeit ertrinken. Aber ich werde nicht aufgeben. Denn genau dieses Leben ist es, wofür ich bereit bin zu leiden.

Ein paar Tage nach unserem ersten Dreh stellt sich heraus, dass die Rolle, die ich spiele, die einer jungen Prostituierten ist. Sie lässt sich gerade scheiden und sucht an jeder Straßenecke, in jedem Abenteuer nach der Liebe, die es nicht gibt. In Lemkes neuem Film wird sie die Hauptrolle sein, meinen Namen tragen und erst während des Prozesses erfunden werden. Sie ist nicht geschrieben. Sie ist ein Resultat unserer Zusammenarbeit, wobei ich keine Ahnung habe, was mein Job eigentlich ist. Wir drehen. Jeden Tag. 50 Euro auf die Hand. »Baby, kündige bei H&M, ich brauche dich.« Einige Wochen später wird sich der Titel des Films von einer Stickerei auf einem schwarz-rot-goldenen Fanartikel-Schweißband zur WM ableiten, das mir meine beste Freundin mit zum Dreh gibt: Finale. Die Prostituierte Saralisa schläft in diesem Film nur noch mit einer Frau, gespielt von der zauberhaften Anneke Schwabe. Die

Männer hat sie aufgegeben. Außer den, den sie liebt, der aber die Frau liebt. Es bleibt bunt und flirrend. *Finale* wird »Lemkes nacktes Sommermärchen«.

Ich bin nicht die erste Frau, die sich auf ihrem Weg zur Schauspielkarriere vor der Kamera auszieht, während Männer bekleidet danebenstehen. Jane Fonda gewann ihren ersten Oscar für die Rolle des jungen Callgirls Bree Daniels in *Klute*. Selma Hayek rekelte sich als Frida Kahlo nackt im Bett. Und bei Jane Birkin und ihrer Tochter Charlotte Gainsbourg liegt unaufgeregte Nacktheit in der Familie. Sie zogen sich für die größten Regisseure und Künstler aus: Michelangelo Antonioni, Lars von Trier, Serge Gainsbourg.

Für ihre Karrieren bleibt es Fluch und Segen zugleich. Ihre Körper, unsere Körper, Frauenkörper sind Material. Und es scheint ihre Aufgabe, einen Film zu schmücken, ihm Glanz und Anmut zu verleihen, Verheißung und Offenbarung. Die Kamera liebt die Frauenkörper, folgt ihnen und fängt mit etwas Glück mehr Seele ein als einen nackten Po. Die Frau soll jedoch ihren Platz kennen und sich nicht zu deutlich positionieren. Das kann gefährlich sein, wie im Fall von Megan Fox, die es wagte, sich darüber zu beschweren, dass sie von Regisseur Michael Bay die Ansage bekam: *»Just be hot.«* Anya Antonius fasst es im *Standard* in einer Analyse so zusammen: »Sei sexy. Sei nicht sexy. Sei still. […] Ist es überhaupt wichtig, gut schauspielen zu können, wenn man richtig heiß ist? Das wird Megan Fox 2009 in einem Interview mit dem *Wonderland Magazine* gefragt, als sie gerade, kurz nach Veröffentlichung des zweiten *Transformers*-Films am Zenit ihrer Bekanntheit ist. Ihre Antwort? Ein eindeutiges Ja. Ja, es ist wichtig – wenn auch nicht für den Regisseur und auch nicht für ihr Publikum, wie sie abgeklärt anmerkt. Letztendlich seien alle Schauspieler*innen Produkte, und sie wisse mittlerweile genau, welche Rolle von ihr erwartet wird.«[79]

Vor meinen ersten Dreharbeiten war ich in Modelagenturen, deren Mitarbeiterinnen mich mit Maßbändern umzingelten und mich zu fett fanden. 2005 betrug mein Hüftumfang 92 Zentimeter. Das waren mindestens vier Zentimeter zu viel. Die Zeit der Rubensfrauen war vorbei. Die Freundin, die mich begleitete, war entsetzt über diese Fleischbeschau und schimpfte wütend: »Wie können die nur …« Ich sah sie entgeistert an. In meinen Augen hatten die Frauen recht. Wie sollte etwas aus mir werden mit diesem fetten Arsch? Ich war nicht gut genug und fühlte mich bestätigt. So ging es weiter. Nicht nur einmal habe ich gehört, dass ich meine schielenden Augen operieren lassen sollte, wenn ich Erfolg haben will. Und Sport machen. Außerdem wäre es gut, offener zu lächeln und mehr anzubieten. Etwas geheimnisvoller könnte ich noch sein und an meinen Sprachfehlern arbeiten. Und das alles bitte schnell und jetzt. Denn mit vierzig ist die Karriere einer Schauspielerin beendet. Das weiß jeder in der Branche. Während bis dreißig bei internationalen Auftragsproduktionen für TV und Streaming noch genauso viele weibliche wie männliche Protagonist*innen und Hauptfiguren auftauchen, nimmt die Anzahl danach rapide ab. Im Alter zwischen 30 und 39 sind es noch 44,9 Prozent Frauen, zwischen 40 und 49 Jahren 35,3 Prozent und mit 23,3 Prozent kommen Frauen zwischen 50 und 59 quasi nicht mehr vor. Bei Schauspieler*innen beginnt damit die Altersarmut schon lange vor dem Renteneintritt.

Wir sitzen in einer Suite im *Waldorf Astoria* über den Dächern des Berliner Westens. Ein unglaublich stilloser Bunker für Show-off-Besessene. Ein Anwalt schmeißt eine Party für den Filmemacher Klaus Lemke, damit dieser dort drehen kann. Und Party bedeutet: Champagner unter freiem Himmel, maßgeschneiderte schicke Anzüge und Girls in Heels. Laute Musik aus billigen Boxen und Duftschwaden, die allein mehrere Hundert Euro gekostet haben dürften. Ich spiele die Hauptrolle in diesem Film, der nie veröffentlicht wird, und mit dem Anwalt hat meine Rolle eine Affäre. Im wahren Leben ist das Verhältnis weniger vertrauensvoll. Wir unterhalten uns, obwohl wir uns nichts zu sagen haben. Vermutlich ist mir deshalb nur ein kleiner Hinweis seinerseits in Erinnerung geblieben: »Du musst dein Aussehen nutzen. Du hast jetzt vielleicht noch fünf bis sechs gute Jahre. Da musst du das Geld verdienen. Danach ist's vorbei.« Dass mein Gehirn nach dem Verfallsdatum meines Körpers weiterfunktionieren könnte, kommt in seiner Welt nicht vor. Ich verschwinde mit einer Flasche Rosé und überlasse den Anwalt denjenigen, die ihn für *Marriage Material* halten. Zehn Jahre später verdiene ich noch immer nicht so viel wie ein Mann in der gleichen Position, aber ich rede seltener mit Idioten über meine körperliche Zukunft. Immerhin.

Die Erwartungen Lemkes an mich sind im Vergleich dazu überschaubar. Er nimmt mich, wie ich bin. Kino ist Glitzer und Traum, aber am Ende geht es immer um die Wahrhaftigkeit hinter der Fassade. Wir streiten um Worte und vergessen sie dann beide, wenn es ernst wird. Nichts Menschliches ist ihm fremd. Er sieht mich kotzen und bluten. Er braucht meine echten Tränen, und ich schenke sie ihm gerne. Ich gebe ihm Beine, Po und Brüste für seinen Film. Er gibt mir als Erster Platz für meine Ideen. Er hört zu und lässt mich die Drogendealerin, die in *Dancing with Devils* aus dem Gefängnis kommt, so spielen, wie ich sie ihm vor die Füße werfe. Bedingungslos. In den immergleichen Jeans und dem immergleichen ausgeleierten Strick-Zipper. Ungeschminkt, ignorant und verdreht. Auch in diesem Film gibt es eine Nacktszene. Ich werde diese Szene für immer lieben.

War ich in einem Film schon einmal zu nackt? Ja, aber nicht unbedingt körperlich. In der Schlussszene von *Dancing with Devils*, in der ich meinen damaligen Freund absteche, der im Film meinen Bruder spielt, kann ich diesen Seelenstriptease nur schwer ertragen. Übergriffig fühlt er sich an. Ein andermal heule ich unverhofft Rotz und Wasser, weil mein Spielpartner meine Zuneigung nicht erwidert, und dabei überwältigen mich echte Gefühle, die die Szene später schlecht gespielt wirken lassen. Und auch als ich im Kurzfilm *Hotel Desire* mit Clemens Schick rummache, bin ich für einen kurzen Moment zu nackt. Das ging dann doch zu weit. Dieser Kopf zwischen meinen Beinen. Die Kameras und Menschen drum herum. Ich bin plötzlich irritiert, aber weiß im Bruchteil einer Sekunde wieder, dass alles fein ist und ich beim Grenzen-Ausloten um eine Erfahrung reicher geworden bin. Der Raum ist liebevoll und freundlich, und trotzdem kann die Stimmung in einer solchen Situation kurz aus den Fugen geraten. Das ist normal und verkraftbar.

Ein *closed set* – so nennt man es beim Film, wenn nur die unbedingt notwendigen Menschen in einem abgetrennten, nicht zugänglichen Gebiet gemeinsam drehen und niemand anders reindarf – hat sehr wenig mit wirklicher Intimität gemein, wenn hinter dem Molton alle auf einen Bildschirm starren und deinen Intimbereich begutachten. Lauter Männer, die überlegen, ob der Sex so schon authentisch genug war. Die Körperdoubles sind da deutlich entspannter. Ich beobachte sie aus den Augenwinkeln, wie sie nackt am Set herumspazieren, während ich meine Nerven sortieren muss. Der Scham zu trotzen ist ihr Beruf. Als sie dran sind, geht es ganz fix: Ihr Sex ist routiniert und liefert die Nahaufnahmen, die gebraucht werden, und beide sind enttäuscht, dass es so schnell vorbei ist. Ich bin beeindruckt und weiß gleichzeitig, dass ich diese Entspanntheit nicht in mir trage. Es ist aber sehr schön, sie zu erleben.

Als die Reaktionen auf den Film folgten und dann immer wieder die Frage von Journalist*innen und Kolleg*innen kam: »Frau Volm, denken Sie, dass Sie mit *Hotel Desire* Ihrer Karriere geschadet haben? Sie sind ja doch sehr nackt in diesem Film …«, da dachte ich oft: Der Film ging noch gar nicht weit genug. So ein liebevoller, kleiner Film mit einem Hauch von Sex, und das Land steht kopf. Selbst das *Nachtjournal* berichtete live von der Premiere. Und bis heute hören die Fragen nicht auf. Schon in der Vorbereitung auf mein »Sagen Sie jetzt nichts«-Interview ohne Worte im *SZ-Magazin* war mir klar, dass es wieder um *Hotel Desire* gehen würde, als hätte ich in der Zwischenzeit nicht ein ganzes Potpourri an Projekten geschrieben, produziert, inszeniert und gespielt. Egal. Die Frage ist etwas unglücklich formuliert, weil sie klingt, als hätte ich persönlich im Film penetrativen Sex gehabt. Andererseits schadete es mir bislang auch nicht, dass manche Menschen das glaubten. Ich wollte schließlich nie als »die Angepasste« meinen Weg gehen. »Sie spielten beim Erotikkurzfilm ›Hotel Desire‹ mit echtem Sex mit. Bereuen Sie es?« Wenn eine solche Frage gestellt wird, dann ist klar, dass das alle interessiert. Nicht, woran ich arbeite, was ich denke oder wofür ich kämpfe, sondern ob ich mich schäme. Aber den Gefallen werde ich ihnen nicht tun. Ich werde mich nicht schämen, nicht zu Kreuze kriechen und mich bei mir selbst entschuldigen dafür, dass ich nackt war. Im Gegenteil. Ich genieße es, wie sie sich ärgern. *I own my shit.* Ohne diesen Film hätte ich vieles verpasst.

Männer wie Lars Eidinger dürfen ganz selbstverständlich auf der Bühne mit ihrem Schwanz wedeln und sich im Anschluss in einer Talkshow zu Flüchtlingskrise und Elternschaft äußern, ohne sich rechtfertigen zu müssen. Niemand würde von Eidinger Scham erwarten. Das ist Kunst! Da schiebt sich ein Mann öffentlichkeitswirksam Würste in den Arsch, um Konsumkritik zu üben. Das hat der Welt gefehlt. Im Gegensatz zu vielen anderen liebe ich Eidinger für diese Varianz, diese Mischung aus Exhibitionismus und Schüchternheit, die Freiheit, in zwanzig Schubladen zu leben und ganz öffentlich damit zu hadern, wie es möglich sein kann, einen Fick darauf zu geben, was die anderen wollen oder erwarten oder finden. Dabei sagt Eidinger selbst, dass er über überhaupt nichts stehe und ihm alles etwas ausmache.[80] Wir müssen offen und verletzlich bleiben, sonst verlieren wir den Kontakt mit der Welt. Dabei müssen Schauspielende in der Öffentlichkeit viel einstecken. Doch Eidingers Schaffen markiert die unsichtbare Grenze. Was Eidinger darf, bleibt Frauen im Schauspiel verwehrt.

Immer wieder höre ich ganz wohlwollend, lieb gemeint

und zugewandt die gleichen Sätze. Kolleg*innen flüstern mir ins Ohr: »Ausziehen solltest du dich nicht. Das kommt nicht so gut.« Und auch der Schauspieler, der mich immer so liebevoll väterlich ansieht, ließ meine Agentin wissen, dass aus mir richtig was werden könne, wenn ich jetzt mal ein paar Filme lang angezogen bliebe. Die instinktive, direkte Reaktion meines Gehirns: Ich sollte einen Porno drehen! Noch heute. Einen mit Falten und Geräuschen und missglückten Orgasmen. Einen für all diejenigen, die keine Lust mehr haben, sich zu verstecken, um ungeschriebene Gesetze zu befolgen. Es reicht. Ich benutze meinen Körper so wie es mir passt. Das ist meine Karriere oder auch mein Scheitern.

Nacktsein heißt nicht nur, sich zu präsentieren. Es heißt auch, sich zu entziehen. Dem Zugriff durch andere. Ihrer Deutungshoheit, dem auferlegtem Schamgefühl und der Übergriffigkeit. Selbst gewählte Nacktheit ist von entwaffnender Wucht. Getreu der wunderbaren Liedzeile von Janis Joplin: *»Freedom is just another word for nothing left to lose.«* Kein Wunder also, dass die Selbstermächtigung von Künstler*innen und Schauspieler*innen oft damit beginnt, sich nackt zu machen. Es ist eine Nacktheit, die sich gelegentlich anbiedert, aber meist nach Befreiung schreit. Ein Ausbruch aus Konventionen und Bedingungen und noch immer ein Überschreiten von Grenzen.

Was nach diesem ersten Akt des »Ich will.« folgen muss, ist ein »Ich bleibe. Zu meinen Konditionen«. Vielleicht ist einer unserer ersten Auftritte ein nackter Hauch, der sich im Glanz des Scheinwerfers sonnt und nach Aufmerksamkeit giert. Doch dieser Hauch ist schnell verflogen, wenn nicht ein größeres Bedürfnis nach Ausdruck darunter brennt, das sich nicht so leicht löschen lässt. Wenn da eine ist, die reden will, die reden muss, mit allem, was ihr zur Verfügung steht, um Geschichten zu erzählen. Weil es unter den Nägeln brennt und unter den Brüsten. Sich zu veräußern kann ein Geschenk sein. Gerade im Schauspiel. Sich selbst von außen zu betrachten, ebenfalls: So beschreibt Jacques Lacan in seiner Abhandlung »Das Spiegelstadium als Bildner der Ichfunktion«, was es für uns schon in frühesten Jahren bedeutet, wenn wir uns selbst im Spiegel sehen und uns erkennen: »Das ist das ursprüngliche Abenteuer, in dem der Mensch zum ersten Mal die Erfahrung macht, dass er sich sieht, sich reflektiert und sich als anders begreift, als er ist. Die wesentliche Dimension des Menschlichen, die sein ganzes Fantasieleben strukturiert.«[81] Uns, also unseren Körper als Bild zu sehen, ist prägend.

Das Leben bietet gelegentlich die Chance, die eigene Körperlichkeit auszublenden und zu vergessen. Beim Schreiben zum Beispiel oder beim Filmegucken. Andere erleben das beim Sport, bei dem der Körper überwunden wird, indem man ihn durchdringt. Warum also habe ich mir ausgerechnet einen Beruf gesucht, der diesen meinen Körper, der mir meist so unzulänglich erschien, ins Zentrum stellt? Einen Beruf, der mich zwingt, mich permanent direkt oder indirekt mit meinem Äußeren und seiner Wirkung auseinanderzusetzen? Vom Casting bis zum Auftritt bei einer Preisverleihung. Beim Einsatz meines kleinen Fingers bis hin zum Einsatz meiner Stimme. Der Körper ist das Instrument einer Schauspielerin. Die Hülle für eine andere Seele, einen anderen Menschen. Der Ursprung der Klänge, die die andere von sich gibt. Der Raum für die Gefühle, die die andere durchlebt. Das Gefäß für die Erinnerungen, die die andere hat. Als Schauspielerin werde ich zum Resonanzkörper für das Fremde, bis die Klänge, Gefühle und Erinnerungen mit meinen eigenen verschwimmen. Der Körper einer Schauspielerin wächst über die eigene Person hinaus und über die verkörperte. Da ist nicht nur das Gesicht, das man hinhält, um gesehen zu werden. Das Gesicht ist zeitgleich das eigene, das andere und die Projektionsfläche für all das, was bei den Zuschauer*innen ausgelöst wird. Das Drumherum ist Maskerade. Das Wesentliche liegt in meinem Blick, in meiner Stimme, in der Art, wie ich die Hand hebe, ein Bein vor das andere setze, falle, schreie, sterbe.

Die Schauspielerei wird oft als Beruf mit Chance zur Selbstverwirklichung gesehen. Sein oder nicht sein? Aber was heißt das überhaupt? Wirklich sein? Verwirklicht sein? Sich verwesentlichen? Bedeutet es, real zu werden oder körperlich zu werden? Oder meint es, den Geist zu materialisieren? Ich habe keine Antwort darauf. Der Ursprung künstlerischer Arbeit geht oft damit einher, sich auszusetzen, sich hinzugeben, sich fallen zu lassen, ohne zu wissen, ob man aufgefangen wird. Vielleicht ist das Nacktsein von Schauspieler*innen oder Künstler*innen auf allen Ebenen und in all seinen Facetten das Sterben, das der Seiltänzer aus Jean Genets gleichnamigem Gedicht riskiert: ein Sterben, um für das Publikum zu leben.

Schauspielerei ist zeitgleich das maximale Körperbewusstsein und die weitmöglichste Entfremdung vom eigenen Körper, vom Selbst. Indem ich ihn anderen Gefühlen, Schmerzen und Erlebnissen zur Verfügung stelle, ist er weniger meiner. Dem Körper, also mir, gibt das die Freiheit, sich ein Stück weit meiner Kontrolle zu entziehen. Wenn er nicht mir gehört, muss er auch nicht meinen Anforderungen genügen, sondern denen der Figur. Soll sie sich doch mit seinen Unzulänglichkeiten herumärgern. Soll sie ihn doch an meiner statt pflegen oder quälen. Wie es ihr beliebt. Ich kann mich der Verantwortung entziehen.

Sich in einer Rolle selbst zu schaden, ist ein Dienst an der Kunst, und damit ist fast alles zu entschuldigen. Einen Körper, von dem man entfremdet ist, kann man aussetzen, verletzen und schlecht behandeln. Mit unnötigem Mist vollpumpen, ihn bluten lassen, mit Narben übersäen, Gelüsten hingeben und Gelüste auskotzen lassen. Die Verantwortung dafür gibt man dann der Arbeit, nicht dem Selbsthass.

Für den Lemke-Film *Berlin für Helden* spielten wir eines Vormittags in den hinteren Räumen am Maxim Gorki Theater in Berlin, irgendwo neben den Werkstätten. Ein vollgeramschter Flur und eine wenig romantische Sexszene, wie wir Frauen sie in unserer Leinwandkarriere häufiger umsetzen. Im Eifer des Gefechts stoße ich mit meiner Stirn gegen einen der umherstehenden Gegenstände. Alle halten die Luft an. Jeder weiß, dass wir jetzt nicht unterbrechen können. Die Beule auf meiner Stirn wäre ein unmöglich zu erklärender Anschlussfehler. Es kommt der Moment, in dem ich mich zu meinem Spielpartner umdrehen soll, wir uns tief in die Augen blicken und uns unsere Liebe gestehen. Super *deep*. Während mein Kopf anschwillt. Er starrt auf meine Stirn, ohne hinzusehen. Er hält mich. Wir halten durch. Es kann keinen zweiten Take geben mit der Verletzung in meinem Gesicht. Drehschluss. Frisch umgezogen auf dem Weg in die Kantine, kommt er mir entgegen und nimmt mich liebevoll in den Arm. Ich tu ihm leid mit meinem blauen Horn auf der Stirn, doch er spürt sofort, dass weder das pulsierende Blut noch der Schmerz mir etwas anhaben können. Ich strahle. »Lieschen. Heute hast du das Gefühl, du hast richtig was getan, nicht wahr? Du bist verrückt.« Er hatte so recht, dass mein kaum zu unterdrückendes Strahlen als Antwort genügte.

Als Schauspielerin setze ich meinen Körper ein, gebe ihn preis und verschenke ihn. An meine Figuren, an Filmemacher*innen, ans Publikum. Und dann schreibt Oliver Fuchs 2007 in der *Süddeutschen Zeitung* von mir als »die Ultrabrutalschöne«. Gewiss, er schrieb auch noch andere Dinge drum herum, die viel klüger und relevanter waren. Aber das blieb hängen in meinem Kopf und in meinem Herz. Plötzlich war ich schön. Von offizieller Seite bestätigt. Schwarz auf weiß. Endorphinhagel. Danach hatte ich mich gesehnt, und das Wort hing mir lange nach. Es war ein sanftes Kissen, auf das ich mich betten konnte. Wen interessierte schon, was ich für mich selbst empfand.

Ein schöner oder als schön empfundener Körper kann auch ein Gefängnis sein. Wer dem Schönheitstaumel glaubt und sich darauf verlässt, geht leicht unter. Ich war dank mangelndem Selbstvertrauen, Renitenz und Schwangerschaften nicht in Versuchung, der »Ultrabrutalschönen« in mir zu viel Raum zu geben, und auch nie so gefragt. Großer schauspielerischer Erfolg jedoch zieht körperlichen Druck nach sich. Junge, aufstrebende Schauspielerinnen brauchen Modelmaße und Instafollower*innen. Emma Thompson ist eine der wenigen, die nicht müde wird, dieses Absurdum zu betonen, speziell dann, wenn es um Hollywood geht: »Schauspielerinnen, die auf die 30 zugehen, essen einfach nichts mehr. Es gab eine wunderbare Schauspielerin, mit der ich bei *Brideshead Revisited* gearbeitet habe, und die Produzent*innen sagten: ›Würdest du etwas abnehmen?‹ […] Und ich sagte ihnen: ›Wenn ihr noch einmal mit ihr darüber sprecht, werde ich den Film verlassen. Das dürft ihr niemals tun. Es ist schlimm, was da draußen vor sich geht, und es wird immer schlimmer.‹«[82] Sie beschreibt immer wieder, dass Schauspielerinnen unter dem gleichen Druck stehen wie Models, obwohl sie keine Models sind und verschiedene Rollen auch unterschiedliche Körperformen und Aussehen brauchen. Dafür werden dann gerne einmal zwanzig Kilogramm zugenommen, hässliche Zähne aufgeklebt und Pickel geschminkt. Zur Filmpremiere sehen die Akteurinnen dann wieder wie aus dem Ei gepellt aus.

Wir lieben Schauspielende dafür, dass sie sich im Film von ihrer hässlichen oder beeinträchtigten Seite zeigen, und wir belohnen sie im Anschluss gerne mit Preisen und Aufmerksamkeit. Charlize Theron in *Monster*, Tom Hanks in *Forest Gump*, Matthew McConaughey in *Gold* oder Gwyneth Paltrow in *Schwer verliebt*. Die Hauptrolle einer Person zu geben, die tatsächlich fett, behindert oder einfach nur nicht perfekt ist: Das ist undenkbar.

Warum es diesen Druck auf Schauspielende gibt? Weil sie gar nicht nur Schauspieler*innen sind, sondern häufig die gleichen Werbeträger*innen, wie ich sie im Kapitel »Der Schönheitskomplex« bereits beschrieben habe. Männer inkludiert. Und dafür müssen sie bestimmte Parameter erfüllen. Oder sie sind Emma Thompson und halten mit Brillanz und Scharfsinn und Humor dagegen. Die fasste es in der Talkshow bei Stephen Colbert ermutigend zusammen: »Vergeude nicht deine Zeit, vergeude nicht deinen

Lebenszweck, indem du unzufrieden mit deinem Körper bist. Er ist dein Gefäß, es ist dein Haus. Er ist der Ort, an dem du lebst. Es hat keinen Sinn, darüber zu urteilen. Absolut sinnlos. Aber es ist sehr schwer, das zu tun.«[83]

Doch machen wir uns nichts vor. Emma Thompson wohnt nicht in Hollywood. Sie fühlt sich dort nicht zugehörig. Eine Schauspielerin muss schon sehr viele Preise gewonnen, und viele Filme mit ihr müssen sich in unser Herz gegraben haben, damit körperliche Unzulänglichkeiten verziehen werden. Es gibt ein paar von diesen wahnsinnig guten und eigenwillig schönen Megaschauspielerinnen, die sich den Gesetzmäßigkeiten der Filmindustrie immer wieder entgegenstellen, obwohl sie gemeinhin dennoch als normschön gelten dürften. Sie sind die Ausnahmen, die die Regel bestätigen: Meryl Streep, Lily Tomlin oder Frances McDormand. Sie sind so klug, talentiert, engagiert, witzig, schnell und fit, dass sich niemand gegen sie wehren kann. Während es mediokre Männer zuhauf gibt und dicke erst recht, dürfen Frauen nur bleiben, wenn sie die düstere Welt um sich herum bei Weitem überstrahlen.

Die MaLisa-Studie zum Thema »Audiovisuelle Diversität im deutschen Kino« zeigt, dass nicht heterosexuelle Personen – vor allem lesbische Frauen –, Menschen mit Migrationshintergrund, Frauen mit Behinderung und übergewichtige Frauen deutlich seltener in Filmen zu sehen sind als in der Gesamtgesellschaft. Es fehlt ihnen an Repräsentanz auf der Leinwand. Um das zu ändern, braucht es nicht unbedingt komplexe Quotenschlüssel, Kurse oder Fragebögen. Das geht auch durch einen einfachen Trick: Sobald mehr Frauen Regie führen, produzieren oder die Drehbücher schreiben, finden auch Frauenfiguren häufiger statt. Das gilt selbstredend für alle marginalisierten Gruppen. In meiner Funktion als Regisseurin, Autorin oder Produzentin bin ich am besten in der Lage, diese Problematik zu adressieren und für Sichtbarkeit zu sorgen. Frauen müssen auch beim Film in mehr echte Entscheider*innenpositionen. Noch ist es nicht so weit: 2017 bis 2020 führten noch immer bei nur 25 Prozent der Kinofilme Frauen Regie. Nur 24 Prozent der Drehbücher für die große Leinwand wurden allein von Frauen verantwortet.[84] Es liegt noch ein langer Weg vor uns.

Die Filmbranche ist viel zu selten progressiv oder mutig in die Zukunft blickend. Filme sind extrem teuer und brauchen nicht nur viel hoch qualifiziertes Personal, sondern es vergeht auch viel Zeit, bis die erste Idee zum Film wird, der über die Leinwand flimmert. Deshalb wird gerne reproduziert, was bereits funktioniert hat. Damit aber Bewegung ins Spiel kommt, sind neue Ansätze nötig und neues Denken.

Dafür lohnt sich, wie so oft, ein Blick in die Geschichte: Schon die zweite Welle der Frauenbewegung war fest im Film verankert. In den Sechziger- und Siebzigerjahren des letzten Jahrhunderts machte Agnès Varda als einzige Frau der Nouvelle Vague von sich reden, es entstanden feministische Meisterwerke wie einer meiner Lieblingsfilme *Jeanne Dielman, 23, quai du Commerce, 1080 Bruxelles* von Chantal Akerman. Margarethe von Trotta wandelte sich von der Schauspielerin zur international renommierten Regisseurin und wurde als erste Filmemacherin in Venedig mit dem Goldenen Löwen ausgezeichnet. Und trotzdem wurden diesen Frauen immerzu Steine in den Weg gelegt.

Neben der künstlerischen Arbeit forderten Filmemacher*innen schon früh Teilhabe. Dabei geht es nicht nur darum, dass wir bei genauso vielen Filmen Regie führen dürfen wie Männer. Es geht, wie überall, auch ums Geld. Der Pay Gap ist in der Filmbranche enorm:

> »Besonders auffällig sind geschlechtsspezifische Ungleichheiten im Bereich ›Regie‹: Weitaus mehr Regisseurinnen als Regisseure sind geringfügig beschäftigt, bei Positionen mit höchstem Anforderungsniveau sind 62,1 Prozent der Stellen männlich besetzt. In der etwas niedrigeren Qualifikationsstufe sind Frauen mit 58 Prozent überrepräsentiert – wobei das Median-Entgelt der in dieser Stufe vertretenen Männer durchschnittlich weitaus höher ist als das von Frauen. Die Lohnlücke beträgt aktuell 16,2 Prozent.«[85]

Der Pay Gap entsteht vor allem dadurch, dass eine der elementarsten Forderungen zu oft ignoriert wird: Wir brauchen und wollen die gleichen Produktionsmittel wie männliche Regisseure und Produzenten. Aktuell sind wir von einer Parität der Mittelvergabe noch weit entfernt. Pro Kinozuschauer*in gab eine Regisseurin 2016 nur 13 Euro an Fördergeldern aus, während es bei Männern 42 Euro waren.[86] Bei Produzent*innen ergab sich ein ähnliches Bild. Die Frauen, die für geringere Bezahlung Filme drehen dürfen, bekommen weniger Möglichkeiten:

> »Vergleicht man das Budget der Filme von Regisseurinnen mit dem von Regisseuren, zeigen sich folgende Unterschiede: 13 Prozent aller von Frauen inszenierten Filme hatten ein Budget von über fünf Millionen

> Euro, während 24 Prozent der von Männern inszenierten Filme ein entsprechend hohes Budget aufwiesen. Gleichzeitig haben 2011 bis 2015 mehr Frauen (56 Prozent) als Männer (45 Prozent) mit einem niedrigen Budget bis zwei Millionen Euro gearbeitet.«[87]

In den USA sieht es nicht anders aus, auch wenn sich langsam etwas bewegt: »Der jährliche Bericht ›Celluloid Ceiling‹ der San Diego State University ergab, dass 16 Prozent der Regisseur*innen, die an den hundert umsatzstärksten Filmen im Jahr 2020 beteiligt waren, Frauen waren, gegenüber 12 Prozent im Jahr 2019 und nur 4 Prozent im Jahr 2018.«[88] Und auch beim Nachwuchs bleibt die Geschlechterdiskrepanz erschreckend: Mit meiner Kollegin Alexandra Krampe betreute ich in meiner Zeit als Co-Vorsitzende der Nachwuchssektion des Produzentenverbandes eine Studie zur Situation des filmischen Nachwuchses in Deutschland. Dabei kam heraus, dass die nachfolgenden Generationen sich noch immer mit den gleichen Problemen beschäftigen müssen. Nachwuchsproduzentinnen in Deutschland haben pro Film 350 000 Euro weniger zur Verfügung als ihre männlichen Kollegen. Bei den ohnehin viel zu knappen Budgets für Nachwuchsproduktionen setzt das ein verheerendes Zeichen und ist einer der Gründe, warum Frauen auf dem Weg in die Branche früher die Puste ausgeht.[89] Kreativität mag unter Druck besonders explodieren, doch ohne Luft zum Atmen wird sie einfach erstickt.

Der Widerstand gegen die Forderung der Filmemacherinnen nach gleichen Mitteln bleibt seit Jahrzehnten heftig. Der Bericht über eine Pressekonferenz von ProQuote Film, einer Vereinigung von Filmemacherinnen, die sich für mehr Gleichberechtigung einsetzt, auf der unter anderem die mehrfach begabte und engagierte Sara Fazilat (*Nico, Holy Spider*) sprach, verdeutlicht dies: »Dass die Forderung nach einer paritätischen Beteiligung auf Widerstand bei Männern stoße, zeige der Blick nach Österreich, meinte Fazilat. Dort gelte jetzt eine Quote in der Filmförderung, und schon beschwerten sich Männer über Benachteiligung. In Berufsverbänden führten die Forderungen nach Parität etwa in der Regie zu ernsthaften Auseinandersetzungen, auf dem Set werde Kamerafrauen von Männern zu wenig Respekt erwiesen oder Frauen werde von überwiegend männlichen Gremien zu wenig Führungskompetenz unterstellt, hieß es auch im Publikum.«[90]

Was denkt ihr, was eine Meisterin im Sparen und Verwalten von kleinen Budgets mit mehr Geld für Meisterwerke zaubern könnte? Was ist, wenn wir es einfach versuchen? Und was ist, wenn die Frau dann scheitert, hinfällt oder etwas nicht beim ersten Mal klappt? Wie vielen Männern haben wir in den letzten Jahrzehnten beim Verbrennen von Filmfördersummen zugesehen? Es wird Zeit, dass mittelmäßig begabte Frauen*, FLINTA* (steht für Frauen, Lesben, intergeschlechtliche, nichtbinäre, trans und agender Personen) und Menschen mit Migrationshintergrund oder Behinderung verkatert ins Meeting stolpern dürfen und trotzdem am Ende ihr Ding machen können. Entspannte weibliche Mittelmäßigkeit ist das finale Ziel der Gleichberechtigung. Vielleicht erkennt der eine oder andere arrogante Regisseur oder Produzent dann in diesem Spiegelbild ja seine eigene Peinlichkeit.

Eine Kamera ist nicht schwerer als ein Kind. Wir können sie tragen. Eine Familie zu führen, ist nicht leichter, als einen Haufen Kleinkinder namens Filmcrew durch den Produktionsprozess zu begleiten. Eine kreative Person kennt kein Geschlecht, sondern nur Ideen. Die Filmemacherin Alice Guy-Blaché (1873–1968) drückte es so aus: »Filmen Sie, meine Damen! Es gibt nichts bei der Regie eines Filmes, das eine Frau nicht ebenso leicht tun könnte wie ein Mann.«[91]

Lemke hat mir beigebracht, dass der Film die Regeln macht und man gut zu ihm sein muss und gewinnend, wenn man will, dass er uns folgt; die Regie ist ein Spiegel ihrer Begegnungen, der das Licht einfängt und reflektiert. Filme können sich wie ein Kaleidoskop auf unsere Gegenwart richten und alle Divergenzen in bunten Farben aufsprengen, vervielfältigen und durch neue Formen Fragen stellen. Filme bieten einen unfassbaren Möglichkeitsraum, wenn wir sie mit unserer Vielfalt füllen.

Ein Film ist ein Geschenk, ein Abenteuer, ein erneuter Versuch zu begreifen, was unbegreiflich ist: was Leben bedeutet. Es zählt jeder Versuch. Die abgebrochenen Filme, die Versatzstücke, die Bruchteile, die Durststrecken, die verlorenen Seelen. Einen Film zu machen bedeutet, ein wenig Wahrhaftigkeit auf Festplatte zu bannen und zu erhalten, während uns das Leben durch die Finger rinnt. Meinen Körper in seiner Gesamtheit an Filme zu verschenken, war eine der besten Investitionen meines Lebens. Auf diesem Weg zu begreifen, dass er dafür wahrhaftig geopfert werden will, statt einfach nur schön zu sein, die beste Erkenntnis.

Ein Bild von einer Frau

Question: Do you look better in pictures or in real life?
Answer: In theory.

– INSTAGRAM MEME BY @ANCIENTCRINGE

Bevor es Filme und Fotografie gab, rückten Pinsel, Tempera und Bronze nackte Körper ins Licht der Öffentlichkeit. In der bildenden Kunst war Nacktheit schon immer allgegenwärtig, zumindest da, wo die Eliten Zugriff auf sie hatten. Gemälde und Skulpturen mit nackten Sexworkerinnen und Tänzerinnen, angefertigt von bedeutenden Künstlern ihrer Zeit, hingen oder standen in geheimen Zimmern von Päpsten und Königen oder im geschützten heiligen Raum der Kirche. Kein Wunder also, dass Michelangelo, der wohl berühmteste Künstler der italienischen Hochrenaissance, Brüste und Penisse auf die Gewölbedecke in der Sixtinischen Kapelle des Vatikans malte, seine päpstlichen Auftraggeber hatten ihre Freude daran. Bis es zu einem Machtwechsel kam und noch zu Michelangelos Lebzeiten eine Übermalung der Geschlechtsteile angeordnet wurde. Die katholische Kirche wünschte sich mehr Sittlichkeit. Der »Hosenmaler« Daniele da Volterra jedoch, der für die Überpinselung verantwortlich war, musste keine einzige Vulva in Tücher hüllen. Primäre Geschlechtsorgane von Frauen wurden durch die Jahrhunderte hinweg nicht abgebildet, wie Ann-Sophie Lehmann in *Das unsichtbare Geschlecht* beschreibt:

> »Irgendwann im Laufe des 5. Jahrhunderts v. Chr., als der weibliche Körper zum ersten Mal vollständig nackt abgebildet wurde, müssen Maler und Bildhauer die stillschweigende Übereinkunft getroffen haben, dass ein bestimmter Teil dieses Körpers nicht dargestellt werden darf. [...] Venushügel sind verschlossen und glatt, überzogen von einer gleichmäßigen Hautschicht, auf der sich keine Spur von Schamhaar, Schamlippen oder Schamspalte finden lässt. Und sosehr die dargestellten Körper im Laufe der Jahrhunderte, den Grundprinzipien der Anatomie zum Trotz, auch dem jeweiligen Kunstgeschmack angepasst wurden, die Leerstelle zwischen den Beinen blieb konstant.«[92]

Eine eigenständige Sexualität hatten die dargestellten Frauen im Gegensatz zu den Männern nicht. Sie blieben asexuell, sollten entzücken und verführen, lieblich und schön sein. Das galt auch für die Modelle. Wer in der Renaissance gemalt werden wollte, musste ein Mindestmaß an gutem Aussehen mitbringen, um für die großen Künstler Modell stehen zu dürfen. Vorbild war schließlich die Antike mit ihren perfekten, wohlproportionierten Körpern. Die einzige Alternative, es auf ein Bild zu schaffen, war Macht. Ideal ist die Verbindung von beidem: ein reicher, mächtiger Mann und eine schöne Frau. Wir kennen das heute aus der Yellow Press und aus den Social Media Feeds. Wen wundert es, dass das Œuvre alter Meister schon Vergleichbares zeigte. So findet man 2019 in der Ausstellung »Tizian und die Renaissance in Venedig« im Frankfurter Städel hauptsächlich Darstellungen von jungen, hübschen Frauen sowie die reicher, mächtiger Männer des 16. Jahrhunderts. Das ist der Standard. Auch der Herzog von Urbino, Guidobaldo II. della Rovere, ließ seine Frau von Tizian malen. Nackt mit blond lockiger Mähne und einer Scham, die nur von ihrer lässigen Hand bedeckt wird. Bekannt ist das Bild als die »Venus von Urbino«. Wer eine schöne Frau hat, der will sie zeigen in ihrer ganzen Pracht. Im Leben und in der Kunst. Wer eine schöne Frau ist, will sich zeigen. Es geht beiden um Ruhm und Ehre und Geld. Zeigen, was man hat. Da unterscheidet sich die klassische Malerei nicht vom üblichen Gehabe.[93]

Für mächtige Frauen gibt es hingegen wenig ehrenvollen Raum im Kanon der Kunst. Bis auf ein paar Ausnahmen, wie Katharina die Große oder Queen Victoria, werden sie eben nicht strahlend ins rechte Licht gerückt. Stattdessen sind sie häufig als gefährliches, beängstigendes Wesen dargestellt. Das berühmteste Beispiel ist die Medusa, eine der drei Gorgonen. Die schöne Medusa wird in einem Tempel der Athene von Poseidon vergewaltigt. Im Anschluss wird sie, das Opfer der Vergewaltigung, für die Entweihung des Tempels von der Göttin bestraft. Athene verwandelt sie in ein Monster. Ihr schönes Haar wird zu sich windenden Schlangen. Die Medusa anzublicken, sorgte für eine Erstarrung zu Stein.[94] Es braucht einen männlichen Helden, Perseus, um ihr den Kopf abzuschlagen und sie in ihre Schranken zu weisen.

Die Historikerin Mary Beard beschreibt in ihrem Buch *Frauen und Macht*, was die immerwährende Reproduktion der griechischen Mythologie über unser Frauenbild sagt:

»So weit wir in der westlichen Geschichte zurückschauen können, gibt es eine radikale – reale, kulturelle und imaginäre – Separierung der Frauen von der Macht. (…) In diesem klassischen Mythos wird die Dominanz des Männlichen gegenüber der unrechtmäßigen Macht der Frau nachdrücklich bekräftigt. Und in diesem Sinn haben sich die abendländische Literatur, Kultur und Kunst immer wieder auf ihn bezogen.«[95]

Wenn eine Frau in der Kunst als sexuelles Wesen vorkommt, selbst als Vergewaltigungsopfer wie die Medusa, gilt sie als Gefahr für den Mann. Im Ausstellungstext zur Schau *Femme Fatale – Blick Macht Gender*, die sich Anfang 2023 in der Hamburger Kunsthalle solchen Frauenbildern widmete, wird das Angstbild *Femme Fatale* klar umschrieben und seine Relevanz im historischen Kontext verdeutlicht: »Die […] Dämonisierung weiblicher Sexualität ist prägend für die *Femme fatale*-Figur. Um 1900 wurde das *Femme fatale*-Bild oftmals auch auf reale Personen, häufig Schauspieler*innen, Tänzer*innen oder Künstler*innen wie Sarah Bernhardt, Alma Mahler oder Anita Berber projiziert. Auffallend ist die Gleichzeitigkeit von wichtigen Errungenschaften der Frauenemanzipation und dem verstärkten Auftreten dieses männlich geprägten Frauenbildes.«[96]

Eine der berühmtesten Medusa-Darstellungen stammt von Caravaggio, dem wilden Star des Barock, und ist aus dem späten 16. Jahrhundert. Sie kann als ikonisch gelten und wurde deshalb auch zum Opfer der modernen Remix-Kultur – um Politikerinnen zu karikieren, von Angela

Merkel bis Theresa May. Hillary Clinton war eine besonders beliebte Medusa der Misogynen und Trump in vielen Darstellungen ihr Perseus. Die Tiefen des Internets sind voll von dieser vermeintlichen Heldengeschichte, mit der bis heute die Unterdrückung der Frau gefeiert wird.

Wenn Caravaggio, ein streitsüchtiger Spieler und Säufer, nicht der Medusa den Kopf abschlug, so malte er gerne Kurtisanen, die, als Heilige inszeniert, ihren Weg in die Kirchen fanden. Die junge und erfolgreiche Fillide Melandroni ist eine von ihnen. Sie wurde seine Maria Magdalena und seine Judith, die Holofernes, dem er seine eigenen Gesichtszüge lieh, enthauptet.[97] [98] Es sind etliche Prostituierte, die den Malern Modell standen, und die so entstandenen Gemälde hängen noch heute in den großen Museen.

Maler späterer Generationen brauchten den Umweg über Heiligenfiguren und Göttinnen nicht mehr, um ihre nackten Musen zu verkaufen. Sie bannten die Vorkommnisse in ihren Betten und den Bordellen der Stadt direkt auf die Leinwand. Zu den bis heute berühmtesten Gemälden zählt wohl Édouard Manets »Olympia«, die Nackte mit der Marmorhaut, die sich auf einer Chaiselongue rekelt und dem Betrachter fordernd in die Augen blickt. Sie weiß, was sie tut. Tizians »Venus von Urbino« kann als ihr direktes Vorbild verstanden werden.[99]

Im 19. Jahrhundert wurden die gezeichneten und gemalten Frauen plötzlich echt und fickbar. Mit Haut, Haaren und Vulva. Der Naturalismus schenkte ihnen Geschlechtsorgane. Mit »L'Origine du monde« ging der Maler Gustave Courbet 1866 den entscheidenden Schritt weiter. Hier ist nicht viel mehr zu sehen als die behaarte Vulva einer liegenden Frau mit gespreizten Schenkeln. Die berühmte feministische Kunsthistorikerin Linda Nochlin nannte die Arbeit »Pornographie«, aber auch »ein kleines Meisterstück unverhohlener Sexualität«.[100] Die behaarte Vulva ist die von Constance Quéniaux. Als Balletttänzerin an der Pariser Oper war sie eine von vielen, auch wenn sie zur Solistin aufstieg. Der ewige Ruhm wird ihr durch die Verehrung der Männer zuteil. Genauso wie das Geld. Sie stammt aus ärmlichen Verhältnissen, kam nach Paris, um zu tanzen und zu leben. Und um einen Platz zu finden in der Welt der Kunst. Der Anblick ihrer Vulva zwischen den Wölbungen ihrer Schenkel und Pobacken auf dem wohl berühmtesten Bild Courbets macht sie unsterblich. Constance und all die anderen Prostituierten, die sich durch die Kunstgeschichte rekeln, haben eines gemeinsam: Sie sind jung, wohlgeformt und mimen die heilige, sich anpassende und reine Weiblichkeit. Trotzdem bleiben sie anrüchig, verwegen und verboten. Das ist der Reiz.

Was wir gerne vergessen: Diese Kurtisanen waren Vorreiterinnen der weiblichen Unabhängigkeit. Im Unterschied zu anderen Frauen war es ihnen im Paris des 18. und 19. Jahrhunderts erlaubt, ein eigenes Konto zu haben. Sie lebten allein, waren gebildet, oft kultiviert und unabhängig und betrieben nicht selten einen angesagten Salon, wo man sich zum intellektuellen Austausch traf.[101] Zwar galt ihr Geschäftsmodell als unehrenhaft, doch es brachte viel Geld ein, und so ließ man sie gewähren. Honoré de Balzac schreibt im Kapitel »Von der Liebe der Dirnen« in seinem Buch *Glanz und Elend der Kurtisanen*, das Mitte des 19. Jahrhunderts erschien: »Derlei macht man in Paris; man verachtet einen Menschen, aber sein Geld verachtet man nicht.«[102]

Die Mischung aus Skandal und großer Kunst bleibt das immerwährende Erfolgsrezept. Der Künstler als Opfer seiner bahnbrechenden Genialität und seiner überbordenden Schaffenskraft, die nur allzu gern mit seiner sexuellen Lust zusammengedacht wird, muss sich in Suff, Spiel und Sexorgien stürzen, um Stoff für seine Bilder und Filme zu finden. Seine Genialität wird durch die weibliche Muse stimuliert, seine Eskapaden werden ihm daher verziehen. Die Frauen füttern seine Seele, ihre eigene tritt dabei in den Hintergrund. Frauen* als Künstler*innen waren lange Zeit nahezu undenkbar.

Die unerschrockene Valie Export, die über Jahrzehnte hinweg mit radikalen Performances, Filmen und feministischer Protestkunst ein großes Publikum begeisterte, fasste es 1972 in einem Statement zusammen. Dieses wurde glücklicherweise aus dem Archiv des ORF auf unsere Social-Media-Plattformen gespült und fordert die Befreiung der Frau aus der Musenrolle:

> »Die Kreativität der Frau wurde unterdrückt oder in einen kleinen unwichtigen Freiraum gedrängt. Das kreative Bewusstsein wurde ihr abgesprochen und passives Verhalten zugeordnet. Auf das System biologischer Unterschiede wurde ein soziologisches System der Repression gesetzt. Und daraus muss sich die Frau befreien.«[103]

Heute dürfen Frauen arbeiten, ausstellen, berühmt werden. Künstlerinnen dürfen saufen, unstet leben und wechselnde Sexualpartner*innen haben. Das gilt, solange sie jung sind, versteht sich. Wir erwarten, dass sie sich der Idealvorstellung männlicher Genialitätsbilder unterwerfen, dass sie erst frisch und knackig und gerne nackt auf den Kunstmarkt knallen und dann direkt übergehen in eine Art ätherische Supernova, die nur noch Kunst ist und langärmelige Klamotten und hochgeschlossene Oberteile trägt. Wer will schon das faltige Dekolleté einer Frau sehen, die ihren Lebensunterhalt mit ihrem Intellekt bestreitet? Logisch.

Die Künstlerin* gehört der Kunst, und deshalb gehört die Kunst auch ihr. Das gegenseitige, unbedingte Opfer ist essenziell. Denn Frauen können aus Sicht vieler Kunsthistoriker und Künstler nicht einfach geniale Künstler*innen sein. Sie können nicht malen oder haben sich nicht lang genug damit beschäftigt. Angeblich haben sie keinen Drang nach Ruhm und Ehre, es fehlt ihnen an Biss und Konkurrenzstreben. Also müssen sie sich doppelt bemühen und doppelt opfern. Die Anerkennung ist bis heute ein Kampf, und selbst Frauen, die auf dem nach wie vor männlich dominierten Kunstmarkt ihren Platz gefunden haben, erleben noch immer massive Beschränkungen.

Die Biologie, so die stetig wiederholte Behauptung, stünde den Frauen im Weg, die Tatsache nämlich, dass sie Kinder bekommen. Geburten und Babygeschrei würden ablenken vom Wesentlichen. Und das Wesentliche für Künstler*innen sei immer die Kunst. Selbst eine so etablierte Frau wie die Performancekünstlerin Marina Abramović sagt in Interviews, dass Kinder und Kunst nicht vereinbar sind. Für Frauen versteht sich. Auf die Frage »Wollten Sie nie Kinder haben?«, antwortete sie dem *Tagesspiegel*: »Nein. Nie. Ich habe drei Mal abgetrieben, weil ich überzeugt war, dass es ein Desaster für meine Arbeit wäre. Man hat nur so und so viel Energie in seinem Körper, und die hätte ich teilen müssen. Das ist meiner Ansicht nach der Grund, warum Frauen in der Kunstwelt nicht so erfolgreich sind wie Männer. Es gibt jede Menge talentierter Frauen. Warum übernehmen die Männer die wichtigen Positionen? Ganz einfach: Liebe, Familie, Kinder – all das will eine Frau nicht opfern.«[104]

Das System und die Verteilung der Arbeit, die Kinder machen, hinterfragt sie nicht. Denn Künstler sind sehr wohl auch Väter, was ihre künstlerischen Fähigkeiten jedoch nie zu unterdrücken scheint. Abramović tut also vor allem eines: Sie perpetuiert althergebrachte Rollenbilder und weist Frauen in ihre Schranken, statt sich dafür einzusetzen, dass sich etwas verändert. Das Bild einer Hure gemalt von einem geifernden, angetrunkenen Narzissten, der schon fünf Kinder von verschiedenen Frauen hat, verkauft sich einfach besser als ordinäres Menstruationsblut mit milchbesudelten Brüsten. Und was hat eine Mutter sonst schon zu bieten?

Jerry Saltz, einer der zumindest außerhalb der Kunstwelt populärsten Kunstkritiker der Welt, postete dazu ein interessantes Schaubild des Zeichners Chaz Hutton auf Instagram, das die Schnittmenge zwischen Sich-um-einen-Säugling-Kümmern und Partyfeiern aufzeigt: »Wach sein zu allen Stunden der Nacht, Lieder singen, sich um jemanden kümmern, die*der weint, manchmal ist Kotze auf dir, lange Konversationen mit einem liebenswerten Idioten, der kaum sprechen kann und mehr an Brüsten interessiert zu sein scheint, und abgesehen von der konstanten Müdigkeit während der Arbeit weißt du, du würdest es immer wieder tun, und, oh mein Gott, ich brauche einen Drink.«[105] Kinder sind keine Ausrede, Kinder sind kein

Hindernis, Kinder sind keine Gefahr für unsere Kreativität. Wenn überhaupt, sind die Sorgen und Nöte, die festgefahrenen Rollenbilder und der Druck, den die Gesellschaft ganz speziell Müttern macht, das Problem.

Die Kuratorin Britta Adler und ich wollten dieses überholte Elternbild so nicht stehen lassen und die verkrusteten Vorstellungen, die im Kunstbetrieb von Müttern herrschen, aufbrechen. 2018 starteten wir die Ausstellungsreihe *bitch MATERial*. Hier gaben wir den Blick frei auf eine neue Sicht von Kunst und Elternschaft. Wir zeigten in diesem Rahmen Arbeiten von bekannten Künstlerinnen wie Oda Jaune, Pipilotti Rist oder Lara Schnitger. Es sind im Durchschnitt nicht so viele Künstlerinnen Mütter wie in der Gesamtbevölkerung, aber es gibt sie: geniale Künstlerinnen, die mit ihren fantastischen Arbeiten die Welt verändern und der Kunst einen neuen Aspekt hinzufügen. Künstlerinnen haben oftmals einen anderen, introspektiven Blick auf Mutterschaft und die Veränderungen, die sie für den weiblichen Körper bedeutet. Ihre Bilder zeigen Kaiserschnittnarben, die Plazenta oder befassen sich mit dem Verlust eines Kindes. Sie gehen an Stellen in die Tiefe, die der klassischen Kunst oftmals verborgen blieb.

Außerdem werfen sie einen anderen Blick auf die Sexualität von Müttern, wie in der Arbeit *Engorgement* von Lara Schnitger aus dem Jahr 2006. Collagen, in denen sie Fotos von Frauen aus Pornoheftchen mit Fotos von kleinen Babys kombiniert. Aufreizende Dessous, gemachte Haare, gespreizte Beine und nackte Brüste. An diesen Brüsten hängen dann Babys, die sich stillen. Oder sie schlüpfen aus einer uns entgegengereckten Vagina. Viele Betrachter*innen empfinden diese Arbeiten als irritierend oder gar unerhört, Mütter werden in der Kunst üblicherweise nicht als sexuelle Wesen dargestellt. Natürlich sollen sie im wahren Leben ordentliche, gut aussehende MILFs sein, aber nicht vor den Kindern bitte. Und eben nicht im Museum. Da gilt der Pietà-Anspruch: die Heilige, die ihren Sohn auf dem Schoß bemitleidet. In der Ausstellung *bitch MATERial* aber wurde Elternschaft in allen Schattierungen gezeigt. Als männlich, weiblich und divers. Engagiert und erschöpft. Glücklich und überfordert. Biologisch oder sozial. Wir Ausstellungsmacher*innen dachten, wir hätten unser Ziel erreicht und Flexibilität in Gehirne gestreut. Die Ausstellung war ein großer Erfolg, gleichzeitig aber nur ein Tropfen auf den heißen Stein. Die Veränderung in der Gesellschaft lässt weiterhin auf sich warten.

2019 titelte das Kunstmagazin *Monopol* »Kind und Kunst – Das letzte Tabu«, *Die Zeit* legte 2022 nach mit »Künstlerinnen und Kind – Das letzte Tabu«[106] und allerorten erscheinen immerzu neue Shows und Texte zur Thematik. Neben der heiligen Mutterfigur sehen wir heute auch erschöpfte, schlaffe Mutterkörper in der Kunst. Fleckige, zerfurchte, fette weiblich gelesene Figuren hängen daneben in teuren Galerien. Sie werden gekauft und vor allem gesehen. Sie verlassen den Male Gaze und geben den weiblichen Körpern endlich die Vielfalt und die Komplexität, die sie in der Realität haben. All diese Wortmeldungen machen mir Hoffnung auf eine Welt ohne Beipackzettel für die Kunst, der zwischen sogenannter Frauenkunst und vermeintlich richtiger Kunst unterscheidet. Nur durch mannigfaltige künstlerische Positionen können die variantenreichen Darstellungen auch einen gleichberechtigten Stellenwert erlangen.

Um überhaupt genügend gute Kunstwerke für die Ausstellung *bitch MATERial* zusammenzubekommen, brauchten wir zwei Jahre. Wir erhielten etliche Absagen von Künstlerinnen, weil sie Angst hatten, ihre Galerien könnten auf diesem Weg erfahren, dass sie ein zweites Kind bekommen hatten, oder weil sie grundsätzlich nicht mit dem Mutterthema assoziiert werden wollten. Künstlerinnen sind abhängig von Sammler*innen, und die schrecken vor Müttern zurück. »Wird eine Künstlerin Mutter, stehen Sammler ihrem Werk noch skeptischer gegenüber und glauben noch seltener daran, dass Frauen zu den Blue Chips des Kunstmarkts zählen. Die Galeristin Daniela Steinfeld, Inhaberin der Galerie van Horn in Düsseldorf, hat es sogar einmal erlebt, dass ein Sammler vom Kauf eines Werks zurückgetreten ist, als er bemerkte, dass es von einer Künstlerin stammte. ›Auf einmal hat er sich diese Arbeit ganz anders angeschaut. Plötzlich war sie nicht mehr das, was er wollte.‹«[107]

Ein Blick in die Vergangenheit zeigt, dass es sich lohnt zu kämpfen. Die italienische Barockmalerin Artemisia Gentileschi gebar fünf Kinder und zog sie teilweise auf, immerhin eine Tochter erreichte das Erwachsenenalter. Diese Umstände mögen vom Arbeiten abgelenkt haben, aber sie nahmen ihren Werken weder Wucht noch Eleganz. Und weniger gesoffen als ihre männlichen Kollegen hat sie vermutlich auch. Malen statt Kater.

Gentileschi gilt bis heute als eine der bedeutendsten Malerinnen ihrer Epoche über alle Geschlechtergrenzen hinweg. Und wie es sich für eine echte Influencerin gehört, nährte sie ihren Ruhm durch Selfies. Da sind die offensichtlichen Selbstporträts und die vielen Frauenfiguren, denen sie ihr Gesicht schenkte. Selbstbestimmte Frauen. Rächerinnen. Künstlerinnen. Herrscherinnen. Gemordet wird bei Gentileschi oft mit Lust und Eifer. So tötet ihre Judith den Holofernes derart inbrünstig, dass ihr Gemälde als eine der brutalsten Darstellungen dieser biblischen Geschichte gilt.

Immer wieder arbeitete sich Gentileschi an den Männern ab. Ließ sie bluten und alt aussehen. Den Männern in ihrem Leben hatte sie alles zu verdanken: Ihre Ausbildung, denn ohne Malervater und Zugang zu Lehrern wäre eine Frau nicht zur Malerei gekommen; eine Karriere wäre ohne diese Unterstützung nicht denkbar gewesen. Aber auch ihre Wut. Nachdem ihr Vater sie an ihren Vergewaltiger hatte verscherbeln wollen, diesen dann verklagt hatte, aber nur, weil er sich gegen die Ehe mit Artemisia ausgesprochen hatte, entschied sie sich, Rom zu verlassen, um sich ihrem beschädigten Ruf zu entziehen. Der Prozess, den sie unter Folter absolvieren musste, setzte ihr stark zu. Sie musste peinlich genau beschreiben, was ihr widerfahren war. Das Publikum war groß, die Aufzeichnungen sind erhalten. Diese schlimmen Erlebnisse jedoch hinderten sie nicht daran, sich selbst zur Schau zu stellen zum Zwecke ihrer Kunst und ihres Ruhms. Sie versteckte sich nicht. Ihr Gesicht blieb auf diese Weise für immer, und zwar so, wie sie von uns gesehen werden wollte. Gentileschi wurde damit Vorbild für viele Künstlerinnen, sie beeinflusste durch ihr Selbstbewusstsein auch deren Selbstdarstellung.

Von solchen Frauen können wir nur lernen. Doch häufig verschwinden ihre Werke in den Depots. Übrig bleiben die Arbeiten, die kanonisiert werden. Also das, was sich teuer verkauft oder in Museen landet, was häufig ausgestellt wird und somit in unser kollektives Gedächtnis wandert. So ist wenig verwunderlich, dass auch die Arbeiten von Artemisia von der Kunstgeschichte übersehen wurden. Catrin Lorch mutmaßt, was die Gründe dafür sein könnten:

> »Es hat womöglich damit zu tun, dass sich die überwiegend männlichen Künstler einfach nicht mit einer Frau identifizieren mochten – zu stark hatte sie vor allem als weibliche ›Künstlerin‹ Aufsehen erregt. […] bis es die feministischen Künstlerinnen der zweiten Hälfte des zwanzigsten Jahrhunderts waren, die einforderten, dass sich die Kunstgeschichte und die Museen auf die Suche machen nach Frauen wie Artemisia Gentileschi. Die jetzt, endlich, nicht nur erforscht und ausgestellt, sondern durch Ankäufe verbindlich in den Kanon aufgenommen werden. Wo sie – so viel zur Statistik – die National Gallery im Bestand als 21. Werk einer Frau verzeichnet, gegenüber mehr als 2300 Werken männlicher Kollegen.«[108]

Es sind Autorinnen wie Griselda Pollock, Linda Nochlin oder Roberta Smith, die sich die Finger wund schreiben, um solch bahnbrechende Künstler*innen dennoch in unseren Köpfen zu verankern.[109] Und es sind darüber hinaus die Anstrengungen des gesamten Kunstbetriebs nötig, um etwas zu bewegen, auch die Zaungäste, die Informierten, die Zusehenden müssen einen Beitrag leisten. Oftmals wird die kunsthistorische Betrachtungsweise der feministischen Autorinnen als analytische Methode gesehen, weit entfernt von politischen und gesellschaftlichen Realitäten. Pollock setzt sich dagegen zur Wehr. Sie erklärt in dem Kapitel

»The politics of theory« in dem von ihr herausgegebenen Buch *Generations and Geographies*, warum feministische Kunstgeschichte und -kritik nicht nur »methodologischer Zuckerguss« sind, sondern von großer Bedeutung für die Gesamtgesellschaft:

> »Theoretisierung ist keine zerebrale Übung, [...]. Sie ist unvermeidlicher Bestandteil einer politischen Praxis. Wie verstehen wir die Probleme, die wir als Frauen erleben müssen in all der konkreten Vielfalt dieses Begriffs, und wie verstehen wir die Unterdrückung von ›Frauen‹ historisch? Wie verstehen wir die Bedingung Frau, die sexuelle Differenz, die soziale Ungerechtigkeit so, dass es möglich ist, Widerstand zu leisten und Veränderung zu ermöglichen? [...] Solche Unternehmungen als ›Methodologie‹ zu bezeichnen, bedeutet, die Kunstgeschichte wieder von diesem größeren Rahmen sozialer Praxis und Kulturgeschichte abzuschneiden, vom Feminismus als etwas, das größer ist als feministische Kunsthistorikerinnen oder Kunstkritikerinnen.«[110]

So wie sich die Kunsthistoriker*innen und die Institutionen freistrampeln müssen, um zu neuen Erkenntnissen zu gelangen, so sollten es auch die Künstler*innen tun. Weibliche Kunst als Protestkunst ist kein seltenes Phänomen. Gerne mit vollem Körpereinsatz. Als Ausgangspunkt dafür definiert Leslie Hill in ihrem durchaus humorvollen Essay »Suffragettes invented Performance Art« die Demonstrationen und Aktionen der Suffragetten. Heute würde man das Vorgehen der aufständischen britischen Frauen zu Beginn des 20. Jahrhunderts durchaus als Performance oder Intervention im öffentlichen Raum bezeichnen. Damals war es ein kreativer Aufstand für mehr Unabhängigkeit und politischen Einfluss. »Natürlich haben Künstler*innen schon immer die verschiedenen kulturellen Hegemonien, innerhalb derer sie arbeiten, bewusst oder unbewusst gefördert, infrage gestellt oder bekämpft, aber die Wahlrechtsbewegung war die erste in der britischen Geschichte, die die Künste systematisch und in großem Umfang zu einem politischen Schwert und Schild machte.«[111] Lara Schnitger griff diese frühe Form 2015 mit ihrer *Suffragette-City*-Performance anlässlich der Art Basel auf.[112] Sie holte mit bunten Plakaten und Kostümen den Protest und die Begegnungen zurück in den öffentlichen Raum und schaffte dadurch einen Zustand, der den arrivierten Akteuren des Kunstbetriebs die Deutungshoheit ein Stück weit entzog. Auf diesem Weg entstehen Austausch und Verbindung mit Menschen abseits der Auktionshäuser und institutionalisierter Kunstvermittlung, Kunst wird gezielt eingesetzt und benutzt.

Ist das dann überhaupt noch Kunst? Darüber lässt sich vortrefflich streiten. Aber besondere Zeiten erfordern besondere Maßnahmen, und Kunst ist durchaus Teil, Werkzeug, Zuflucht und Kommunikationsmittel unserer Gesellschaft. Sie bildet nicht nur ab, sondern fantasiert noch weit über unsere Vorstellungen hinaus. Warum sollten Künstler*innen nicht aktiv tätig werden? Larissa Kikol beschreibt in *Nutzt die Kunst aus! Eine Einladung*, wie bestimmte Kulturwerkzeuge und unser Engagement mit den Mitteln der Kunst in die Welt hineinwirken können. Hier erzählt sie von Schlingensiefs Operndorf Afrika, das Aino

Laberenz gestaltet und umsetzt, von den 7000 Eichen, die Joseph Beuys pflanzen ließ, und von »Obdachlosenbussen«, die vom Kollektiv Wochenklausur im Rahmen der Wiener Secession durch die österreichische Hauptstadt geschickt wurden. Kikol fragt: »Zählt die Impfung [die in diesem Rahmen verabreicht wird, Anmk. der Autorin] als erweiterter Kunstbegriff, als Nicht-Kunst, Noch-Nicht-Kunst, Urban Art, Kunst-Aktivismus, interventionistische Praktik, sozial engagierte Kunst, relationale Kunst, Soziale Plastik, Urban Performance, partizipative Kunst, Kunst als soziale Praktik, offenes Handlungsfeld, New Genre Public Art oder als relationale Ästhetik?«[113] Sie gibt darauf keine Antworten. Die sind auch nicht wichtig. Ihr geht es darum, wie wir uns die Kunst zunutze machen können – und sehr oft ist das bitter nötig.

Auch die zweite Welle des Feminismus, die die Kunstwelt, vor allem in den USA, in den Sechziger- und Siebzigerjahren des letzten Jahrhunderts im Sturm eroberte, machte die Arbeiten der Künstlerinnen feministisch und kämpferisch. Dazu gehören Barbara Krugers Collagen, die ganz in Suffragetten-Tradition gesellschaftliche und frauenrechtliche Fragen aufgreifen. Die Aussagen sind eindeutig und fordernd. Es war darüber hinaus die erste künstlerische Phase der Selbstermächtigung des eigenen weiblichen Körpers. Er wurde Spielball, Leinwand, Pinsel. Er wurde ausgestellt, gequetscht, verändert und untersucht.

Was geht in einer jungen Künstlerin wie Ana Mendieta vor, wenn sie ihr Gesicht, ihren Po und ihre Brüste gegen die Glasscheibe in ihren Händen presst? Wenn sie ihre Schönheit simultan zur Schau stellt und zerstört? Wenn sie Macht ausübt gegenüber ihrem eigenen Körper? Ihn verzerrt oder ihn mit Blut beschmiert, um über Vergewaltigung zu sprechen? Yves Kleins »Anthropometries«, Abdrücke von Frauenkörpern in dem berühmten Yves-Klein-Blau, mögen Vorbild für ihre »Body Tracks« gewesen sein, doch haben ihre Arbeiten eine große feministische Bedeutung: »Mendieta benutzt ihren Körper als Pinsel und Blut als Farbe. Auch wenn der Zusammenhang zu Klein häufig hergestellt wird, ist der Unterschied zwischen dem Körper einer Frau als Abdruckgeberin unter der Leitung eines männlichen Künstlers (Frau als Objekt) und Mendietas Abdruck als Signatur der Autorin radikal.«[114]

Mendieta sieht hin, erkennt die Schwachstellen im amerikanischen Traum und steckt den Finger in die Wunde. Als Kind wurde sie zusammen mit ihrer Schwester von ihren Eltern aus Kuba in die USA geschickt. Die Regimekritik der Familie hätte ihr unter Fidel Castro gefährlich werden können. Getrennt von zu Hause wuchs sie im Heim und bei Pflegefamilien auf, irgendwo in Iowa. Sie kämpfte sich durch das Gestrüpp der eigenen Vergangenheit, der Ungerechtigkeit und der Sehnsucht, Kunst zu schaffen. Und sie erfuhr am eigenen Leib, was es bedeutet, von einer privilegierten weiß gelesenen Person in ihrer Heimat Kuba zu einer unerwünschten, als PoC verstandenen Einwanderin in den USA zu mutieren. Dadurch wurde ihr Blick geschärft für jede Form von Ungerechtigkeit.

1978 zieht Mendieta, mit dem ersten Ruhm im Gepäck, nach New York, wo die Kunstwelt dabei ist, sich neu zu definieren. Der traditionelle Kunstbegriff wird erweitert um Performances und Happenings. Intersektionale Feminist*innen betreten das Feld und versuchen, Platz zu schaffen für Frauen* , Menschen unterschiedlicher Hautfarbe, sexueller Orientierung und sozialer Herkunft. Sie zeigen mit ihrer Kunst ihren eigenen Blick auf die Welt. Female Gaze, wohin man schaut, und das weit weniger asexuell, als die Männer erwartet hätten. Wer bislang glaubte, dass Frauen gerne zugeknöpft am Herd stehen, sollte spätestens jetzt erkennen, welche Energie sich in ihnen angestaut hat.

Die Selbstporträts von Frauen verändern sich. Sie brechen immer öfter aus dem Gebot der Schönheit aus, ohne sich dem Gebot der Macht anzubiedern. Tizian ist over. Zumindest für einen Augenblick. Und eine Welle junger, radikaler, weiblicher Forderungen spült einen männerdominierten Machtzirkel aus den oberen Etagen der Avantgarde. Inhaltlich versteht sich, nicht finanziell. Carolee Schneemann wälzt sich nackt in Fleisch und zieht Texte aus ihrer Vagina. Cindy Sherman verwandelt sich in unzählige Facetten der Menschlichkeit, und Susan Sontag ringt in »Notes on Camp« öffentlich mit ihrer Homosexualität und setzt sich ein für den Pop in der Hochkultur.

Ana Mendieta wird Teil dieser Welt und bleibt trotzdem außen vor. Wie viele andere damals sieht sie die Privilegien der Feministinnen, will sich aber mit niemandem gemein machen. Sie konzentriert sich auf ihre Kunst und macht dennoch aus ihrer Haltung nie einen Hehl. Ein Großteil ihrer Performances entsteht in der Natur, wo sie mit ihrem Körper Spuren hinterlässt, ihre »Silhuetas«. Während der Aktionen sind kaum Zuschauer*innen anwesend. Was geblieben ist, sind ein paar Super-8-Filme, die lange in Vergessenheit gerieten. In den letzten Jahren sind sie wiederentdeckt worden, werden ausgestellt und gefeiert. Mendieta hat das nicht mehr erlebt. Ihr Ruhm keimte auf, als sie unter ungeklärten Umständen aus dem Fenster ihrer Wohnung in einem New Yorker Hochhaus stürzte. Ihr Mann Carl André wurde verdächtigt, sie hinuntergestoßen zu haben. Kurz zuvor hatte das Paar darüber gestritten, warum seine Arbeiten mehr Anerkennung erfuhren als ihre.[115]

Mendietas Schaffen und der Sturz sind bis heute eng verbunden mit der intersektionalen, feministischen Bewegung in der Kunst. Ihr Einfluss auf junge Künstler*innen ist groß. Gerade in Südamerika prägte sie eine neue Generation, zu der auch Maria José Galindo gehört. Sie setzt sich besonders für die indigenen Frauen in ihrem Herkunftsland Guatemala ein und gibt ihrem körperlichen Leid mithilfe ihres eigenen Körpers eine Stimme, die international gehört wird. Sie hinterlässt ebenfalls Blutspuren, inszeniert sich als Opfer oder ritzt sich das spanische Wort für Hure in den Oberschenkel. Galindos Vorgehen ist radikal, aber in ihren Augen ihr stärkstes Mittel.

Der Körper von Künstler*innen ist zu einem ihrer maßgeblichen Instrumente geworden. Sie inszenieren sich selbst, bilden ihren Körper ab und benutzen ihn – das ist ein großer Gewinn für die Kunst und die Gesellschaft. Sie haben sich ihres eigenen Körpers ermächtigt und feiern Erfolge damit. Nun liegt es an uns allen zu verhindern, dass ihr Einsatz wieder für Jahrzehnte in den Depots vergessen wird.

In einem Zwischenraum unter Treppen, um die Ecke, hinter Vorhängen und Kulissen kommen Menschen zusammen und wollen nichts weniger, als das Patriarchat abfackeln. Sophia Süßmilch, breit gefächerte, geniale Künstlerin, und die Schriftstellerin Lydia Haider laden in den »Toten Salon«. Die Nervosität kriecht mir langsam in den Nacken an diesem düsteren Nachmittag 2022 in der Berliner Volksbühne. Ich bewundere die Stärke der hier Versammelten und frage mich, was ich unter ihnen mache? Ich kann über echte Kunst schreiben, aber kann ich auch ein Teil davon sein? Da ist ein vorbereiteter Text in meiner Hand. Es geht um das, was ich hasse. Das heutige Thema ist Zorn. Irgendwie schaffe ich es, Worte auf die Bühne purzeln zu lassen, und bin dann enttäuscht von mir selbst. Ich zerplatze ein paar blutgefüllte Ballons und setze mich rot befleckt zurück an meinen Platz. Vielleicht war ich nicht laut und aggressiv genug oder zu beherrscht?

Mir bleibt nicht lange Zeit zu grübeln. Die Kraft der anderen fängt mich auf. Wir sind fast alle nervös, wir finden uns alle nicht perfekt. Süßmilch lässt sich auf der Bühne von einer Frau mit Umschnalldildo penetrieren und verlangt nach mehr echter Liebe. Der Rausch entsteht im Tun. In der Auseinandersetzung und im Miteinander. Kunst als kollektives Erlebnis ist ein spürbarer Strudel konstanter Veränderung. Meine Nervosität weicht retrospektiv großer Dankbarkeit. Wir sind hier, um etwas zu verändern. Jede gibt, was sie kann.

Verdammt gute Kunst zu machen, die feministisch ist und von der man leben kann, bedeutet eine Quadratur des Kreises. Trotz der ersten, zweiten und dritten Welle des Feminismus, die durch die Kunstwelt wirbelten, gilt bis heute: Sie muss noch final und in der Breite erfunden werden. Kunst kann alles sein. Darf alles sein. Spätestens seit Marcel Duchamp definiert sie sich selbst und fragt oder dekoriert oder fordert heraus, wie es ihr gefällt. »Im besten Fall löst Kunst etwas in uns aus, das man nur schwer in Worte fassen kann: eine kleine Befreiung, ein Durchatmen, eine Art Loslassen«, wie der Autor Daniel Schreiber in einem Artikel über Pipilotti Rist formuliert.[116]

Mit jeder Künstlerin* wird es schwerer, sie und ihre Körperbetrachtung aus der Geschichtsschreibung zu tilgen. Unsere Anstrengung hinterlässt Spuren, die sich in der Kunstgeschichte immer weiter ausbreiten. Mit jeder Galeristin, Sammlerin und Kuratorin, die sich einsetzt, wird es schwerer, uns wieder aus dem Sortiment zu nehmen. Jede*r Unterstützer*in ist bitter nötig und willkommen. Dafür muss sich nicht nur die Kunst verändern. Es braucht mehr Macher*innen abseits der jungen, wilden, weißen, strahlenden, kinderlosen, behinderungslosen, wohlsituierten Frau. Der Kunstbetrieb muss sich verändern, Sammler*innen müssen sich verändern, Museen müssen sich verändern, damit unser Blick ein neuerer, tieferer, wahrhaftigerer werden kann.

Wir alle wollen doch, dass irgendwann neue Ideen fernab der Feminismus-Frage entstehen können. Ein Blick, der sich der Ästhetik widmet, die aus unterschiedlichen Stimmen entstehen darf und von unterschiedlichen Künstler*innen geprägt ist: ob leicht bekleidet oder im Rollkragenpullover. Ob radikal oder angepasst. Ob Mutter oder kinderlos. Durch die Kunst wird ein neues Körperbewusstsein geprägt, das von hier aus in die Gesellschaft hineinstrahlt. Künstler*innen erschaffen Welten. Wie formuliert es Djuna Barnes so treffend: »Seltsam, wie sehr das Leben einem selbst gehört, wenn man es erfunden hat.«[117]

Muttertier

Für dich der Schutz bei einer suchte,
die allzu ängstlich war und voller Sorgen,
für dich summ ich ein Wiegenlied,
zwischen Nacht und morgen –

– TOVE DITLEVSEN[118]

Ich blute. Jeden Monat. Genau genommen alle drei Wochen. Nur im Stress oder in ungünstigen Situationen lässt sich mein Körper mal länger Zeit, bis ich meine Tage bekomme. Das Anschleichen meiner Periode merke ich sehr genau. An meiner Rosazea, die sich kurz zuvor regelmäßig verschlimmert und in juckende Pusteln wandelt. An meiner schlechten Laune – weil ich mehr Schlaf bräuchte, den ich nicht bekomme. An den Streitereien, die ich deshalb mit meinem Mann, den Kindern oder den Kolleg*innen ausfechte. Ich merke es an den Schmerzen im unteren Rücken, am Durchfall und am beharrlichen Ziehen in den Oberschenkeln. Dieses Anschleichen ist bei mir nie zaghaft, und die Blutmenge, die ich verliere, ist immer groß. Das ist normal. Meine Regelschmerzen sind gewöhnlich. Keine besonderen Vorkommnisse. Ich kann mich glücklich schätzen, denn viele Menstruierende leiden unter so starken Schmerzen, dass sie deutliche Einschränkungen dadurch haben und sich teilweise krankmelden müssen. Die Schmerzen können so stark sein, dass sie vergleichbar sind mit jenen, die ein Herzinfarkt verursacht.[119] Die meisten Menstruierenden schweigen dazu.

Für mich sind meine körperlichen Veränderungen, bevor ich meine Tage bekomme – trotz ihrer Regelmäßigkeit –, stets überraschend. Mein Gesicht, das mir runder vorkommt, der nach vorn gewölbte Bauch, das erhöhte Gewicht. Sind es Wassereinlagerungen? Ist mein Blick getrübt? Ich werde mir selbst immer ein bisschen fremd. Mit dem ersten Blutschwall aus meiner Gebärmutter werden die Veränderungen dann verlässlich aus meiner Wahrnehmung fortgespült. Jetzt geht es noch ein paar Tage. Dann werde ich wieder erleichtert sein, dass diese Phase, die ein Drittel eines jeden Monats einnimmt, vorbei ist. Endlich.

Menstruierende Menschen sind in unserer Leistungsgesellschaft nicht vorgesehen. Wir sollen nicht schwach sein und vor allem nicht jammern, uns keine Ruhe gönnen, sondern die Klappe halten. Früh lernen wir sogenannte Frauenprobleme zu ignorieren, wenn wir uns keinem Spott ausgesetzt sehen wollen. Bloß nicht unangenehm auffallen. Bloß kein »Mädchen« sein.

Die Gehässigkeiten haben wir alle aus Filmen und dem Fernsehen verinnerlicht. Lauren Rosewarne, Professorin für Sozial- und Politikwissenschaften in Melbourne, stellte sie für ihr Buch *Periods in Pop Culture: Menstruation in Film and Television* zusammen. Sie beschreibt darin, dass Menstruationsblut es selten optisch auf Leinwände oder Bildschirme schafft – zu eklig –, aber die Anspielungen darauf gerne verwendet werden, um Frauen* oder auch Männer zu diskreditieren. Sie berichtet von Studien, die nachweisen, dass eine Packung Tampons eine Frau inkompetenter und unsympathischer wirken lassen kann oder wie der englische Begriff *»ragging«*, umgangssprachlich für »menstruieren«, gleichbedeutend mit dem Wort *»nagging«*, also »keifen, meckern, nörgeln«, verwendet wird.

Rosewarne schreibt auch über einen Dialog zwischen

Dexter (Jeff Goldblum) und Kate (Emma Thompson) im Film *The Tall Guy* (1989), in dem ihrer Meinung nach das eindeutigste Beispiel für die Abscheu vor Periodenprodukten vorkommt:

> Dexter: In all den Wochen, in denen ich hierhergekommen bin, wollte ich dich schon immer etwas fragen. Was ich wirklich wissen möchte, ist … ähm, wie ist dein Name?
>
> Kate: Kate … Lemmon. Schrecklicher Name.
>
> Dexter: Nein, nein, ganz und gar nicht. Es hätte schlimmer sein können. Du hättest auch Hitler oder Tampon oder so heißen können.[120]

Durch die Geschichte der Popkultur hinweg wird Menstruieren als unangenehm, nervig und minderwertig angesehen und dargestellt. Rosewarne merkt dazu an, dass »(…) die ultimative Frau ohne eine Periode existieren würde«[121]. Das öffentliche Leben, die Kunst, die Kultur hat periodenfrei zu sein, und wenn Frauen vorhaben, weiter zu bluten, dann hat sie frauenfrei zu sein.

Als Regisseurin darf mich meine Periode während eines Drehs nicht ablenken oder von meiner Arbeit abhalten. Dreharbeiten erwarten Wachsamkeit. Jeder Toilettengang kostet unnötige Zeit. Also stecke ich mir, schon kurz bevor ich meine Tage bekomme, die Tampongröße Super Plus in den Unterleib und nehme Ibuprofen 400, sobald die Schmerzen leicht zu pochen beginnen. Sind sie erst mal stark, wäre es zu spät. Funktionieren ist die Devise.

Wenn ich dann blute, gilt: bloß nicht auffallen. Bloß nicht schwach werden. Bloß nicht daneben bluten. Wer soll mich noch ernst nehmen, wenn ich wegen eines Missgeschicks bei der Verwendung eines Menstruationscups Blut am Arsch habe?

Unser Menstruationsblut bleibt schambehaftet. Ich gehe noch heute übertrieben selbstbewusst zur Kasse im Drogeriemarkt, wenn ich Periodenprodukte kaufe. Das ist meine antrainierte »Hier. Nimm das: Ich blute, und das ist total normal«-Teenie-Haltung. Immer noch höre ich Frauen in mein Ohr flüstern: »Hast du eventuell 'n Tampon?«, statt einfach laut zu sprechen, so wie sie es tun würden, wenn sie nach einem Taschentuch, einer Serviette oder einem Blatt Papier fragen. Und ich höre mich selbst auf Veranstaltungen die gleiche Frage in andere Ohren flüstern, aber ich schäme mich zu sehr dafür, um das hier als Erstes zu schreiben.

Ich versuche, es zu Hause besser zu machen und offener mit geschlechtsspezifischen Körperthemen umzugehen. Wir diskutieren zurückzuziehende Vorhäute und Hodenpositionen. Wir nennen die Vulva Vulva, die Vagina Vagina und die Klitoris Klitoris. Ich schicke meinen Mann oder meinen Vater Tampons kaufen und benutze sie sichtbar. Als ich neulich wieder einmal, während ich mit einem Kind diskutierte, mein Tampon wechselte, fiel mir auf, dass ich weder meine Mutter noch meine Großmütter regelmäßig bei diesem Vorgang gesehen habe, obwohl Nacktheit in unserer Familie kein schambehaftetes Thema war. Trotzdem. Schambefreiung braucht nicht nur kluge Gedanken, sondern auch ein paar Generationen lang Zeit, sich zu entfalten.

Es ist ein langer Weg, gegen den internalisierten Blutekel der Gesellschaft anzuschwimmen, doch in den letzten Jahren ist vieles passiert, und Periodenunterwäsche und Periodencups sind auf dem Vormarsch. Südkorea und Spanien haben den Menstruationsurlaub für besonders Betroffene eingeführt. Selbst in der Werbung wurde die blaue Chemie-Flüssigkeit, die sie früher auf Binden kippten, um ihre Saugkraft nachzuweisen, ausgetauscht. Sie ist jetzt fast so rot wie echtes Blut. Wenn das so weitergeht, verliere ich irgendwann noch meine Sorge vor Blutflecken auf hellen Hosen und stürme wie ein rachsüchtiges, menstruierendes Monster über ein Filmset und brülle laut »Free Bleeding«. Einfach nur, weil ich es leid bin, weiterhin stabil zu sein, während alle über ihre männlich gelesenen Rückenprobleme vom harten Schleppen jammern. Einfach nur, weil es wehtut. Einfach nur, weil Schreien gegen Schmerzen hilft.

Das weiß jede Hebamme. Und jede gebärfähige Person, die schon mal Presswehen hatte. Ich habe vier Kinder geboren, und Wehen sind das, was ich am wenigsten vermisse. Der leicht benebelte Kontrollverlust und das Wissen, dass kein Weg am Schmerz vorbeiführt. Schmerzen, die wir haben, um Kinder gebären zu können. Schmerzen, die wir haben, um euch euer Leben zu schenken. Schmerzen, die wir haben, damit ihr nachher Witze über uns macht?

Ich mochte das Gefühl, ein Baby in mir zu tragen und eine Beziehung zu diesem Kind aufzubauen. Ich war stolz darauf, dass ich einen neuen Menschen herstellen kann. Aber ich war nicht gerne schwanger. Den Einfluss, den es auf mich und mein Körpergefühl hatte, mochte ich nicht. Die ersten Schwangerschaftsstreifen meines Lebens stürzten mich in eine tiefe Sinnkrise. Ich bekämpfte die tiefblauen Linien auf meinen anschwellenden Oberschenkeln, die zu tiefen irreparablen Rissen wurden, mit Salben und Massagegriffen, doch selbst Google wusste, dass ich mich an sie gewöhnen muss. Die Gewichtszunahme – bei jedem Kind 20 bis 25 kg – irritierte mich. Da war plötzlich so viel Körper und in meiner Vorstellung so wenig ich. In den Schwangerschaften war ich hormonell sediert, aber der Selbsthass kam später immer zurück und arbeitete sich an den Trophäen ab, die ich in neun bis zehn Monaten Schwangerschaft hinzugewonnen hatte.

Früher predigte ich beständig, dass ich keine »Dafür, dass«-Frau sein wollte. Dafür, dass sie Kinder hat, sieht sie verdammt gut aus. Dafür, dass sie über dreißig ist, sieht sie echt gut aus. Dafür, dass sie denken kann, sieht sie gar nicht mal so schlecht aus. Dafür, dass ich so einen Müll geredet habe, kann ich mir heute noch ganz gut selbst in die Augen sehen. Ein bisschen Gnade an allen Fronten.

In der Schwangerschaft entschied plötzlich mein Körper, wann gegessen wird, wann ich zu schlafen und wann ich zur Toilette zu gehen habe. Ich fühlte mich gegängelt, von Bedürfnissen bestimmt und von körperlichen Alleingängen beleidigt. Mein Körper brauchte simple Unterstützung: ein paar Nährstoffe, ein bisschen Ruhe und Aufmerksamkeit. Warum überforderte mich das so? Weil keine Zeit dafür ist? Weil keine Akzeptanz dafür da ist, schwach zu sein? Weil ich nicht wusste, wie ich gleichzeitig stark, unabhängig und unnachgiebig sein sollte, wenn ich ständig pinkeln und essen muss? Was uns unsere Periode im Kleinen lehrt, macht die Schwangerschaft im Großen: Wer in einer männerdominierten und an männlichen Bedürfnissen ausgerichteten Arbeitswelt ernst genommen werden möchte, spricht nicht über Erfahrungsräume, bei denen Cis-Männer weder mitreden noch Einfluss nehmen können, sondern macht einfach weiter, als wäre nichts.

Ich akzeptierte die Wehwehchen und die Schmerzen. Weil sie unausweichlich sind. Bei der ersten Geburt stemmte ich mich noch gegen sie, bei der zweiten Geburt habe ich verstanden. Bei der dritten und vierten verlor ich meinen Kompass ein wenig und ließ mir reinreden. Aber alles lief. Immer. Gut. Am Ende ist da nur Dankbarkeit. Ich konnte meinen eigenen Weg gehen, ich war gut betreut und gut versorgt. Nachdem ich meinen Bauch noch einige Tage und Nächte fest umschlungen gehalten hatte, gewöhnte ich mich sogar daran, dass er wieder leer war. Ich durfte mich über jedes Kind freuen. Uneingeschränkt.

Schwangerschaften und Geburten sind körperliche Herausforderungen. Für manche mehr, für andere weniger. Das ist eine Mischung aus Glück, Genen und Umständen. Mein Körper hat verdammt viel geleistet in den letzten 15 Jahren. Er hat getan, was ich von ihm erwartet habe, und genährt, was ich liebe. Er hat dabei Federn gelassen und Spannkraft verloren. Mir sind Zähne zerbröselt und Bänder gerissen, weil Schwangerschaften Calcium brauchen und alles weich werden lassen, was Stabilität liefern soll. Simone de Beauvoir beschreibt die Landnahme in *Das andere Geschlecht*: »[Die Frau] empfindet [die Schwangerschaft] gleichzeitig als eine Bereicherung und als eine Verstümmelung. Der Fötus ist ein Teil ihres Körpers und auch wieder ein Parasit, der auf ihre Kosten lebt.«[122]

Jedes Kind hat verdammt viel Energie gekostet. Dafür will ich kein Lob. Ich muss mir das nur selbst einmal sagen, damit ich es nicht vergesse. Ich muss es für jede biologische Mutter einmal aufschreiben, damit sie es wenigstens von mir hört. Und ich muss es einmal veröffentlichen, damit es nicht untergeht, wenn wir über herausragende körperliche Leistungen sprechen.

Elternschaft ohne gleichzeitigen Reichtum ist häufig nur eines: anstrengend. Körperlich anstrengend. Kräftezehrend. Es ist der Schlafmangel, der Ruhemangel, der Zeit-für-mich-Mangel. Es sind die schweren Einkaufstüten, Schulranzen und schlafenden Kinder, die Eltern durch die Welt hieven. Treppe hoch, Treppe runter. In die Kita rennen, zur U-Bahn rennen, zum Termin rennen. Schneller in die Pedale treten. Einmal über Rot fahren. Überleben. »Wir sind gleich da. Verdammt. Ich habe auch Hunger.« Aber keine Zeit zu essen. Nur Chips und Pizza und Schokolade. Und schon wieder: schlechte Haut. Mein Mann und ich haben jahrelang zu wenig geschlafen, unsere Rücken malträtiert und unseren Organismus mit Müll vollgestopft, nur um satt zu sein.

Claire Arnold-Baker und Victoria Garland beschreiben in *The Existential Crisis of Motherhood* diese überwältigende Müdigkeit als das große Überraschungsphänomen für Mütter, wobei das für alle Menschen gilt, die sich dafür entscheiden, sich zu kümmern, zu pflegen und Verantwortung für Wesen zu übernehmen, die es selbst nicht können. Dabei geht es nicht nur um tatsächlichen Schlafentzug, sondern auch um die psychische Erschöpfung, die sie in der allumfassenden Anstrengung begründet sehen, die Elternschaft bedeutet.[123] »Auch das Zeitempfinden der Mütter und die Struktur ihres Tages verändern sich, was dazu führt, dass sie das Gefühl haben, die Kontrolle zu verlieren, wenn sie den Eindruck haben, organisiert sein zu müssen. Das allgegenwärtige Verantwortungsgefühl, das Mütter sich in jedem Moment auf ihre Babys konzentrieren lässt, führt zu Müdigkeit, da Mütter ständig in Alarmbereitschaft sind. Dieses Maß an Müdigkeit, sowohl physisch als auch psychisch, ist für die meisten Mütter eine schockierende Überraschung.«[124]

Warum tue ich mir das an? Ich mag unerreichbare Ziele, Anstrengungen und Überforderung. Außerdem wollte ich immer Mutter werden. Schon im Kindergarten wollte ich Mutter spielen, erziehen, mich kümmern und verantwortlich sein. Ich liebe Säuglinge und den Geruch von Babyköpfen. Jede kreative Wortschöpfung eines dreijährigen Kindes hinterlässt bei mir mehr Schmunzeln als Kopfschütteln. Die ersten eigenen Kreationen hängen schief in unserer Erinnerung, und viele Fragen und Antworten hallen in unserem gemeinsamen Familiengedächtnis nach. Gern lasse ich mich von jungen Menschen mit neuen Gedanken und Vorwürfen konfrontieren und sehe sie daran wachsen. Ich brauche die Herausforderungen, vor die mich meine Kinder stellen. Den Wettbewerb, den sie erzeugen. Ihre diebische Freude, wenn sie das erste Mal schneller, besser, größer sind als ich. Wenn die Welt anfängt, ihnen zu gehören, und ich sie laufen lassen kann. Wenn aus körperlicher Verbundenheit gelegentliches, beruhigendes Tätscheln wird. Ich mag es, feste Waden zu massieren, während mir dafür ein Kind meine Speckarme schüttelt und sich freut. Gern werde ich alt neben so viel Jugendlichkeit, die mich in ihrem überbordenden Lebenshunger zu Tränen rührt. Da ist so viel ich, das ich nicht mehr leben kann und muss. Das machen sie jetzt. Das machen sie gut.

Mutterschaft erscheint oft klein und alltäglich. Mutter

sein ist nicht cool. Es riecht nach Langeweile, Babykotze und Kartoffelbrei. Mutterschaft ist bodennah, ebenerdig und schlägt Wurzeln. Die Mutter beugt sich häufig nach unten, anstatt sich nach oben zu strecken. Es lässt sich in vielen Köpfen schwer verbinden mit dem Bild einer erfolgreichen Frau oder Künstlerin. Mit Unabhängigkeit oder Freiheit.

Das Leben einer erwachsenen Frau und Mutter mitten im Alltag hat in der hohen Kunst bis heute nichts zu suchen. Überproportional viele der erfolgreichsten Frauen im Filmbusiness sind kinderlos: die Oscar-Gewinnerinnen Kathryn Bigelow und Chloe Zhao beispielsweise. Oder Julia Ducournau, die erste Frau, die bei den Filmfestspielen von Cannes allein mit einer Palme d'Or ausgezeichnet wurde. In der Literatur finden sich etliche Namen von Autorinnen, die keine Kinder haben. Und in der Politik schien es mit Angela Merkel oder Condoleezza Rice lange Zeit ähnlich zu sein. Selbst wenn es aktuell in der Politik einen Trend zur Vereinbarkeit von Kindern und Beruf zu geben scheint, mit jungen Müttern an diversen Regierungsspitzen, erfolgreiche Frauen sind seltener Mütter als der Durchschnitt. Vor allem im Milieu der Performerinnen sehen Frauen in Kindern eine Gefahr für ihre finanzielle Unabhängigkeit und ihre berufliche Laufbahn.[125] Insgesamt gilt: Selbst Mütter, die voll arbeiten wollen, werden häufig in Teilzeit abgeschoben oder bekommen den Job erst gar nicht.[126]

Es gibt den gesellschaftlichen Druck auf Frauen, Kinder zu gebären, für erfolgreiche Frauen scheint jedoch das Gegenteil zu gelten. Wir sollten uns fragen, wo ist der Platz für Mütter in Führungspositionen? Wo ist ihr Platz in der Wissenschaft, der Kunst, der Wirtschaft und den

Medien?[127] Wo sind die Unternehmerinnen? Wo sind ihre Stimmen zu hören, wenn es um Repräsentanz geht? Wird ihnen der Job nicht zugetraut, oder ertrinken sie in der Doppelbelastung, der nicht jede gewachsen sein kann. Bei den Männern in Toppositionen gehören die Kinder noch immer zum guten Ton. Vom Regisseur bis zum Manager. Kinder hat mann. Und eine Frau, die sich um sie kümmert. Die hat dann dem Mutterbild zu entsprechen, anstatt die Welt zu erobern.

In meiner Altersgruppe (in den Jahrgängen zwischen 1984 und 1988) sind gerade einmal 232 000 von 2 362 000 Frauen Mütter.[128] Ich brauche mich also nicht zu wundern, schräg angeguckt zu werden, wenn ich erzähle, dass ich Kinder habe. Gerade im expeditiven Milieu mit seinen Künstler*innen, Galerist*innen, Regisseur*innen und Schauspieler*innen wird auf Kinder verzichtet oder der Kinderwunsch nach hinten verschoben.[129] Wer nicht warten will, verlässt oft die eingeschlagene Laufbahn. Trotz guter Ausbildung und großer Träume.

Bei aller Kreativität fehlt häufig das Vorstellungsvermögen für die Machbarkeit. Oder das Geld. Viele sind in Musterbildern von Familienleben gefangen, die sich seit den NS-Idealen und den daraus resultierenden Prägungen in den 1950er-Jahren in Westdeutschland kaum verändert haben. Während wir in Ostdeutschland verlässliche Kinderkrippen und keinerlei Pay Gap in der Vollbeschäftigung sehen, bleibt die Gesamtbevölkerung skeptisch.[130] Die Mutter gehört zum Kind und in die Altersarmut. Alternativen bilden sich nur langsam heraus.

Mutter zu werden kann ein eigener, einträglicher Beruf sein. Insta-Mum. TikTok-Mum. Mutter-Ratgeber-Autorin.

Mutter-Expertin. Hier stecken viel Anerkennung, Follower*innen und Bestsellerlistenplätze drin, inklusive Filter, Hygge-Feeling und Stylingtipps. Oft geht es auch um Politik, Vereinbarkeit, Diskriminierung und Chancengleichheit. Viele Mumbloggerinnen wissen, wovon sie sprechen. Das fordert jede Menge Arbeit und Kreativität. Hier können Mütter Geld verdienen. Hier feuert sie nach der Elternzeit niemand oder kürzt das Gehalt.

Kinder klicken gut. So niedlich wie Cat-Content. Bei vier unfassbar tollen Kindern (Augenzwinkern bitte mitdenken) wäre das für mich eine gute Berufsoption gewesen. Aufblühen zwischen Banana Bread, mangelnder Gleichstellung und Baby Shower. Ich wollte meine Kinder aber nie online stellen. Keine Namen, Daten, Geschlechter. Sie sind kein Produkt, das ich gegen Follower*innen an Insta verscherbeln möchte. Sie gehören sich selbst. Bei allem Respekt vor Frauen, die in dieser Nische ihr berufliches Zuhause entdeckt haben: Meine Mutterschaft wollte ich nie zu meinem Beruf machen. Ich will nicht ausschließlich über Mutterschaft schreiben oder zu diesem Thema Filme drehen. Meine Interessen liegen woanders.

Als Schauspielerin wurde mir mehrfach von einer Mutterschaft abgeraten. Von jeder einzelnen. Vor allem jedoch davon, mich öffentlich schwanger zu zeigen. Und auch heute erzählen mir Schauspielerinnen immer wieder davon, mit welchen ausgefeilten Plänen sie verhindern, dass es Fotos von ihrem Babybauch gibt. Der Gedanke dahinter: Wenn sie dich schwanger sehen, bekommen sie das Bild nie wieder aus ihrem Kopf. Die Caster*innen und Redakteur*innen speichern dich als Mutti ab, die jetzt etwas anderes macht. Eine schwangere Frau failt in dem sexy Schauspielerinnenzirkus als Geliebte, als Tochter, als Deko. Das Rollenprofil wird auf die Mutter verengt.

Klaus Lemke riet mir bei meiner ersten Schwangerschaft vollkommen unverblümt am Telefon zu einer Abtreibung. Ich sollte ein Star werden. Keine Mutter. Wir wollten schließlich Filme drehen. Ich denke, er meinte es gut mit mir und meiner Karriere. Beides zusammen war für ihn schlicht nicht denkbar. Das Vorurteil sitzt tief.

Mütter sind nicht sexy. Außer Rihanna. Vor ihr waren da noch Demi Moore, fotografiert von Annie Leibovitz, Claudia Schiffer, fotografiert von Mario Testino, und Beyoncé, fotografiert von vielen. Die wagten es aber nicht, in Heels und mit nacktem Schwangerschaftsbauch shoppen zu gehen. Rihanna schon, und das Internet tobte. Es kochte vor Dankbarkeit und Wut. Rihannas nackter Bauch hier, ihre schwangeren Beine in Heels dort. Sie wurde angefeindet, den Druck auf Frauen weiter zu erhöhen, aber ich feiere, was sie tut. Rihannas gesamte Existenz ist unrealistisch, übermenschlich und extrem kapitalistisch. Doch wenn sie etwas für die Wahrnehmung von Müttern tut und das Versteckspiel untergräbt, dann bin ich ihr dankbar.

Auch mein Mutterleben braucht Platz in meinen Abendkleidern, zwischen Meetings und in meiner Arbeit. Mein Mutterleben braucht Platz in meiner Kunst. Mein Alltag muss einfließen können in das, was ich tue, Raum bekommen, atmen. Meine Tränen beim Abschied von meinen Kindern sind so heiß wie die eines frisch verliebten Paares. Mein Gesicht, wenn das Kind sich ein Bein gebrochen hat, zuckt so dramatisch wie das eines Mannes, der von einer Frau verlassen wurde. Mein Menstruationsblut ist so wertvoll wie das eines Kriegers in einer Schlacht. Es ist beleidigend, einen Kampf als relevanter einzuschätzen als die Geburt eines Kindes. Kein Krieger kann kämpfen, wenn er beim Gang durch den Geburtskanal verloren hat.

Das Thema Mutterschaft ist intensiv, groß, essenziell, vielschichtig, dramatisch, körperlich, tief. Es hat alles, was es braucht, um große Kunst zu sein. Es ist unnötig, dafür cheesy Cover zu gestalten und es in die Frauenecke zu schieben. Elternschaft begleitet uns alle, ob wir Kinder großziehen oder ob wir großgezogen wurden. Das Verhältnis ist prägend und unausweichlich. Wir alle stammen aus dem Fleisch unserer biologischen Eltern. Wir alle sind genährt von dem Blut des Körpers, in dem wir heranwuchsen. Wir bleiben seine Kinder. Die privilegierte, menstruierende Person von heute ist ein Wesen, dessen Geschlechtszugehörigkeit beliebig lange ein oberflächliches Merkmal bleiben kann. »[…] was es früher einmal bedeutete, eine Frau zu sein – falls sich eine solche Bedeutung überhaupt je festschreiben ließe –, hat heute keine Gültigkeit mehr, und doch ist die Bedeutung in einem größeren Sinn, im Sinn der Fortpflanzung, dieselbe geblieben. Das biologische Schicksal der Frau steht unverändert inmitten der Ruinen ihrer Ungleichheit.«[131]

Der Frauenkörper wird mit der Geburt eines Kindes zum Mutterkörper. Er gehört nicht nur in der unerfahrenen Welt des Säuglings dem Nachwuchs, sondern oftmals auch in der gesellschaftlichen Vorstellung der Idealmutter. Stillen. Kuscheln. Anschmiegen. Massieren. Kneten. Wickeln. Stillen. Kuscheln. Anschmiegen. Massieren. All das soll immerzu die weiblich gelesene Figur der Kernfamilie leisten und voller Begeisterung zusammenbrechen. Warum lassen wir sie so oft allein? Weil sie stillen kann? Ich liebe den Satz meiner Hebamme: »Tragen ist das Stillen des Mannes.« Männer sind fantastische Mütter. Transmenschen auch und Großväter sowieso. Außerdem Verwandte, Freunde, Bekannte. Niemand muss ein Kind gebären, um ein Mutterkörper zu sein. Niemand muss ein Kind gebären, um eine Frau zu bleiben.

Aktuell gibt es wieder eine verstärkte Diskussion darüber, ob Kinder überhaupt noch sinnvoll sind. Überbevölkerung, Wohnraumknappheit, Klimawandel. Die Vernunft rät ab. Wobei ich mich frage, wofür wir die Welt retten sollen, wenn wir keine Kinder mehr bekommen? Die Natur ist nicht auf Menschen angewiesen, um sich zu regulieren. Im Gegenteil.

Auf Kinder zu verzichten, ist in meinen Augen kein überzeugender politischer und auch kein feministischer Akt. Welche zu bekommen genauso wenig. Keine Kinder zu wollen hingegen, ist eine persönliche und begrüßenswerte Entscheidung. Sie kann aufgrund von körperlichen, ideologischen, ökonomischen, moralischen, zwischenmenschlichen, beruflichen oder tausend anderen Gründen getroffen werden. Das geht niemanden etwas an. Keine Kinder bekommen zu können, ist ein oft unbeachtetes Schicksal, das wir als Gesellschaft besser reflektieren sollten. Es ist unverschämt, wenn Frauen dazu genötigt werden, sich für ihre Kinderlosigkeit rechtfertigen oder verteidigen zu müssen. Wir brauchen ein Recht auf Kinderlosigkeit und damit verbunden ein Recht auf Abtreibung. Es bestürzt mich, die Welt aktuell in einer Situation vorzufinden, die verlangt, das in aller Deutlichkeit zu schreiben.

In Deutschland sind die meisten Schwangerschaften geplant. Unterstützt wird dies durch Apps, Kondome, Temperaturmessung, Diaphragmen, die Pille. Ich probierte vieles davon aus, nachdem ich die Pille abgesetzt hatte. Wie jeder Mensch bin ich ein hormongetriebenes Tier, unterliege Stimmungen und Schwankungen. Da ich ein dramatisches Wesen bin, gehen in meinen Wellen gelegentlich Teller über Bord. Und als wäre dieser Tumult nicht schon genug, habe ich trotzdem eine Zeit lang die Pille genommen. Weil es dazugehörte und meine Generation über die Gefahren nicht aufgeklärt war. Die Pille bedeutete Freiheit und ein aktives Sexleben. Sie zu nehmen war ein Statussymbol. Da ich ständig in Bulimieschleifen hing und so verwirrt war vom Leben, dass ich glaubte, nicht schwanger werden zu können, brach ich das Hormonexperiment nach ein paar Jahren wieder ab. Kondome funktionieren schließlich auch. Bis man sie vergisst.

Ich habe die Sache mit der Verhütung auch schon verpeilt. Wer nicht? Betrunken. Verliebt. Sehnsüchtig. Nähesüchtig. Ein Besäufnis am Sonntagabend im Kino. Im Taxi besorgniserregend schwankend, bevor ich schnarchend einschlafe. Er bringt mich nach Hause. Weiterschlafen. Den Typen dann im Morgengrauen wecken, um Sex zu haben. Am späteren Morgen neben einem unbenutzten ausgepackten Kondom aufwachen. *Funny.* Da ist sie, die Ernüchterung: »Fuck. Was ist, wenn ich schwanger bin?«

Das erste Mal im Leben die Pille danach besorgen. Mein Kater drückt auf die Augäpfel, während ich den verachtungsvollen Blicken der Apothekerin ausweiche. Ja, ich war unvorsichtig. Nein, meine Lebensumstände sind bestens. Aber noch besser sind sie, wenn Apotheker*innen sich nicht dafür interessieren und ihre Augen keine bohrenden Fragen stellen.

Es mag sein, dass ich mit dieser Aktion viele Klischees erfülle, die in den Köpfen von Abtreibungsgegner*innen herumschwirren. Ich war eines dieser unvorsichtigen Partygirls, die ihr Leben nicht im Griff haben, ihre »Vagina um einen Penis klammern«[132] und am nächsten Tag die Abtreibungspille poppen wie einen billigen Snack. *So what?* Selbst wenn. Das macht niemanden zu einem kinderhassenden Monster, das ins Gefängnis gehört und dem das Recht auf körperliche Selbstbestimmung abgesprochen werden darf. Das nennt sich Freiheit. Die ist nicht verhandelbar.

Ich hatte einen fantastischen Abend. Der Typ wird mir einen Tee kochen, wenn die Pille wirkt. Er wird mir eine Wärmflasche machen. Er wird mir was zu essen besorgen, worauf ich Bock habe. Wir werden uns mit den Fingern klebrige Wan Tans in den Mund schieben und über die Situation lachen. Wir werden uns unverwüstlich fühlen, es bereuen und uns freuen, gemeinsam etwas dazugelernt zu haben.

Zu diesem Zeitpunkt war ich bereits 35. Der Typ war mein Mann. Status zu dieser Zeit: elf Jahre Beziehung, neun Jahre Ehe, unzählige Krisen. Mehr davon überwunden als daran gescheitert. Wir hatten bereits vier Kinder und beide weder Kraft noch Zeit noch Geld, einen weiteren Säugling zu schaukeln, wickeln, trösten, füttern. Wir tragen Verantwortung für unsere gemeinsamen Kinder und für unsere Familien darüber hinaus. Wir haben Mitarbeiter*innen und Verpflichtungen, denen wir gerecht werden wollen. Wir werden genug Geld in die deutsche Rentenkasse spülen und genug Enkel schaukeln. Aber vorerst sind wir müde. Wir können nicht mehr. Danke. Ciao.

Viele Schwangerschaften finden aus diesem Grund ein Ende. Sie werden durch Abtreibungen verhindert, die vorgenommen werden, weil die Schwangeren keine weiteren Kinder haben wollen. Eltern wissen sehr gut, was Elternschaft bedeutet und erfordert. Die anderen Abbrüche finden meist aus ähnlichen Gründen statt: zum Beispiel, weil die Schwangeren in der Ausbildung sind oder in instabilen Beziehungen leben.[133] Eine Gesellschaft, die Alleinerziehende benachteiligt, Mütter in der Ausbildung diskriminiert und Eltern das Leben schwer macht, sollte sich darüber nicht wundern. Die Abtreibenden handeln nicht gegen, sondern für ihre potenziellen Kinder.

Ich hatte Glück. Einfach nur Glück. Ich wurde nie schwanger, ohne die Option und den Wunsch, das Kind behalten zu können und zu wollen. Würde ich heute einen positiven Test in der Hand halten, wir würden uns vermutlich gemeinsam für eine Abtreibung entscheiden, und ich hätte wieder Glück. Eine Abtreibung wäre nicht unkompliziert oder einfach. Aber möglich. Sie wäre straffrei, obwohl sie nach §218 StGB verboten ist. In den meisten Ländern Europas ist eine Abtreibung unter bestimmten Voraussetzungen erlaubt, doch vor allem im globalen Süden sieht es anders aus: »Fast die Hälfte aller Frauen im gebärfähigen Alter lebt in Ländern, in denen Schwangerschaftsabbrüche verboten oder nur sehr beschränkt erlaubt sind«, sagte eine Expertin für Frauenrechte bei Amnesty International dem *Spiegel*.[134]

Ich müsste zu einem Beratungsgespräch und müsste einen Arzt oder eine Ärztin finden, die sich noch nicht hat einschüchtern lassen von den Abtreibungsgegner*innen. In Berlin ist das leichter als in Bayern. Dank der Abschaffung des § 219a StGB dürften sie sogar auf ihrer Website schreiben, dass sie Abtreibungen vornehmen, und ich könnte mich dort sogar vorab über den Vorgang und die Methoden informieren. Theoretisch und eingeschränkt, versteht sich. Aber immerhin. Gute Aufklärung schützt besser vor Abtreibungen als alles andere. Hier ist Holland Vorreiter. Durch den problemlosen Zugang zu Bildung und Verhütungsmitteln.[135] [136] [137]

Unser privates Verhütungsproblem haben wir ebenfalls in den Griff bekommen. Das hat die Vasektomie meines Mannes gelöst. Er wollte sie, weil er keine Lust mehr auf Kondomsuche-, Kondom-vergessen-, Kondom-Haltbarkeitsdatum-abgelaufen-Probleme hatte. Dass ich wieder die Pille nehme, stand für ihn nie zur Debatte. Unser Leben ist seit der Vasektomie ein anderes, ein unbeschwerteres geworden. Ich empfehle jedem Mann, seine Verhütung zu regeln, bevor er sich vor der Verantwortung drückt, die es bedeutet, ein Kind zu zeugen.

Mit zwei linken Händen zum Orgasmus

Ich: *Warum hast du das getan?*
Er: *Damit du dich mal entspannst.*
Ich: *Wie du siehst, kann ich mit Entspannung nicht umgehen!*

In den Wochen vor meiner Hochzeit bin ich in Details gefangen. Blumenkörbe. Tortenböden. Gästelisten. Strukturen von Spitze und Zuckergranulat. Ich nehme das sehr ernst. Die Farben meines Kleides korrespondieren mit der Tortenoberfläche. Die Einladung kommt in Form selbst gemachter Pralinen. Alle Freund*innen helfen mit. Sie hängen mit mir über der Nähmaschine, stempeln Namen auf selbst genähte Tischläufer, rollen Fondant auf Müllsäcken aus, die den Fußboden bedecken. Die Überforderung lässt mich am seidenen Faden baumeln. Ich bin gerade 24 geworden und kann nichts aus der Hand geben. Meine Hochzeit ist meine erste Regiearbeit.

Zwei Tage vor dem Fest schickt mein zukünftiger Mann mich zur Massage. Das erste Mal in meinem Leben. Ich meide solche Einrichtungen für gewöhnlich. Kein Friseur. Keine Maniküre/Pediküre. Keine Kosmetikerin. Kein Fitnessstudio. Keine Fangopackung. Keine Salzgrotte. Kein Floating. Keine Wellness. Kein Spa. Kein Selfcare-Bohei. Vielleicht ein familiärer Programmierungsfehler, aber schon die Vorstellung lässt mich Verschwendung vermuten und ein schlechtes Gewissen haben.

Als ich schließlich die skandinavische Wellness-Oase mit flauschigen Kissen und Schnittblumenaroma betrete, bin ich angewidert von der Wohligkeit, die mich umfängt, zumindest denke ich, dass es daran liegt. Schnell wird mir klar, dass es nur meine Nervosität ist, die für leichte Übelkeit sorgt. Ich will nichts falsch machen und denke, ich habe eigentlich Wichtigeres zu tun. Trotzdem folge ich der sanften Stimme der Frau, ziehe mich aus und lege mich auf die Massagebank. Ölige Hände einer fremden Person gleiten über meinen Rücken, suchen meine Faszien und drücken nicht fest genug. Wie damit umgehen? Wie die Kontrolle bewahren? Wie trotz der Übermüdung nicht einschlafen? Ich will hier weder schnarchen noch pupsen.

Mein Puls verlangsamt sich. Es fühlt sich erstaunlich gut an. Die Anspannung der letzten Wochen weicht aus meinen Schultern, meinem Kreuz und schließlich aus meinem Kopf. Müdigkeit überrollt mich. Die Grenzen zwischen den fremden Händen und meinen Muskelsträngen verschwimmen. Wir haben jetzt die gleiche Temperatur. Ich werde weich.

Nach der Behandlung taumle ich nach Hause und sitze regungslos auf meinem Bett. Mir ist kalt. Ist das Schüttelfrost? Die To-do-Liste schleicht sich zurück in mein Bewusstsein. Die verpassten Anrufe wollen beantwortet werden. In zwei Tagen muss alles fertig sein. Mein Herz beginnt zu rasen. Wird schneller als zuvor, überschlägt sich fast, aber ich kann mich nicht bewegen. Das Telefon liegt in meiner schwachen, kribbelnden Hand. Heiße Tränen rinnen über meine fröstelnden Wangen, als ich meinen zukünftigen Mann anrufe. Ich brülle in mein Handy: »Wie soll ich in diesem Zustand eine Hochzeit vorbereiten?« Wie konnte er mich zwei Tage vor dem Fest einer so unberechenbaren Situation aussetzen? Entspannung ist das Letzte, was ich gebrauchen kann.

Er meinte es nur gut. Wie sollte er ahnen, dass mich eine Massage so aus der Bahn wirft? In den folgenden Jahren wird er lernen, dass Entspannung und ich wie Wasser und Feuer sind. Ich kann alles niederreißen, Wege durch den Dschungel bahnen und Häuser zum Einstürzen bringen. Der Welt Dinge abringen und mich ihr entgegenstellen. Ich kann nach sehr vielen Stunden Arbeit noch ausrasten wegen einer falsch weggeworfenen Schokoriegelverpackung. Aber nur, solange ich brenne. Echte Entspannung legt mich lahm, lässt mich heulen und kettet mich fest an meine Unsicherheit. Sie muss ich meiden, wenn ich funktionieren will.

Mein Mann sagt, dass ich alles bin, aber nicht cool. Er hat recht. Ich nehme alles ernst, blicke immer angestrengt drein und kann nie etwas gut sein lassen. Eine Perfektionistin bin ich nicht, doch ich finde kein Ende beim Streiten und keines beim Gestalten, bin Pessimistin aus Leidenschaft und mit Begeisterung unzufrieden. Ideale Voraussetzungen für schlechten Sex.

Wenn ich betrunken bin und vergesse, wie ich mich benehmen will, dann ist Sex mit mir, glaube ich, ausgesprochen gut. Wenn ich völlig unaufgefordert erkenne, wann ein Finger in den Po gesteckt werden sollte und mich so bewege, dass es sich für mich gut anfühlt. Wenn ich vergesse, wie ich aussehe, was andere denken könnten und was ich gelernt oder gelesen habe. Wenn ich bereit bin, die Kontrolle abzugeben an meine Triebe, an meine Lust, an mein Gefühl. Doch ich bin nicht oft genug betrunken, um von einem erfüllten Sexleben sprechen zu können.

Nüchterner Sex hallt schöner nach als betrunkener, doch mein Gedankenkarussell ist immer an und behindert den Genuss jeder Massage und jeder sexuellen Erfahrung. Wer sich nicht fallen lassen kann, hat es schwer mit wahrer Hingabe. Wie soll ich loslassen, wenn ich mich ständig von außen beobachte? Ich lebe überall, aber nie im Jetzt. Ankommen. Da sein. Verschmelzen. Das ist leicht gesagt, aber es bleibt mir lange fremd. Während ich versuche, mich auf Haut und Hände zu konzentrieren, sind meine Gedanken schon weitergezogen. Masters und Johnson entwickelten hierfür 1970 den Begriff »Spectatoring«, der beschreibt, wie wir beim Sex zu Zuschauer*innen werden, während andere Teile unseres Körpers Sex haben, und in Selbstbewertung versinken wie bei einem Sportwettkampf.[138] Es gibt viele Formen und Begriffe für die Unzufriedenheit mit unserem eigenen Körper. Achtsamkeit soll dagegen helfen. Oder BDSM. Ist mir beides zu anstrengend.

Wie sollte ich zum Orgasmus kommen, wenn ich es in der Gegenwart eines anderen nicht ertrage, in Erregung zu ertrinken, meinen Verstand aufzulösen, unkonkret zu sein? Warum sonst habe ich Männerköpfe an den Haaren von meiner Klitoris weggezogen, bevor das Kribbeln und Zucken mich überrannte? »Ich halte das nicht aus.« Wieso laufe ich so gerne weg, wenn es unerträglich schön zu werden droht?

Zwischen meiner ersten Massage und meinem ersten Orgasmus liegen neun Jahre, zwei Umzüge, drei Geburten, mehrere Firmengründungen, ein paar Drohungen mit Scheidung und mindestens eine Depression. Es mag sein, dass ich zwischen Babykotze, Bilanzen und verheulten Taschentüchern andere Prioritäten hatte. Es mag sein, dass ich zu ungeduldig war und nicht wusste, wo anfangen. Es mag sein, dass wir zu wenig Zeit für uns hatten, um sie meinem Orgasmus zu widmen. Es mag sein, dass ich zu müde war, mich ernsthaft zu fragen, ob mein Mann zu faul ist oder ich kaputt. Dennoch drehte ich diese Frage häufig von links nach rechts. Nie auf der Suche nach einer Antwort; nur auf der Suche nach einer Ausrede.

Lange Zeit dachte ich wirklich, ich sei kaputt. Entfremdet von meinem Körper, den ich so oft wie Dreck behandelt hatte, den ich weder schön noch liebenswert fand. Der Körper, der sich mehr dumme Sprüche angehört hatte, als er auszuhalten imstande war. Der Körper, den sich andere angeeignet hatten, bevor ich selbst wusste, was er braucht. Meine geschädigte Körperwahrnehmung, die ich zelebrierte, war keine Hilfe. Der Orgasmusmangel passte gut ins Versagerinnenmosaik, das ich so gerne in den Dämmerstunden verlege.

Wie ein Dauerteenager fühlte ich mich besonders und besonders einsam mit diesem Thema. Ich konnte nicht einmal eine zielführende Frage formulieren. Eine, die immerzu sprach und anderen ihre Gefühle in Wortpakete geschnürt in den Körper rammte, blieb hier stumm und ohne Vokabular für die Komplexität ihrer Lust. Erst heute weiß ich, dass viele Frauen noch nie einen Orgasmus hatten, dass es einen Orgasmus-Gap gibt, der größer als der Pay Gap ist, dass marginalisierte Gruppen nicht nur im Leben, sondern auch im Bett den Kürzeren ziehen, weil mächtigere Menschen sich nur um ihren eigenen Spaß kümmern. Wie hilfreich wäre es gewesen, mehr über all das zu wissen als Heranwachsende? Wie befreiend wäre es gewesen, Worte zu haben, die einem nicht vor Peinlichkeit in der Kehle hängen bleiben?

Wo komm' ich eigentlich her? Meinen ersten Aufklärungsunterricht übernahm Dr. Thaddäus Troll. Ein Kinderbuch mit kugelrunden, naiv dreinblickenden Gesichtern, die sich ganz doll lieb haben und deshalb ein Baby machen. Zu sehen war nur, was von außen erkennbar ist und für den Nachwuchs gebraucht wird. In der Schule ging es ähnlich weiter. Über die beeindruckende Größe der Klitoris, die sich im Inneren unseres Körpers hinter der kleinen, außen liegenden Vorhaut verbirgt, die wir sehen können, erfuhr ich hier nichts. Keine Hormonausschüttungen. Keine Reizüberflutungen. Keine Flüssigkeiten außer Sperma und Periodenblut. Als der Biologielehrer uns erzählte, dass dieses Blut auch abgestoßenes Gewebe aus der Gebärmutterschleimhaut enthält, ging ein angewidertes Raunen durch den Bio-Saal. Das war's. Aufklärung und Sexualkunde bedeuten bis heute verstocktes Kichern, angeekeltes Weggucken und den Kindern beizubringen, woher die Babys kommen.

Insofern war ich gut aufgeklärt. Ich wollte immer Kinder haben. Hätte ich mir keine Kinder gewünscht, wäre mir Sex nach dem Aufklärungsunterricht vermutlich als unnötig erschienen, und ich hätte mich wundern müssen, warum ich so viel Bock darauf habe. Aber darüber sprach niemand. Wir lernen in der Schule, dass Menschen Hunger haben, Schlaf benötigen und weinen, um Stress abzubauen. Aber von dem Bedürfnis nach Lust und nach Erregung erfuhr ich nichts. Niemand erzählte uns von LGBTQI+ oder von Selbstbefriedigung. Niemand sagte uns, dass wir alles fantasieren dürfen und damit nicht allein sind. Was ist die

Vulva, die Klitoris, die Vagina? Was stellt man damit an, wenn es nicht nur darum geht, den Samen zur Eizelle zu pumpen?

Meike Stoverock schreibt in *Female Choice* von der Notwendigkeit einer veränderten Sexualerziehung von Kindern und Jugendlichen. »Die Entfremdung entsteht vor allem dadurch, dass Erwachsene Kinder wie asexuelle Wesen behandeln. Begriffe wie ›frühreif‹ zeigen sehr deutlich, dass Sexualität bei präpubertierenden Kindern nicht vorgesehen ist. Dadurch entsteht in der Kindheit ein Vakuum, das wir mit den Ideen der männlichen Zivilisation füllen können. Mit Scham, gesellschaftlichen Anstandsregeln, mit Distanz zu den eigenen Genitalien und den Gefühlen, die sie auslösen können.«[139]

Dieses Vakuum versuchte ich am Ende meiner Grundschulzeit, durch engagiertes Lesen der *Bravo* zu füllen, was mir als anstößig ausgelegt wurde. Und in meiner Klasse galt ich als »frühreif«. Deshalb versteckte ich die Zeitschrift in meinem Zimmer. Ich sah Schwänze und Brüste und las über Geschlechtskrankheiten und Safer Sex. AIDS stellte eine große Bedrohung dar in den 1990er-Jahren, und so ging es in Gesprächen unter Teenager-Girls zum Thema Sex meistens um Kondome, aber nie um klitorale Stimulation und sexuelle Fantasien.

Blickte ich in die Zeitschriftenregale, lagen da noch die *Cosmopolitan*, die *Freundin* und die *Maxi* für mich bereit. Darin fanden sich Klamotten, die ich mir nicht leisten konnte, Schminktipps, die mich viel Zeit kosteten, und Schwanzlutschanleitungen für das perfekte Girlfriend. Immer ging es darum, wer ich für die anderen zu sein haben sollte, nie darum, wie ich mir selbst begegne. Ich wechselte also schnell zu den Männerzeitschriften. Die waren interessanter. Doch zwischen Politik und Wirtschaft boten weder der *Spiegel* noch *Die Zeit* Anleitungen, wie man eine Frau sexuell befriedigt. So blieben die Jungs und die Mädchen um mich herum unterversorgt mit elementaren Informationen zu ihrer Sexualität, während sie in ihren pubertär pulsierenden Körpern nichts mehr ersehnten als erfüllende Nähe.

Zum Glück hat sich vieles geändert in den letzten Jahrzehnten. Frauen schreiben über Sex, übers Fremdgehen und wie geil offen sie sind. Ehemalige Prostituierte veröffentlichen Romane, Pornodarstellerinnen starten in der Filmindustrie durch, und Frauen berichten freizügig von Dreiern, offenen Beziehungen oder ihrer Pansexualität, ohne gesellschaftlich ausgegrenzt zu werden. Wir erfahren heute von transsexuellen Frauen, von Lesben und von Frauen jeden Alters etwas über ihre lebendige Sexualität. Gut so. Das macht sie nicht zu Freiwild ohne Grenzen, sondern zu selbstbestimmten und leidenschaftlichen Wesen, die eigene Regeln aufstellen. Sexyness, Begehren und Lust gehören auch außerhalb von Beziehungen und Fortpflanzung zur weiblichen Identität.

Doch wird guter Sex durch diese Offenheit zur feministischen Pflichtübung? In *Morgen wird Sex wieder gut*, dem fulminanten und treffsicher analysierenden Buch von Katherine Angel, nimmt die Autorin Bezug auf Dana Densemores *Independence from Sexual Revolution*, in dem Densemore beschreibt, dass die sexuelle Befreiung der Frau den Körper nicht nur zur freien Verfügung stellt, sondern auch erwartet, dass diese ihn benutzt.[140]

Sex ist plötzlich überall und nirgendwo. Er besetzt die

Leinwände, die wir über unsere Leere hängen. Im Verborgenen dahinter verstecken sich all die Frauen, bei denen es nicht klappt, obwohl sie eine große Begierde in sich tragen. Wo sind sie, die Frauen, die nicht gelernt haben, ihre Bedürfnisse zu kanalisieren, sich selbst zu befriedigen oder zuzugeben, dass sie mehr Zweifel als Befreiung spüren. Wo bin ich?

Sex handelt von der Liebe, dachte ich immer, von Zuneigung und Verbundenheit. Ich wollte eine Disneyprinzessin sein und Mr. Right finden, gerettet werden wie Pretty Woman. Ich wollte, dass sich eine große schwere Therapiedecke der Zuneigung um meine unendliche Unsicherheit legt und alles Zweifeln verstummen lässt. Doch während der ersehnte Kuss noch mächtig und rettend auf meinen Lippen lag, wurde die körperliche Begierde nicht in eine Offenbarung verwandelt. Nur weil es sich gut anfühlte, in einem warmen Arm zu liegen, waren da noch kein Orgasmus und keine Befriedigung.

Schnell lernte ich, dass ich nicht Pretty Woman bin und erst recht keine Prinzessin, dass der Schimmel dich an der nächsten verstaubten Straßenecke abwirft und du besser selbst zurechtkommst, dass eigenes Geld, eigene Freunde und ein eigener Plan lebensnotwendig sind und ein starker Arm dich nur halten kann, wenn du ihm etwas entgegensetzt. Ich hatte kein Problem, für diese Anforderungen zu arbeiten, aber auf mein Sexleben konnte ich das nicht übertragen.

Mein einziger One-Night-Stand, ich war 16, war unfassbar langweilig, mechanisch und ernüchternd. Das Spannendste war meine Nagellackfarbe. Ein kaltes, leuchtendes Orange aus dem Drogeriemarkt auf meinen Nägeln, die sich filmreif in das Unterhautfettgewebe meines Gegenübers bohrten, um Intensität zu heucheln. Die Farbe sollte ich wiederholen, den Rest eher nicht. Ich setzte mich auf den Typen, damit es schneller geht, sah nebenher den Film *Blairwitch Project* und hoffte, dass mein ambitioniertes Hoch- und Runterrutschen einen Samenerguss auslöst und dadurch das Ende bedeutet. Wenigstens dabei war ich erfolgreich.

Was blieb, waren ein fahler Nachgeschmack, Enttäuschung und ein bisschen Wut. Es folgte eine Zeit ohne Sex, die mich nervte, denn ich wollte meine sexuelle Energie umgesetzt sehen wie im verdammten Film oder der Literatur. Ich lag in meinem Zimmer und fand selbst die Ausführungen von Marquis de Sade erotischer als das, was mir in schummrigen Räumen auf Partys begegnete, und nicht, weil in seinen Büchern einer jungen Frau ein Kreuz in den Unterleib gerammt wurde, sondern weil mir die Entweihung der christlichen Symbolik gefiel, die unsere Sexualität unterdrückt. Weil die Nonnen Gott das Fürchten lehrten, wenn sie den Pfarrer fickten. Weil Sex hier auch von umgekehrter Macht und von der Zersetzung einer verlogenen Gesellschaft handelt. Ich fühlte mich angezogen von diesem erregenden Machtkampf, von Hingabe und Selbstauflösung. Aber ich fand kein Ventil, und wenn ich das Gleiche tat wie die Frauen im Film, spürte ich nicht, was sie zu spüren vorgaben.

Erstaunlich, dass ich mich bei all dem zwischenmenschlichen Scheitern nicht viel früher der Selbstbefriedigung zuwandte. Während ich die Jungs in meiner Schule befragte, wie oft sie masturbieren, und die erstaunten Mädchen über die genauen Zahlen aufklärte (ein- bis zwanzigmal die

Woche), kam ich nie auf die Idee, es selbst zu tun. War ich zu ungeduldig? Wusste ich nichts damit anzufangen? Ich weiß es nicht. Jedenfalls hatte ich in vielen Filmen Orgasmen gespielt, bevor ich selbst einen hatte. Ich musste 35 werden und einen Klitorissauger im Internet bestellen, um einen Orgasmus zu bekommen. Booom. Es funktionierte. Mir kribbelte es in den Kniekehlen und hinter den Ohren. Ich zuckte und stöhnte. Ich kann für ein paar Tage oder Wochen nicht aufhören damit. Allein lerne ich, dass Loslassen nicht zu schlimmen Erlebnissen, sondern zu guten Gefühlen führt. Und als das lieb gewonnene Gerät irgendwann kaputt ist und ich es so sehr vermisse, bin ich das erste Mal bereit, selbst Hand anzulegen. Ich scheitere natürlich. Wie lange kann das dauern? Aber drei Tage und eine halbe Tube Gleitgel später ist es so weit: Mit Mitte dreißig fingere ich mich das erste Mal selbst bis zum Orgasmus. Mit meiner eigenen Hand. Geschafft. Ich will mehr.

Ich liege im Bett, gucke beruflich bedingt als Kinofilme getarnte Softpornos und versuche, mich selbst zu befriedigen. Aber alles, was ich sehe, ist wenig erregend. Wild stoßende Gockel mit ölig glänzenden Muskeln. Schwierig. Es wird besser, als zwei Frauen auftauchen und Sex haben, den mein Körper versteht.

Es gibt ein Meme auf Instagram:[141]

Girl: How does Lesbian Sex work?
Mum: Both people cum
Dad:

Diese Erfahrung macht auch mein pornoglotzender Körper. Ich, die sich nie für Pornos interessierte, entdecke eine neue Welt. Filme, die explizit lesbischen Sex zeigen. Was ich nicht brauche, sind Umschnalldildos. Während heterosexuelle Pornos zwar heterosexuellen Geschlechtsverkehr ganz gut abbilden, bei dem Frauen und ihre Biologie wenig berücksichtigt werden, sind diese mir aber weder zu Erregung, Stimulation oder auf dem Weg zum Orgasmus behilflich. In lesbischen Pornos dagegen finde ich etwas Neues. Hier geht es plötzlich um mich, um meine erogenen Zonen und um die klitorale Stimulation innerhalb oder außerhalb der Vagina. Ich fühle es.

Obwohl ich schon oft mit Frauen rumgeknutscht habe, verliebte ich mich nie tiefgehend in sie. Egal wie viel Queerness in mir und jeder*m anderen steckt: Ich liebe Männer und will mit ihnen mein Leben teilen. Ich bin nicht irritiert von dem Anblick eines Penis. Ich greife gerne nach rasierten Eiern. Ich mag Sperma auf meinem Körper. Ich mag Sex. Aber ab einem bestimmten Punkt wurde er immer langweilig, weil die Begierde bewiesen war und keine Erfüllung folgte.

Die Darstellungen von Sex um uns herum sind nicht zielführend, sondern so, wie Laurie Penny es in *Fleischmarkt – Weibliche Körper im Kapitalismus* beschreibt: »Was uns umgibt, ist nicht der Sex selbst, sondern die Illusion von Sex, eine ebenso sterile wie unbarmherzige Vision einer erzwungenen, spaßfickenden Sexualität.[142]

Frauen, die keine Lust auf klassischen Rein-raus-Sex haben, wie wir ihn in den meisten Filmen und Pornos zu Gesicht bekommen, sind weder frigide noch erotikfeindlich. Sie haben auch keine Probleme mit ihrem Körper und mit dem Körper anderer. Sie wollen nur nicht benutzt werden als Taschentuch zum Reinwichsen. Sie wollen ernst genommen werden als Gegenüber, als Körper, als Wesen mit Bedürfnissen. Frauen sind kein Loch in der Wand und keine glatt rasierten, dauerfeuchten Gummipuppen, in die man jederzeit seinen Schwanz stecken kann. Wer das sucht, sucht die Fast-Food-Selbstbefriedigung mit einem Gegenüber, das danach noch einen Film streamen mag, aber wenig Wert auf sein eigenes Empfinden legt.

Eine sexuelle Erfahrung, die den Begriff verdient, ist eine, die gemeinsam erlebt wird und mehr bietet als einen abgebauten Samenstau. Viele Frauen brauchen Zeit und Hingabe, bis sie so weit sind, penetriert zu werden. So wie nicht jeder Schwanz instant hart ist. So wie nicht jede*r, der*die gestresst nach Hause kommt, Bock auf Sex hat. So wie nicht jeder Porno zu gesteigerter Libido führt. Das ist nicht schlimm. Das ist normal. In der Liebe und im Begehren sollte Platz für unsere Bedürfnisse und Unzulänglichkeiten sein – ob beim Quickie oder Slowsex, ob beim Bondage oder in der Missionarsstellung.

Der Orgasmus-Gap ist real. Die Studien sind vielfältig und kommen in unterschiedlichen Ländern zu unterschiedlichen Ergebnissen, aber immer ist klar, dass heterosexuelle Männer befriedigter sind als der weibliche Gegenpart. Während 95 Prozent von ihnen 2017 in einer Studie des Fachmagazins *Archives of sexual behaviour* angaben, beim Sex regelmäßig zum Orgasmus zu kommen, sind es nur 65 Prozent der heterosexuellen Frauen. Der Gap ist gewaltig, damit scheint eindeutig, dass Penetration nicht ausreicht: »Frauen bekommen mit höherer Wahrscheinlichkeit einen Orgasmus, wenn ihre letzte sexuelle Begegnung neben dem Vaginalverkehr auch tiefe Küsse, manuelle Genitalstimulation und/oder Oralsex beinhaltete.«[143]

Homosexuelle Frauen erleben mit 86 Prozent deutlich

häufiger einen Orgasmus.[144] Jill Johnston, die offen lesbisch lebende Kulturkritikerin von *The Village Voice*, die ihre sehr eigene Herangehensweise an die Revolution als »Ost-West-Blumenkind beat hip psychedelisches Paradies jetzt Liebe Frieden mach dein eigenes Ding Vorgehen«[145] beschreibt, erzählt in ihrem Buch *Lesbian Nation* von ihrem ersten Orgasmus mit einer älteren Frau: »Ich wurde ein sexuelles Etwas. Ich konnte es mit jemand anderen oder auch mit mir selbst tun. Da ich zufällig einen Orgasmus erlebte, konnte ich den Ort der Erregung rekonstruieren, um ihn selbst herbeizuführen, und das war eine große Entdeckung, wie jeder weiß. Ich hatte noch nie etwas von einem Orgasmus gehört. Als ich einen hatte, war ich so überrascht, als hätte ich gehört, dass die Marsmenschen gelandet waren.«[146]

Es ist gut, wenn wir uns selbst besser kennenlernen. Eine Sprache schaffen für unser Empfinden und Forderungen stellen. Unsere Fantasien feiern, anstatt sie zu verstecken. Uns bilden und fühlen. Sexuelle Befreiung bedeutet, nicht nur nach außen zu tönen, sondern auch nach innen zu hören: Was will ich, und wie soll sich das anfühlen? Es braucht Platz für Ambivalenzen, zurückgenommene Entscheidungen und Spielraum, den wir von unseren Partner*innen einfordern sollten.

Filme, Serien oder einnehmend illustrierte Bücher wie *Lust* von María Hesse greifen das heute auf und versuchen mit schönen Zeichnungen und flauschigen Vulvapuppen, Frauen über ihren Körper zu unterrichten. Und wir erfahren als Erstes, dass wir nicht die Einzigen sind, die keine Ahnung haben. Wir teilen dieses Schicksal mit Frauen weltweit. In *Principles of Pleasure*, einer aufklärenden Netflixserie, erzählen Frauen mit indischen Wurzeln, dass ihre Eltern ihnen nichts zum Thema Sex gesagt haben, weil er in Indien speziell für Frauen als unrein gilt, oder auch, dass sie lernten, dass Sex ein Geschenk der Frau an den Mann ist. In dieser Wahrnehmung bleibt kein Raum für weibliche Begierde und Bedürfnisse. Ericka Hart, Sexuality, Racial & Social Justice Educator, berichtet in der Serie davon, dass eine der häufigsten Fragen, die ihr von Frauen gestellt wird, lautet: »Soll Sex wehtun?« Verdammt. Nein.

Es ist an der Zeit, dass nicht nur Frauen sich fortbilden und auf die Suche machen nach den Informationen, die die Wissenschaft ihnen aus Desinteresse lange verwehrte. Könnte es nicht helfen, wenn Männer besser verstehen, was Frauen bewegt und was sie brauchen? Weg vom Klitorissauger als Outsourcing des Vorspiels hin zu mehr gegenseitigem Engagement? Fehlt es nicht auch beim befriedigten Geschlecht an Aufklärung über die weibliche Biologie? Wäre ein neuer Blick auf die Lust der Partnerin nicht genauso wichtig für sie? Wir brauchen eine sexuelle Bildung für alle, die so umfangreich und vielfältig ist wie die Ernährungswissenschaft. Die Bedürfnisse des weiblichen Körpers müssen als so natürlich, erlaubt und gewollt angesehen werden wie der Sexualtrieb der Männer. Unsere Lust ist genauso wach und gierig, suchend und erlebbar.

Vorbei sind hoffentlich die Zeiten, die Rachel Maines in ihrem Buch *The technology of orgasm ›hysteria‹, the vibrator, and women's sexual satisfaction* beschreibt, in denen die weibliche Hysterie, eine anerkannte Krankheit, mit orgasmischen Genitalmassagen durch Ärzte, selbstredend männlich, und Hebammen behandelt werden musste. Die Idee der Hysterie geht bereits auf die Antike zurück, die Bezeichnung stammt vom griechischen Wort für Gebärmutter und stellt eine der ersten überhaupt benannten psychischen Krankheiten dar. Gelehrte gingen davon aus, dass die Gebärmutter durch den Körper der Frau wandert, auf andere Organe drückt und dadurch Unruhe und Störungen hervorruft. Obwohl Genitalmassagen schon früh eine heilende Wirkung nachgesagt wurden, konnten Frauen diese nicht selbst vornehmen, da Masturbation verboten war und als unschicklich galt. Die Ärzte, von denen Maines schreibt, hatten leider genauso wenig Lust, die Frauen zum Orgasmus zu massieren, wie ihre Ehemänner. Die unbefriedigte Frau, die sich selbst nicht helfen durfte, wurde als krank dargestellt und als hysterisch bezeichnet.[147]

Heute ist wissenschaftlich nachgewiesen, dass sexuelle Stimulation bei Stress und sogar Depressionen positive Wirkungen erzielt. Wenn wir unseren Körper und unsere Lust negieren und unterdrücken, schaden wir unserer Gesundheit und verlieren besondere Fähigkeiten wie die, zu spüren, was in unserem Körper vor sich geht, wie er funktioniert und wie er uns seine Bedürfnisse schildert. »Interozeption« ist der Fachbegriff für diese Fähigkeit, die uns unseren Herzschlag spüren lässt, uns hilft, sich anbahnende Krankheiten zu erkennen, und eine gesunde Innensicht auf unseren Körper verleiht. Sie hilft auch, unsere Gefühle zu deuten und einen Umgang mit ihnen zu finden.[148]

Fundierte Erkenntnisse über die weibliche Sexualität sind relativ neu. Die Forschung hatte sich im medizinischen Bereich über Jahrhunderte auf die Männer fokussiert, der weibliche Körper und seine Bedürfnisse standen nie im Zentrum der Untersuchungen.[149] Es mag daran liegen, dass sich erst in den Zweitausenderjahren wieder Forscherinnen ausgiebig der Klitoris widmeten – im Übrigen ausschließlich Frauen.[150] Aber vielleicht auch daran, dass die absurden Vorstellungen der Vergangenheit und das Desinteresse am weiblichen Organismus immer noch in uns stecken. Oder der Glaube, dass eine Frau mit natürlichem Sexualtrieb und einem Bedürfnis nach Befriedigung krank ist. Ist es die Religion, die unserem Denken so zugesetzt hat? Oder sind es die psychoanalytischen Betrachtungen Sigmund Freuds, die bis heute ihr Unwesen in uns treiben?

Es war doch Freud, der uns den klitoralen Orgasmus vermieste, indem er behauptete, dass der vaginale Orgasmus der richtige, wahre weibliche Orgasmus sei? In seiner Abhandlung *Über weibliche Sexualität* von 1931 beschreibt er, wie der klitorale Orgasmus zum Penisneid führen muss, weil die Klitoris nur ein kleiner, popliger, zurückgebliebener Minipenis ist, von dem das junge Mädchen sich abwenden sollte, genauso wie von der Mutter als Person der Begierde, um sich der wahren Weiblichkeit zu öffnen. Die vollendete Weiblichkeit manifestiert sich schließlich in der Hingabe zum Mann und zur Penetration. Der vaginale Orgasmus wird so zum Zeichen für die Vollendung der Frau.[151] Scheitert sie daran, wie so viele Frauen, dann ist sie natürlich kaputt und muss behandelt werden. Zum Glück gibt es heute handliche Vibratoren in jeder Drogerie, und frau muss nicht zu genervten Ärzt*innen, die mit unmotivierten Fingern eine Stunde lang an ihr herumrubbeln.

Wir müssen lernen, dass uns kein fucking Penis fehlt und dass die Klitoris zwar in ihrer Grundstruktur wie ein etwas kleinerer Penis ist, aber dass das kein Problem darstellt. Frauen fehlen keine sichtbaren Organe, auch wenn sie nicht ausgiebig zwischen unseren Beinen hängen, sondern etwas eleganter eingebettet daherkommen. Meine Klitoris ist da und sichtbar. Meine Vulva ist ein offenes Buch, wenn man nur hinsieht. *Suck my dick!*

Auch Susan Sontag hat sich ausführlich an Freud und seinen Ideen abgearbeitet. Hauptsächlich in dem Buch *Freud – The Mind of a Moralist*, das unter dem Namen ihres Mannes erschien, heute aber in weiten Teilen ihr zugeschrieben wird. Neben Penisneid und Freuds herablassender Behandlung seiner Patientinnen verhandelt sie auch Freuds Theorie von der Unmöglichkeit als Frau einen entwickelten Verstand zu haben und dennoch der »weiblichen Aufgabe« nachzukommen, da insbesondere bei gebildeten Frauen eine Trennung zwischen Psyche und Körper vorläge.[152] »Durch die Feststellung, dass die sexuellen und intellektuellen Strebungen bei Frauen unvereinbar sind, bekräftigt Freud erneut seine Überzeugung, dass die beiden Eigenschaften miteinander grundsätzlich im Widerstreit liegen. Dieser Gegensatz zwischen Sexualität und Intellekt blieb ein nie infrage gestellter Teil der freudschen Lehre von der menschlichen Natur.«[153]

Sontag bemängelt darüber hinaus, dass immer noch nicht ausreichend thematisiert worden sei, wie frauenfeindlich auch andere namhafte Zeitgenossen Freuds gewesen sind, wie etwa der Schriftsteller T. E. Lawrence oder der Philosoph Friedrich Wilhelm Nietzsche.[154] Es sind ihre kruden Gedanken, die uns noch ungefähr hundert Jahre später beschäftigen, weil sie sich als Allgemeinwissen in uns festgesetzt haben. Ich würde es Freud am liebsten in sein koksverzerrtes Gesicht brüllen: Intellektuelle Frauen sind nicht entfremdet von ihrem Körper aufgrund ihrer Intellektualität. Bildung schadet ihnen rein gar nichts. Falsche und misogyne Bildung jedoch, wie sie in Unmengen von männlichen Intellektuellen hervorgebracht wurden, sind pures Gift für die Gehirne und Körper von Männern und Frauen und alles dazwischen. Wir brauchen keine theoretischen Abhandlungen über unsere angeblichen Fehler, sondern Offenheit, Aufklärung, Mut, Neugier, geübte Zungen, Gleitgel, Sextoys, Zeit und Hingabe.

Heute steht der Orgasmus oft als To-do auf meiner Liste. Ich bin mir unsicher, ob das der richtige Weg ist oder nur eine neurotische Verarbeitung meiner Lustproblematik. Egal. Es hilft.

Zur Massage bin ich übrigens auch wieder gegangen. So alle drei Jahre raffe ich mich dazu auf. Es wird einfacher. Hin und wieder versuche ich, still zu sitzen und meinen Körper wahrzunehmen, teste Meditations-Apps und verzichte dann wieder monatelang darauf, sie zu benutzen. Ich mache mir Druck, mich endlich zu entspannen, lasse los und schreie vor Panik. Ich spreche über Sex und ziehe mich erneut zurück. Ich nehme mich ernst und muss über mich lachen.

Wenn wir nicht gleichzeitig kommen, was oft der Fall ist, habe ich ein schlechtes Gewissen, länger zu brauchen als mein Mann. (Ja, es bin immer ich, die »länger braucht«.) Es pocht in meinem Hirn: Beeil dich. Er will doch nicht ewig an dir rummachen, bis du auch so weit bist. Der Druck, der dadurch entsteht, macht es nicht leichter. Ich falle wieder aus dem Moment, versuche, meine Erregung festzuhalten und mich seltener an meine Zweifel zu klammern, auch wenn sie mir noch immer vertrauter sind als ein gesunder orgastischer Egoismus. Immerhin, er lebt, dieser Egoismus und beginnt, sich Platz zu schaffen.

Ich stehe hier wie ein Kind vorm Süßigkeitenregal. Noch komme ich mit der Auswahl nicht zurecht. Alles leuchtet in bunten Farben, aber ich habe keine Ahnung, was mir schmeckt. Zunächst muss ich etwas bestellen, einfordern und bezahlen, was am Ende eventuell im Mülleimer landet. Ich werde Leute vor den Kopf stoßen, mehr Fragen stellen und zeitgleich zu einer anstrengenderen und zu einer angenehmeren Partnerin. Ich lerne. Und ich kann lernen. Denn Wissen wird für mich immer verfügbarer. Als weiße Frau im reichen Westen kann ich mich frei machen, die Konventionen ignorieren und darf alles erkunden. Es war ein langer Weg, uns von religiösen und patriarchalen Strukturen freizuschwimmen, und wir sind ihn noch nicht zu Ende gegangen. Nur wenn wir anfangen, über Lust zu sprechen, wenn wir mit unseren Familien, Freund*innen und im Alltag über echten und nahbaren Sex reden und beginnen, ein entspanntes Verhältnis zu unserer Sexualität aufzubauen, kann eine Gesellschaft sich ändern und allen darin Raum geben, sich zu entfalten.

Sex darf uns mehr echte Aufmerksamkeit kosten und einigen Bullshit der Vergangenheit ignorieren. Sex kommt auch ohne Höhepunkt zurecht, vor allem dann, wenn man sich keinen Druck macht. Sex ist mehr als ein schneller Orgasmus, aber manchmal ist er auch genau das. Sex ist für alle.

Die Zigarette danach

I am not free while any woman is unfree, even when her shackles are very different from my own.

– AUDRE LORDE

Die Brandlöcher im Teppich sind deutlich zu erkennen. Dabei hatte ich mit einer Nagelschere unterm Sofa extra Teppichfasern abgeschnitten und sie mit Alleskleber in die Löcher gepappt. Ich fand, es sah gut aus. Der wütende Blick meiner Mutter sagt etwas anderes. Sie ist ratlos. Die ganze Wohnung riecht nach Rauch. Die Pflanzen auf dem Balkon sind vertrocknet. Die Biervorräte sind leer, und im Bad klebt noch etwas Kotze an der Wand. Sie stellt Fragen, die ich nicht beantworten will. Ich sage: »Ich weiß nicht.« Ich sage: »Keine Ahnung.« Ich sage: »Es tut mir leid.« Ich will, dass sie mich in Ruhe lässt. Ich bin 15 und habe gerade ganz andere Probleme.

Eine Woche zuvor: Ich bettle darum, nicht mitzumüssen in einen Campingurlaub nach Frankreich. Meine Mutter, ihr Freund und meine Schwester brechen schließlich ohne mich auf. Ich kann mir nichts Scheußlicheres vorstellen, als mit einer Plastikwanne zu einem Waschhäuschen zu laufen, um dort Essensreste von Tellern zu pulen, während sich der Spülischaum in meine Hände frisst. Nach jedem Essen. Und danach? Mit meiner zwölf Jahre jüngeren Schwester im Zelt toben oder zur Kinderdisco? Lieber bleibe ich allein zu Hause. Ich will es so. Lieber kiffen, während die Sonne auf den Balkon brennt. Tiefkühlpizza und Spezi. Den Kopf in den Nacken legen und von der Zukunft träumen, die noch so weit weg ist. Ausgehen. Abhängen. Zu zweit oder zu dritt. Bei mir zu Hause. Ohne Stress. Ohne Abwasch.

Ich weiß nicht mehr, wer auf die Idee kommt, noch jemanden anzurufen und einzuladen. Keine Ahnung, wieso es so schnell die Runde macht, dass ich sturmfrei habe. Spätestens als es das zweite Mal klingelt, ist klar, dass das böse enden wird. Die Tür geht auf, und herein drängen Leute, die ich kenne. Aus der Schule und von Partys. Hauptsächlich Jungs mit mehr Gras, mehr Bier, mehr Schnaps. Ich lächle meine Sorgen weg.

Als ich ins Bad komme, wird in der Wanne Eimer geraucht. Der Grasnebel ist so dicht, dass ich kaum erkennen kann, wer auf dem Feuerausstieg in den Himmel blickt und grölt. Ich kann mitmachen oder wieder gehen. Es freut mich, dass alle Spaß haben, während sich der Eindruck von Machtlosigkeit sanft von hinten anschleicht. Bevor er sich in den Vordergrund arbeiten kann, mache ich die Tür hinter mir zu. Vergeblich suche ich einen Raum, der nicht voller Menschen und auf dem Weg in die Verwüstung ist. Im Schlafzimmer von meiner Mutter und ihrem Freund kugeln sich Leute im Ehebett und lachen über die Yothu-Yindi-CD meiner Mutter. Im Wohnzimmer läuft musikalisches Gangsterrap-Gegenprogramm. Getanzt wird liegend mit Zigaretten in der Hand. Ich suche in der Küche voller Menschen nach Wodka. Ich greife eine Flasche und gehe auf Abstand. Ich bin betrunken, ich bin bekifft, ich bin überfordert.

Irgendwann kann ich nicht mehr und lege mich in mein Bett. Als ich kurz davor bin einzuschlafen, legen sich zwei

Jungs zu mir. Einer vor und einer hinter mich. Sie labern mich voll, und als sie merken, dass ich kein Interesse habe zu reagieren, reden sie miteinander darüber, dass wir jetzt einen Dreier haben könnten. Ich versuche, sie zu ignorieren. Da beginnt der eine mein Bein zu streicheln und der andere meinen Rücken zu massieren, während ich murmele, dass sie mich in Ruhe lassen sollen. Keine Reaktion. Ich werde etwas ungehalten. *Fick Dich. Come on. Lasst mich in Ruhe. Raus hier.* Meine Laune ist schlecht. Ich stehe wieder auf und fange an, Leute zu verabschieden. Ich bin müde. Bitte geht. Jetzt. Einige bleiben dennoch. Ich schlucke meine wütenden Tränen runter und ziehe mich entmutigt zurück.

Er ist auch geblieben. Er ist eher klein und schlaksig. Ich fand ihn vor diesem Abend nie attraktiv und auch jetzt übt er keine Anziehung auf mich aus. Was will er hier? Bei mir zu Hause? Er denkt, er sei wahnsinnig cool. Die meisten glauben ihm, weil der Vergleich fehlt. Coolness ist zumeist Behauptung. Retrospektiv betrachtet, ist er nur ein kleiner Wichtigtuer, ein Großmaul. Einer von denen, die Kraft daraus ziehen, sich über andere zu erheben, sie fertigzumachen und Spott zu säen. Einer, der immer zu laut und zu gemein ist, der hämisch lacht und Lehrer beschimpft und Freunde verarscht. Viel Getöse, um gleichzeitig Aufmerksamkeit zu generieren und von sich selbst abzulenken.

In der Schule bin ich das perfekte Opfer für ihn. Meine Eltern sind nicht reich, wir wohnen nicht im Reihenhaus und nicht im Eigenheim. Ich trage oft selbst genähte Kleidung und habe eine Brille auf der Nase, lese lieber, statt quiekend im Schwimmbad vor ihm wegzulaufen, interessiere mich für Kunst und Literatur und so gar nicht für die Bedürfnisse der Jungs in meiner Klasse. Lieber bin ich unglücklich verliebt, statt ins Dummchen-Game einzutauchen.

Plötzlich ist er nett. Und ich bin durch und dankbar für eine Schulter. Wir knutschen. Das fühlt sich gut an. Ein bisschen Anerkennung von einem, der mir sonst mit seinen Sprüchen das Leben zur Hölle macht. *Miss gebärfreudiges Becken. Guck doch mal gerade. Kannst du nicht rennen?* Jetzt ist es anders. Findet er mich vielleicht gar nicht so schlimm? Findet er mich attraktiv? Kann man mich überhaupt attraktiv finden? Ich bin high und verwirrt. Knutschen ist noch recht neu in meinem Leben und aufregend. Ich lasse mich kurz fallen. Warum nicht?

Als seine Hand unter mein Kleid wandert und den Stoff zur Seite schiebt, um in meiner Unterhose zu landen, bin ich irritiert und erschrecke kurz. Dann beobachte ich, was passiert. Es fühlt sich gut an. Aber er ist nicht der richtige Mensch, um so weit zu gehen. Er streift meine Unterhose über meinen Po und leckt mich. Wir sind auf dem falschen Weg. *Nein. Danke. Aber nein.* Ich will nicht mit ihm schlafen. Er versteht das. Er ist enttäuscht, aber er versteht das. Die Schulter ist noch da. Wir küssen uns wieder und das ist okay.

Ich habe mir mein erstes Mal anders ausgemalt. Romantischer vielleicht. In jedem Fall verliebter. Nüchterner. Wacher. Zärtlicher. Als Höhepunkt einer Begegnung. Nicht als Nachklapp einer zerstörerischen Nacht. Ich will mich sicher fühlen und aufgehoben, will zerfließen, will Hingabe, will Lust haben. Jetzt würde ich gerne einschlafen und vergessen, wie die Wohnung aussieht.

Er sagt: »Du musst mir jetzt wenigstens einen runterholen.«

Ich sehe ihn entsetzt an.

»Stell dich nicht so an. Ich habe dich auch geleckt.«

Ich weiß nicht, was ich tun soll? Hat er recht? Es war doch nur ganz kurz? Ich hatte doch gesagt, dass ich nicht mit ihm schlafen will. Er hatte doch verstanden. Oder? Ich kenne die Regeln nicht, hatte noch nie einen Penis in der Hand. Ich bin verwirrt und haltlos, drohe zu stürzen in diesem Schwebezustand zwischen Restalkohol und Kater. Ich will, dass er geht. Mir wird das unangenehm. Aber draußen sind noch Leute.

Ich versuche es mit Logik: So schlimm kann es nicht sein, jemandem einen runterholen. Ich habe darüber gelesen. Es geht schnell, dauert nur ein paar Minuten. Ich muss ja nicht hinsehen. Ich fasse unter die Decke und spüre etwas, das ich nicht einschätzen kann. Ist das sein Penis oder ein Dildo, den er mir hinhält, um mich zu verarschen? Um wieder einmal laut über mich zu lachen? Ich greife zu. Los geht's. Durchziehen.

Passiert das hier wirklich? Ich gebe mir Mühe, aber ich weiß nicht genau, was ich tun muss. Er umgreift meine Hand und schiebt sie auf seinem Penis auf und ab. Ich habe keine Ahnung, was geschieht, und beobachte sein Gesicht. Da ist Erregung zu erkennen. Ist das gut? Sind wir bald fertig? Ich erstarre, aber ich habe Hoffnung.

Plötzlich sagt er: »So geht das nicht!« Was soll ich darauf antworten? Dann lass uns aufhören? Dann mach es allein? Ich will es ja richtig machen, damit das Ganze ein Ende findet, aber ich bin überfordert. Der tote Fisch in meiner Hand ist noch immer hart, und die Erregung seines Gesichtes ist großer Unzufriedenheit gewichen. *Er muss jetzt kommen. Das ist klar. Und wenn ich das nicht leisten kann, müssen wir vielleicht doch miteinander schlafen.* Die Vorstellung lähmt mich. Meine Hand greift fester zu. Meine Hand lässt los. Ich falle.

Er ist wieder über mir. Er rubbelt an meiner Vulva rum. Er spuckt auf seine Finger und rubbelt weiter. Er sagt, ich sei überhaupt nicht feucht und solle mal zum Frauenarzt gehen und das untersuchen lassen. So kommt er nicht gut rein. Ich blende aus, dass er über meinen Körper spricht. Ich sehe aus dem Fenster und bin überall, nur nicht hier. Er macht trotzdem weiter. Es tut weh. Meine trockene, bislang ungefickte Vagina versucht mit dem toten, harten, kalten Fisch klarzukommen, der sich alles mitreißend immer wieder in die Tiefe stürzt. So lange kann das doch nicht dauern. Da reißt das Kondom. »Scheiße«, schreit er. Meine vertrocknete Muschi sei schuld, sagt er. Vielleicht ist es jetzt vorbei?

Natürlich nicht. Er fragt nach Kondomen. Wieso sollte ich welche haben? Ich habe gerade das erste Mal Sex. Unfreiwillig. *Lass uns aufhören. Macht doch nichts.* Ihm schon. Er muss das noch zu Ende bringen. *Es muss hier doch irgendwo Kondome geben!* Ich höre, wie er ein Stockwerk über mir die Schubladen meiner Mutter durchwühlt auf der Suche nach einem Kondom, hoffe, er wird keines finden. Aber er kommt zurück, schließt die Tür erneut ab und streift es über. Er penetriert mich, bis er endlich kommt. Ich habe kein Gefühl dafür, wie lange das dauert. Wir wechseln nie die Position. Wie ein Käfer liege ich auf meinem Rücken. Er über mir im Kampf mit meinem Körper. Rein. Raus. Rein. Raus. Ich bin benebelt genug, um mich aus der Situation zu stehlen. Gleich ist es vorbei. Ich werde nicht weinen. Das hat er nicht verdient. Er geht und denkt, er hat mich entjungfert. Er findet sich geil, ich finde mich erbärmlich.

Dieses Erlebnis werde ich nicht aufschreiben. Ich werde keine Details erzählen, werde nur ganz selten und heimlich in diese Situation zurückschleichen und mich schlecht fühlen. Ich werde oft beim Sex weinen, weil ich nichts spüre außer einem toten Fisch, selbst wenn ich liebe. Und natürlich sage ich nichts, als ich meiner Mutter gegenübersitze, die mit mir über die Brandlöcher im Teppich sprechen will, die in Anbetracht der Löcher in meiner Seele lächerlich wirken.

Es ist ein bisschen so wie in Lisa Taddeos *Three Women*, wenn sie ihre Protagonistin Lina davon erzählen lässt, wie sie die Vergewaltigung durch drei Jungs erlebte:

> »Ich habe mich nicht gewehrt, so viel weiß ich noch. Ich war einfach nur ganz ruhig. Ich glaube, ich habe gedacht, dass ich zu keinem Nein sagen will, damit sie mich mögen. Damit sie keinen Grund haben, es nicht zu tun – also das mit dem Mögen.«[155]

In der Schule wissen alle Bescheid. Ich verstehe bis heute nicht, warum er es erzählt. Warum er einer gemeinsamen Freundin sagt, dass das Kondom gerissen ist und ich bitte einen Schwangerschaftstest machen soll, weil er sich sorgt? Warum er nicht mit mir darüber spricht? Warum er alle teilhaben lässt an einer Situation, die für ihn auch unangenehm gewesen sein muss? Warum? Warum er mich nicht ein einziges Mal ansieht oder bemerkt? Warum er nie wieder das Wort an mich richtet? Warum er mich nie wieder fertigmacht? Warum er mich nie wieder hänselt? Immerhin. Das macht mein Leben leichter.

Ich hätte es an seiner Stelle verheimlicht, doch er nutzt die Chance, seine Sicht auf die Dinge zu schildern. Wusste er, dass es sich für mich anders anfühlte, anders anfühlen musste? Hat er es verdrängt oder unterschlagen? Er hatte mit mir geschlafen. Ja. Auf meiner Hausparty. Dass er weder zur Party, die nie eine Party werden sollte, noch in meinen Unterleib eingeladen wurde, verschweigt er. Da ist ein falsches Bild von mir in der Welt, das sich verselbstständigt und mir nicht einmal schadet. Ein Bild, das mich ausstellt, ohne mich zu zeigen. Ein Bild, das ich gerne geraderücken würde. Doch ich traue mich nicht. Meine Sicht bleibt für immer im Schatten.

Wie soll meine beste Freundin begreifen, was passiert ist? *Du magst den doch gar nicht. Du hasst ihn doch. Er ist immer scheiße zu dir.* Was soll ich ihr antworten? Wie soll ich beschreiben, was ich selbst nicht fassen kann? Ich finde keine Worte in meinem zuckenden Mund. Ich weiß nicht einmal, ob es die Worte gibt, die ich suche. Ich weiß nicht, ob ich sie finden will.

So lange habe ich dafür gekämpft, stark zu wirken und selbstbestimmt und mir nicht anmerken zu lassen, wie sehr mich die Hänseleien der anderen, die mein Leben begleiteten, verletzen. Ich will diese Unabhängigkeit nicht aufgeben. Ich sehe dieses neue Bild von mir vor meinem inneren Auge. Es ist unkompliziert und klarer als mein eigener Verstand. Greifbarer als der Gefühlsknoten in mir, der nicht mehr aufzulösen ist. *Es ist passiert. Es war okay. Sex eben.* Sie ist meine Freundin. Aber in diesem Moment bin ich allein. Denn die Situation ist mir bis heute vor allem eines: peinlich. Peinlich, dass ich erst die Macht über mein Zuhause und dann über meinen Körper verlor. Ich will nicht zurück in den Moment in meinem Kinderzimmer. Ich will nicht zurück in die Schwäche. In will nicht zurück in eine Machtlosigkeit, die ich mir selbst vorwerfe. Ich schweige.

Im Schweigen habe ich viele Verbündete. Es gibt nur wenige Frauen*, die vergleichbare Erlebnisse thematisieren, und noch weniger, die Delikte anzeigen. 5 bis 15 Prozent lauten die Schätzungen für Deutschland. Gerade dann, wenn die Frauen den Täter kennen, fällt es ihnen schwer, die Taten öffentlich zu machen. So bleiben vor allem Bekannte, Familienangehörige und Freunde im Verborgenen. Im Schutz der Gemeinschaft, zugunsten der heilen Welt. Auch Jungs und Männer sind betroffen. Sie erleben das Gleiche. Das vorherrschende Männerbild macht es für sie aber oft noch schwerer, darüber zu reden. Die Täter jedoch sind zu 75 bis 90 Prozent männlich.[156] Über die meisten ihrer Taten wird nie gesprochen, nur gelegentlich im Dunkel geflüstert, wenn sie als Schatten zurückkehren, uns die Luft abschnüren und sich ein bitterer Geschmack in unserer Kehle breitmacht. Wenn sie sich über uns beugen, uns klein machen und uns unsere Kraft rauben. Viel zu selten klagen wir an.

Janne schweigt. Ihrem Freund erzählt sie nicht, was passiert ist. Sie will nicht schwach sein. Ich sehe sie und denke: Warum bist du so tapfer? Janne teilt den Arbeitsplatz mit ihrem Vergewaltiger. Janne will stark sein. Sie guckt mich an. Wir sehen beide weg. Sie trifft mich. Ich weiche aus. So schlimm wie bei ihr war es bei mir nicht. Ich sehe sie auf diesem Küchenboden liegen, auf dem sie es aushält, vergewaltigt zu werden. Ich sehe hin. Janne trifft mich erneut. Ich gehe auch zu Boden. Alles ist grau. *Alles ist gut*. So heißt der Film von Eva Trobisch, der die Geschichte von Janne erzählt. Der Film thematisiert, wie die Frau die Vergewaltigung erlebt, statt voyeuristisch draufzuhalten, ohne zu hinterfragen, wie es so viele Filme tun. *Alles ist gut* zeigt keine junge Frau, die wild um sich schlägt und schreit und dann an die Wand gepresst wird, während ihr der von Tränen verschmierte Mascara über die Wange rinnt. Dieses Bild, dieses sich immer wieder repetierende Monster, hat sich so tief in unsere Gehirne gefressen und erzwungen, dass wir ihm glauben. So sehen wir die Mädchen in ihren Rollen als sexy Opfer im *Tatort*, im Kino, in Serien. Die wahren Überlebenden hingegen lächeln sanftmütig, oft ohne zu klagen und ohne zu schreien. Janne trägt keinen Minirock und keinen Lippenstift. Janne ist wie alle und wie niemand. Ihr Bild schiebt sich in meinem Kopf zaghaft über das gelernte Bild vom perfekten Opfer. Sie schafft sich Raum in diesem gemeinsamen Schweigen, auf der Leinwand und in mir. Sie lässt mich genauer hinsehen und zulassen. Sie lässt mich fragen.

War das, was ich erlebt habe, eine Vergewaltigung? War das ein sexueller Übergriff? Warum habe ich geschwiegen? Ich weiß es nicht. Keine Ahnung. Schäme ich mich noch immer zu sehr, um es so zu benennen? Im Strafgesetzbuch findet sich seit 2016 ein erneuerter Abschnitt zu sogenannten Straftaten gegen die sexuelle Selbstbestimmung:

»§ 177
Sexueller Übergriff; sexuelle Nötigung; Vergewaltigung

(1) Wer gegen den erkennbaren Willen einer anderen Person sexuelle Handlungen an dieser Person vornimmt oder von ihr vornehmen lässt oder diese Person zur Vornahme oder Duldung sexueller Handlungen an oder von einem Dritten bestimmt, wird mit Freiheitsstrafe von sechs Monaten bis zu fünf Jahren bestraft.«

Ich lese diesen Absatz das erste Mal, als ich dieses Buch schreibe. *Gegen den erkennbaren Willen.* Gegen den erkennbaren Willen? Ich habe NEIN gesagt. Heute lerne ich, dass das reicht. Heute weiß ich, dass man sich unterwegs anders entscheiden darf. Ein Kuss muss nicht zum Sex führen. Zweimal über meine Klitoris zu lecken, berechtigt nicht dazu, einen Handjob einzufordern. Ich muss nicht um Hilfe schreien oder jemandem ein Ohr abbeißen, um Grenzen an und in meinem Körper zu ziehen. Sex und sexuelle Handlungen dürfen nicht eingefordert werden. Nie.

Viele wissen das nicht, weil ihnen weder ihr Körper noch ihre Rechte erklärt werden. Im Gegenteil: Während wir die Verkehrsregeln von der Grundschule bis zum Führerschein unentwegt vermittelt bekommen, damit niemand verletzt wird, erfahren wir nur sehr wenig über die Stoppsignale unseres eigenen Körpers und der Körper, denen er sich hingibt, annimmt und nähert. Die Auffahrunfälle passieren im Stillen.

Was wusste ich mit 15 über Sex? Dass er mit Kondom stattzufinden hat, wie man es anzieht und wie man eine H.I.V.-Infektion vermeidet. Ich wusste, wie Kinder entstehen und wie man sie verhindert. Ich wusste, dass meine Vagina einen Penis umschlingen wird und am Ende Sperma im Kondom glibbert. Ich hörte, dass Sex mit Liebe funktioniert oder ohne. Über den zwischenmenschlichen Umgang wusste ich nichts. Niemand erzählte mir, dass Gefühle verletzt werden könnten. Meine, seine, ihre. Wie die anderen bewegte ich mich tastend und fragend durch meine Pubertät, die Augen verbunden, zu scheu, die Maske abzuziehen. Erst nachträglich stellte ich fest, was ich aushalten kann und was nicht. Was meine Rechte sind, blieb mir lange vorborgen.

In unserer Gesellschaft werden ständig körperliche Grenzen übersehen und überschritten, besonders die von Frauen*. In der Kindheit, vom grapschenden Chef, in dunklen Bars, in weiß strahlenden Arztpraxen, während der Geburt. Die Opfer bleiben still, weil sie an ihren eigenen Fehler glauben, so wie ich dachte, er hätte mich in Ruhe gelassen, wenn ich nur gewusst hätte, wie man ihn händisch befriedigt. Wenn ich nur gewusst hätte, wie man eine richtige Frau ist. Aber es war nicht meine Aufgabe, ihn zu befriedigen.

In diesem Morgengrauen in meinem Kinderzimmer bin ich trocken und verstört, irritiert und erstarrt. Ich werde später lernen, dass ich sehr wohl sehr feucht werde, wenn ich erregt bin. Es wird eine der Überraschungen sein, die mein Körper mir offenbart auf unserem langen Weg der Annäherung. Zwar gibt es viele Menschen, die auch in unerwünschten sexuellen Situationen aus rein körperlicher Reaktion feucht werden oder einen erigierten Penis bekommen, beides ist jedoch keinesfalls ein Zeichen für Zustimmung. Nur ja heißt ja.

Ich möchte in einer Welt leben, in der junge Menschen ihren Körper, seine Bedürfnisse und ihre Rechte kennen. Mädchen und Jungs und alle dazwischen. Eine Welt, in der man sich vorantasten und sich Zeit nehmen darf. Riechen, lecken, saugen, anschmiegen und wegdrehen. Nachforschen bei sich selbst, mit anderen oder allein. Nicht behütet, aber bewusst. Ahnend, was man will, und suchend bis zur selbst gesteckten Grenze. Nur wer seine Rechte kennt, kann sich frei bewegen.

Das mag in manchen Ohren nach Vorsicht und leisen Pfoten klingen, nach Samthandschuhen und Blümchensex, nach spaßbefreiter Diskussionsrunde vor dem Wesentlichen. Dem Feminismus wird bis heute Prüderie unterstellt, und befürchtet werden die leidenschaftslose Annäherung und das Erkalten elektrisierter Anziehungsspiele.

In der Diskussion wird vergessen, wo das Wesentliche anfängt und dass ein Spiel nur dann wahre Freude bereitet, wenn alle es genießen können. Sonst wird nur die Lust an Unterdrückung befriedigt. Eine ausbeuterische Lust, die zumeist Frauen* zum Spielball macht und zwingt, ihr Begehren und ihre sexuelle Sehnsucht zu unterdrücken, um männlichen Vorstellungen gerecht zu werden.

Dabei frage ich mich, was schöner sein könnte als ein*e Partner*in, die/der sich hingeben kann und Freude daran empfindet, die/der führen kann und die Hingabe des Gegenübers erlaubt? Wer hat ernsthaft Bock auf pornoesk hingehauchtes Lügen und gespielte Orgasmen voller Leere? Wenn wir etwas ändern, erwartet uns keine langweilige Welt, sondern ein Raum der Offenbarung.

Werden körperliche Rechte kommuniziert und häufiger eingehalten, werden auch die Frauen weniger abhängig sein vom Male Gaze, von Äußerlichkeiten und hart erlächeltem Respekt. Wenn wir früher wissen, dass wir uns selbst gehören und unsere Körper nicht nur Projektionsflächen und Spielball sind, wird die Abhängigkeit von öffentlicher Anerkennung sinken.

Die Verantwortung dafür liegt auch bei uns Frauen, aber vor allem liegt sie bei der Gesellschaft als Ganzes. Wie definieren wir uns? Was lassen wir zu? Wem geben wir Raum? Die Verantwortung liegt bei Erziehungsberechtigten, Schulen und Sportvereinen. Bei Ärzt*innen, Eltern und Politiker*innen. Wir sollten Platz schaffen, denn unsere Begierde treibt wie ein zartes Pflänzchen aus dem Boden. Es braucht Schutz, damit sich weibliche Lust tatsächlich frei entfalten und wachsen kann.

Eine neue Offenheit wüsste zwar nicht zu verhindern, dass es Übergriffe gibt, aber sie würde Raum schaffen, leichter und anders darüber zu sprechen. Wenn alle aus dem Schweigen hervortreten könnten, ohne Scham und Angst und Peinlichkeit, und erzählen würden, was ihnen passiert ist, dann müsste sich niemand mehr schämen. Weil wir so viele sind.

#MeToo hat viele Geschichten an die Oberfläche gespült und einen kurzen Moment des Erstaunens ausgelöst, bevor Männer wie Frauen in der Öffentlichkeit Gegenwind spien. Dabei ging es nicht nur darum, der Bewegung Lustfeindlichkeit und die Stilisierung der Frauen zu Opfern vorzuwerfen. #MeToo wurde dafür kritisiert, alles miteinander gleichzusetzen: tödliche Vergewaltigung und dumme Sprüche auf der Straße, den Liquid-Ecstasy-Missbrauch mit einem Dickpic. Ist das nicht Verzerrung? Ist das nicht übertrieben? Gelegentlich ertappte ich mich selbst dabei, wie ich dachte: Das ist doch zu viel, wegen jedem Bauarbeiter, der pfeift und brüllt, eine Instastory zu machen, sich über jede Kleinigkeit aufzuregen und eine Werbung mit Brüsten abzulehnen. Ich hatte mich eingerichtet in dieser Realität, ich war das Aushalten gewohnt. Ich war zu sehr damit beschäftigt, mein eigenes Bild in diesem schiefen Raum geradezurücken.

Wir gewöhnen uns daran, objektiviert zu werden. Wir gewöhnen uns an Catcalls. Wir gewöhnen uns an Witze und Sprüche. Wir gewöhnen uns an Fotos von schlaffen und steifen Schwänzen in unseren Postfächern. Ich habe eine ganze Sammlung. Wie oft habe ich über sie gelacht, statt die Straftat zu sehen? Es gibt Männer, die sich ständig neue Accounts anlegen, um mich auf sämtlichen Social-Media-Kanälen mit Videos von ihren erigierten Penissen zu verfolgen. Im Video holen sie sich selbst einen runter und spritzen ab. Close-up Sperma. Sie basteln Bildchen aus Fotos von mir und ihrem Schwanz, der in Richtung meiner Vulva zeigt. Sie kommentieren wild unter jedem Bild, das ich poste. Sie schreiben: »Du willst es doch auch.« Sie begehen eine Straftat. Trotzdem habe ich eine Weile gebraucht, bis ich ihnen mit Polizei drohte. Nicht die Tat an sich hat mich genervt, sondern die Masse und die Impertinenz. Die Tat an sich nahm ich als gegeben hin.

Da ist der Chef, der mir in der Umkleidekabine des Bekleidungsfachgeschäfts an die Brüste fasst und ordentlich zudrückt, um zu spüren, ob der Blazer gut sitzt. Die Kolleginnen sind wenig erstaunt. »Der ist halt so.« Kein Wunder, dass seine Frau uns beim Dekorieren der Puppen quält. Da ist der Schauspieler, der findet, wir könnten die Sexszene auch in echt spielen, und der andere, der mir nachts im Club zwischen die Beine greift. Da sind Hände am Po und Sätze in der Bahn, da sind durchgekaute Wörter und Geldangebote, die unaufgefordert im Raum stehen. Das ist eine Realität, die wir unter einem Schutzpanzer durchschreiten, der uns zur Gewohnheit wird oder aus der wir zu flüchten versuchen: auf andere Straßenseiten, in Fake-Telefongespräche, in erfundene Beziehungen, in belebte Räume und in die Gegenwart von Menschen, denen wir vertrauen.

Dieser Alltagssexismus ist der Nährboden für meine Geschichte und für die vieler anderer. Jeder übergriffige Pfiff, den wir runterschlucken und verharmlosen, ist einer zu viel. Weil er uns klein macht, weil er uns verängstigt, und nicht zuletzt, weil er uns die Lust raubt.

#MeToo hat eine Funzel in eine dunkle Ecke gehängt, aber nur wenige haben die Ecke seither verlassen. Am Ende blieben die Dunkelziffern hoch, die Anzeigen stiegen nur leicht und die Verurteilungen der Straftäter sinken.[157] Wenig ermutigend. Umso besser, wenn Menschen trotzdem ihr Schweigen brechen, es immer wieder tun und Überschwemmungen auslösen, die am Ende auch mir den bröckeligen Sand unter den Füßen wegspülen.

Was auch immer in dieser Nacht passiert ist, es lässt mich bis heute nicht los. Ich finde meinen eigenen Weg damit, ohne Gespräche, ohne Sicherheitsnetz, ohne viel Gefühl. Auf mysteriöse Weise lässt mich der Vorfall tief verletzt und gleichzeitig unverwundbar zurück. *Was soll mir jetzt noch passieren?* Ich stopfe meiner Erinnerung Watte in die Ohren und lenke ihren Blick ab. Es ist viel zu tun in einem jungen Leben. Ich stürzte mich hinein. Ich wechsle nie die Straßenseite, ich habe keine Angst im dunklen Wald, ich fürchte mich nicht vor shady Typen in dunklen Ecken. Meine Haltung: *Been there, done that. Fuck you.* Ich treffe eine junge Frau, die mir erzählt, dass sie nach einer Vergewaltigung mit dem Täter sprach, um zu verstehen, warum er das getan hat. Ich bewundere sie dafür, statt zu sagen: Zeig ihn an. Wir ziehen Kraft aus einer Härte, die an die Kälte von Kriegsveteranen erinnert. Stumpf und zäh und leer. Die Verdrängung trainiert mich.

Meine sexuellen Erlebnisse bleiben vorerst unromantisch und schwierig. Ich habe keinen Freund, aber ein großes Begehren, das mich ins Erleben zieht. Ständig bin ich unglücklich verliebt. Ständig sind da Sehnsucht und Liebeskummer. Ein One-Night-Stand kann mir nicht helfen. Ich suche noch immer das gute erste Mal. Aber während mich die Lust von innen beben lässt und nach außen strahlt, kann ich selbst sie nicht greifen, nicht einsetzen und vor allem: nicht leben.

Die Beziehungen kommen. Aber zu viel Erregung ist für mich nicht auszuhalten. Für lange Zeit kann ich den Weg zum Orgasmus nicht ertragen. Wo andere anfangen loszulassen, muss ich mich festklammern, um nicht den Halt zu verlieren. Sex ist etwas, das ich ab jetzt kontrolliere. Ich könnte während des Sex auch ein Buch lesen. Die Männer kommen damit zurecht. Ich bin nicht die einzige Frau, die sexuell verstört ist.

In meinem Leben war noch keine Zeit, um mich meiner eigenen Lust zu widmen, bevor er mir meinen Körper stahl zugunsten seiner eigenen Befriedigung. Über Sex wusste ich danach so wenig wie zuvor. Die Erforschung machte mir Angst. Ich ließ mir nichts anmerken und stöhnte weiter, wie im Film, wenn es sein musste. Die Entfremdung machte sich auf anderer Ebene bemerkbar. Aus der Sehnsucht wachsen Schmerz und Hunger. Ich überschreite immer mehr Grenzen, beim Versuch diese eine zurückzuholen. Es ist, wie es Roxane Gay in *Hunger*, ihrer autobiografischen Darstellung, beschreibt: »Mein Vater glaubt, der Hunger ist im Kopf. Ich weiß, dass es anders ist. Ich weiß, dass Hunger im Kopf ist und im Körper und im Herz und in der Seele.«[158]

Vor ein paar Jahren habe ich das erste Mal einem Mann auf einer Veranstaltung eine runtergehauen. Sichtbar. Laut. Ernsthaft. Ich habe Männern gesagt, was sie nicht dürfen, und aufgehört, convenient zu lächeln und Sprüche abperlen zu lassen. Auch von Frauen. Ich mache dann meinen Mund auf und lasse alles reinfließen, ohne zu schlucken, bis ich überlaufe und die dummen Sprüche vor den Idioten auf den Boden tropfen. Weil ich es kann.

Ist das mein Selbstwertgefühl, das gewachsen ist? Hat sich die Kultur verändert, in der wir uns bewegen? Ist da mehr Raum für Haltung? Womöglich. In jedem Fall aber ist mein Mut ein Zeichen von Macht. Meine Position hat sich verschoben. Ich kann es mir heute leisten, mich unbeliebt zu machen. In anderen Momenten ist es schwieriger, dann werde ich wieder stumm und traue mich nicht, das Wort zu ergreifen, sehe mich um und erkenne in den Blicken der anderen, dass wir noch nicht so weit sind. Aber jeder Schritt lohnt sich. Jeder Schritt ist ein kleiner Orgasmus auf dem Weg zur Gleichberechtigung.

Alte weiße Frau

Ich habe diesen schrecklichen Schwabbel ums Kinn, aber ich bin mit meinem Aussehen immer noch erstaunlich zufrieden. Ich glaube, dass ein Mann, der mich nicht jeder anderen Frau im Raum vorziehen würde, entweder verrückt oder blöd ist – und was meinen Körper angeht, er hat mir immer Vergnügen bereitet. Ich besitze alle intellektuellen und sexuellen Vorzüge einer Fünfzigjährigen.

– VIVIENNE WESTWOOD

Wieso ich schon als Kind eine Faszination für die Risse in den Oberflächen menschlicher Existenz hatte, ist mir bis heute rätselhaft. Ich suchte die Abgründe, den Blick hinter die Kulissen und den Verfall. Irritiert und gleichzeitig fasziniert blickte ich auf Zornesfalten und wuchernde Muttermale, bohrte meine Hände in hängenden Speck und umfasste neugierig gichtige Knöchel. Bis heute liebe ich Medizinlexika, und vermutlich wäre ich auch eine begeisterte Zahnärztin geworden. Körper und ihre individuellen Abgründe ziehen mich an. Dennoch wünschte ich mir bereits im Grundschulalter, dass es lange dauern möge, bis ich selbst Runzeln haben würde. Und so stibitzte ich damals erbsengroße Mengen der Anti-Falten-Creme aus den golden funkelnden Cremetiegeln meiner Großmutter und hoffte, dass frühes Eincremen mir einen Vorsprung verschafft im Kampf gegen den unausweichlichen Niedergang meiner glatten Kinderhaut.

Es sollte anders kommen: Dreißig Jahre später wehen meine Brüste wie eine leichte Sommerdecke über meinen Körper hinweg. Früher waren sie ein ordentliches Federkissen, obschon bereits vor 15 Jahren eine Freundin zu mir sagte: »Ich würde mich erschießen, wenn sich meine Brüste so weich anfühlen würden wie deine.« Da hatte sie gerade ihre erste Brust-OP hinter sich. Meine habe ich noch immer vor mir, es sei denn, ich verzichte darauf. Was helfen schon neue Brüste angesichts der Tatsache, dass unsere Lebenszeit unaufhaltsam davonrinnt?

Ich war noch nie zufrieden mit meinem Äußeren, aber es gab Dinge, die ich ab und an okay an mir fand: Bauch, Beine, Po und Haare. Selbst das ist jetzt vorbei. Die Haut beginnt zu ermüden und zu schuppen, die Besenreiser schlängeln sich in einem zarten Geflecht unter der Hautoberfläche, und die Poren wachsen zu Kratern heran. Ich wühle mich mit der Pinzette über meine Kopfhaut und versuche, das soeben erblickte graue Haar zu fassen zu bekommen. Als ich es endlich ausgerissen habe, entdecke ich ein neues. Noch bin ich nicht bereit zum Haarefärben. Zum Friseur gehe ich nie. Ich will keine Zum-Friseur-geh-Frau werden. Alle vier Wochen. Oder noch besser alle drei. Über 40 Prozent aller Frauen in Deutschland färben sich monatlich oder alle zwei Monate die Haare.[159] Wie soll das gehen? Mir fehlt die Zeit. Stattdessen stehe ich vorm Hotelspiegel, während in der Lobby Menschen auf mich warten, und durchsuche meinen Kopf nach grauen Haaren, als seien es schädliche Läuse. Ob das zeitsparender ist?

Das Internet überrennt mich mit Anti-Aging-Angeboten. Die Frauenzeitschriften sind wie immer ganz vorne mit dabei und lügen zugunsten der Industrie. Bis zum Ende unserer Tage sollen wir Geld ausgeben, um nicht zu altern. Helfen wird es kaum. Wie sehr die Industrie davon profitiert, war in der amerikanischen Publikation *The Journals of Gerontology* zu lesen: »Anti-Aging-Medizin ist ein großes Geschäft mit einem geschätzten Wert von 50 Milliarden Dollar (Japsen, 2009). Wenn man die rezeptfreien Anti-

Aging-Produkte mit einbezieht, kommt die Anti-Aging-Industrie auf einen geschätzten Umsatz von 88 Milliarden Dollar pro Jahr (Weintraub, 2010). Gerontologen behaupten, dass die Anti-Aging-Medizin die Angst vor dem Altern schürt – als etwas, das es mit unkonventionellen und unbewiesenen Therapien zu bekämpfen und zu besiegen gilt, nur um ihren Marktanteil zu vergrößern.«[160]

Natürlich möchte ich gerne jünger aussehen, aber als mir zu meinem 36. Geburtstag jemand bewusst zum 29. gratulierte, war ich sauer. Was soll das? Ich will nicht mehr 29 sein. Ich war schon 29. Das war ganz gut, jedenfalls war es viel besser als mit 19 oder mit 24. Doch vieles fehlte damals noch, was heute zu meinem Leben gehört. Und nicht mal für den besseren Look will ich in diese Zeit zurück. Das liegt hinter mir, vor mir liegt Neues, Unergründetes. Das ist viel spannender.

Jahrelang habe ich geraucht, zu wenig Wasser getrunken und unregelmäßig geschlafen. Ich lag ausgiebig in der Sonne, habe ein Leben gelebt, gegen dessen Auswirkungen sich nur schwerlich ancremen lässt. Mein Gesicht erzählt mir diese Geschichten. Viele davon lassen mich strahlen, und dabei kommen meine Krähenfüße zum Vorschein. Das Leben war für mich immer etwas, das ich bezwingen wollte. Ein Kampf gegen Bucket Lists und Ziele, ein Kampf gegen die Zeit und gegen die Erwartungen anderer. Vor allem ein Kampf gegen mich selbst. Sogar ein Kampf gegen mein Leben und auch gegen meinen Tod.

Trotzdem hatte ich vor Kurzem das erste Mal den Gedanken, dass ich gerne eine hübsche Tote wäre. Immerhin ist das der letzte Augenblick, in dem wir gesehen und wahrgenommen werden. Charakter, Stimme, ein Lachen oder einen zärtlichen Blick – all das können wir in diesem Moment nicht mehr nutzen. Da ist nur noch Hülle, nur noch Oberfläche. Sollte der letzte Anblick unseres Körpers nicht eine letzte Sehnsucht auslösen? Wollen wir nicht schön in Erinnerung bleiben? Wenn ich noch ein paar Jahre lebe, so wird das nach den aktuellen Schönheitsgesetzen ein intensiver Kampf, der nicht gewonnen werden kann. Wir werden überrollt vom gesellschaftlichen Dilemma, dass alle zwar alt werden wollen, aber nicht dementsprechend aussehen möchten. Unsere Körper werden zur Konkursmasse. Für ein bisschen Spaß verprassen oder noch einmal sanieren?

Machen wir uns nichts vor: Am Ende sehen wir mit dem Alter einfach anders und älter aus. Zerknittert oder glatt gezerrt. Müde oder fitgespritzt. Verlebt oder leblos. Können nicht beide Seiten okay sein? Ich sehe jenen mit Begeisterung zu, die sich den Verlockungen der Schönheit widersetzen. Gleichzeitig bewundere ich die strahlenden Barbiepuppen. Wer will ich sein? Patti Smith oder Madonna? Helen Mirren oder Jane Fonda? Virginie Despentes oder Isabel Allende?

Die genannten Frauen können es sich leisten, in ihr Aussehen zu investieren, und die verschiedenen Möglichkeiten nutzen oder es bleiben zu lassen. Sie haben genug Geld verdient und genug Prestige. Ihre Entscheidung ist abhängig von ihrem Markenkern oder ihrer Persönlichkeit. Aber was ist mit uns? Jetzt, wo ich langsam in der Lage wäre, Geld für den einen oder anderen Eingriff auszugeben, frage ich mich, ob er sich überhaupt noch lohnt. Ich träume von ihm und will dann doch nicht für ein glatteres Gesicht bezahlen.

Egal wie wir mit unserem Aussehen verfahren: Ab 25 beginnt das Sterben. Jeden Tag ein bisschen. Wie lautet der Titel von Gabriele von Arnims Buch doch so schön: *Das Leben ist ein vorübergehender Zustand.* Schrecken und Vorteil des Alters liegen in der Unausweichlichkeit des Todes. Wir reduzieren den Bullshit. Das ist das letzte Fahrrad, denken wir, der letzte Küchenschrank oder der letzte Wollpullover, den wir kaufen. Was wollen wir eigentlich noch vom Leben beim Anblick seiner Endlichkeit? Isabella Rossellini beschreibt es so:

> »Das Altern bringt eine Menge Glück. Man wird dicker und bekommt mehr Falten, und das ist nicht so gut, aber es gibt eine Freiheit, die damit einhergeht. Die Freiheit besteht darin, dass ich jetzt besser das tue, was ich tun will, denn ich werde bald tot sein. Dies ist also meine letzte Chance. Ich hatte die Karriere, die ich hatte, ob gut oder schlecht, ich habe mein Bestes getan, und jetzt verfolge ich weiter das, was mich interessiert.«[161]

Bei diesem Prozess sehe ich meinen Verwandten gerne zu, es beruhigt mich sogar. Es geht nicht alles immer nur voran: höher, schneller, weiter. Wir werden auch wieder kleiner, langsamer, anspruchsloser, stiller.

Manchmal fühle ich mich schon so alt, dass ich an meinem eigenen Körper verzweifele. Also arbeite ich dagegen: Kaizen. Atmen. Durchhalten. Die kleinen Erfolge sind es, die zählen, lerne ich. Die erreichbaren Früchte gilt es zu pflücken. Es ist wie in *Momo* von Michael Ende, wo uns Beppo, der Straßenfeger, lehrt, Platte für Platte zu fegen und niemals die ganze Straße hinunterzugucken, weil die Aufgabe sonst unfassbar groß erscheint. Je älter wir werden, desto mehr bedeutet der einzelne Tag und desto weniger das zukünftige große Ganze. Wer weiß, ob wir es noch erleben? Ich komme mir seltsam vor dabei, wenn ich mit diesen seichten Lebensweisheiten um mich werfe, aber mit Härte und Schonungslosigkeit ist dem Altern nicht beizukommen. Es braucht sanfte Rezepte.

Die Forschung weiß, dass vor allem unsere Einstellung zum Alter darüber entscheidet, wie intensiv und schmerzhaft wir altern. »Für diesen Effekt haben Wissenschaftler um die Psychologin Becca Levy von der Yale University bereits im Jahr 2002 Zahlen geliefert: Zu ihrer Überraschung lebten Menschen mit einer positiveren Sicht auf das Älterwerden im Durchschnitt siebeneinhalb Jahre länger als Menschen mit einer eher negativen.«[162] Das Einzige, was gegen die zum Teil schmerzhafte Erfahrung des Alterns hilft, ist, das Alter zu umarmen.

Ungefähr zeitgleich mit der Arbeit an diesem Buch begann ich, Sport zu machen. Also regelmäßig zu schwimmen, Rad zu fahren, Yoga zu machen, den Trimm-dich-Pfad zu benutzen. Meine Familie nahm sofort die Witterung auf und erkannte meinen Willen. Sie schleppte mich in den Park, wo ich Treppen hochrennen sollte. Wie Rocky. Auf Zeit. Erst hängte mich mein ältestes Kind ab, dann das zweitälteste, dann mein Mann, dann mein Vater. Selbst mit den Kitakindern konnte ich kaum mithalten. Am ersten Tag musste ich fast kotzen, am zweiten explodierte meine Lunge, am dritten tränten mir die Augen vor Muskelkater. Wenn ich mich an sportlichen Wettkämpfen beteilige, muss keine*r der anderen davor Angst haben, der oder die

Letzte zu sein. Ich nehme diese Position gerne ein, denn ich kenne sie schon mein Leben lang.

Meine Motivation reichte gerade einmal für sechs Wochen am Stück. Ich war 35 und bekam ein Bewusstsein dafür, wie rapide es mit meinem Körper von nun an bergab gehen würde. Trotzdem verachte ich Fitnessstudios, hinterfrage Funktionskleidung und hasse Mannschaftssport. Ich mag keinen Schweiß auf meiner Haut und hatte bis auf ein paar Individualsportarten mit Fun-Faktor nie vor, mich übermäßig zu bewegen. Tanzen finde ich ganz gut. Eine Zeit lang tanzte ich nachts in Clubs, und nun ist auch das seltener geworden. Bei Kind drei und vier ließ ich sogar die Rückbildungsgymnastik ausfallen. Der Sport wird mich also nicht retten.

Bei meinen missmutigen Versuchen, dem Alter beizukommen, geht es schon längst nicht mehr nur ums Aussehen. Ich kämpfe gegen hängende Schultern. Mein rechter Fuß findet wegen eines Bänderrisses kaum noch Stabilität, außerdem bekomme ich bald einen Hallux valgus. Ich versuche, meine Rückenschmerzen in den Griff zu bekommen und meine Zähne vor dem vollständigen Zerbröseln zu bewahren. Wer das Alter zu fühlen beginnt, befürchtet Inkontinenz und Abhängigkeit von den nachfolgenden Generationen. Also sehen wir lieber weg und verdrängen alles, was mit dem Alter zu tun hat, so lange wie möglich. Die bekannte amerikanische Kolumnistin Clare Ansberry hat die Gründe für dieses Phänomen so beschrieben:

> »Wie viele Ängste hat auch die Angst vor dem Altern ihre Wurzeln im Unbekannten. Heutzutage sind die Amerikaner mit ihren älteren Verwandten weniger

vertraut, da sie oft ihre Geburtsorte und ihre Großeltern und Eltern hinter sich lassen. Wenn sie nach Hause reisen, ist das Alter normalerweise kein höfliches oder wahrscheinliches Gesprächsthema. Es erscheint unangemessen, schlimmer noch als die Frage nach dem Einkommen der Eltern. Wer will schon wissen, ob seine Eltern Angst haben? Das macht sie sterblich und ihre Kinder noch sterblicher.«[163]

Dabei kann, so Ansberry, gerade die spätere Lebensphase von Erfüllung geprägt sein. Man ist dankbar, wenn es gelingt, ohne Schmerzen aufzustehen, und zufrieden damit, dass unser Körper uns durchs Leben trägt. Immerhin ist man bis hierhin gekommen, hat vieles überlebt und kann noch einiges erleben. Und wir sind nicht mehr immerzu verantwortlich für die Bedürfnisse anderer, ob in der Familie oder im Beruf. Im Alter bleibt uns mehr Zeit für uns. Wenn wir Glück haben, können wir sie genießen oder uns noch ein paar Jahre lang selbst verwirklichen.

Je älter ich werde, desto mehr verstehe ich, dass auch beruflicher Erfolg entscheidend von unserem Körper abhängt. Lange, erfüllende Karrieren sind gebunden an ein langes, einigermaßen gesundes Leben. Banale Kleinigkeiten körperlicher Leistungsfähigkeit entscheiden darüber, ob wir umsetzen können, was wir uns vornehmen. Wer schon mal einen verletzten Daumen oder einen Magen-Darm-Infekt hatte, versteht, wie körperliche Einschränkungen jede Ambition zunichtemachen können.

Auch bestimmte Berufe lassen sich nur ausüben, wenn wir körperlich unversehrt, leistungsfähig und stressresistent sind und nicht zu viel oder regelmäßigen Schlaf benötigen. Nach fast zwei Jahrzehnten beim Film habe ich einige Menschen gesehen, die ihren Beruf aufgaben. Nicht weil sie wollten, sondern weil sie es körperlich nicht mehr schafften. Burn-outs oder Überlastung waren Gründe für ihre Entscheidung, aber auch das regelmäßige Reisen, die Nachtdrehs, lange Arbeitstage und die körperlichen Anforderungen, die den Betroffenen zunehmend schwerfielen. Berufe am Filmset sind mit denen in der Gastronomie vergleichbar. Wir arbeiten zu allen möglichen Zeiten und häufig über unsere Grenzen hinweg. Ich bin dankbar, dem Ganzen bisher körperlich gewachsen zu sein, und frage mich doch, wie ungerecht dieses System ist, das viele Menschen aussortiert, wenn sie altersbedingt anfälliger und schwächer werden. Gibt es Möglichkeiten, in jedem Alter Erfüllung in der Arbeit zu finden und finanziell abgesichert zu sein? Wenn wir das schaffen könnten, würde vielleicht die Angst vor dem Alter weniger werden.

Zurückgehen werden zukünftig in jedem Fall körperliche Gebrechen, Behinderungen und etliche Krankheiten. Zumindest für den wohlhabenden Teil der Weltbevölkerung, und sie werden auch deutlich länger leben als heute schon. Der israelische Historiker Yuval Noah Harari malt ein spannendes Bild dieser Zukunft: »Alle zehn Jahre geht man in eine Klinik und erhält ein Komplettprogramm, das nicht nur Krankheiten bekämpft, sondern auch verfallendes Gewebe regeneriert und eine Art Upgrade für Hände, Augen, Hirn liefert. In der Zeit bis zum nächsten Programm zehn Jahre später erfinden Mediziner dann wieder neue Mittel, Techniken und Tricks, mit denen geht es noch mal ein Stück weiter. Und auf diese Weise entkommt der Mensch dem Tod in Zehnjahresschritten.«[164]

Doch selbst wenn wir in naher Zukunft vielleicht über 150 Jahre alt werden sollten, irgendwann macht der Körper schlapp. Wir können schlechter laufen, springen, tanzen. Wir müssen Diät halten, nicht um schlank zu bleiben, sondern um unsere Körperfunktionen zu erhalten. Ich vertrage, wie so viele Menschen mit voranschreitendem Alter, immer weniger Lebensmittel. Natürlich geriere ich mich als unproblematische Allesesserin und leide dann heimlich an meinen Körperreaktionen. Aber das wird sich in den nächsten zwanzig Jahren ändern. Mein Körper wird kleinere, gesündere Portionen fordern. Schluss mit der Völlerei. Dabei heißt es immer: »Essen ist der Sex des Alters.« Bitte nicht. Kann nicht einfach Sex der Sex des Alters sein?

Gerade erst habe ich gelernt, wie ich zum Orgasmus komme, darf ich damit nicht noch experimentieren, bis ich achtzig bin? Er erfordert auch keine sportlichen Verrenkungen und keine Porno-Moves. Sex im Alter ist ein großer Freiraum, weil die Gesellschaft nicht mehr so genau hinsieht und die Frau* ab vierzig im öffentlichen Raum nicht mehr komplett durchsexualisiert wird. Sie wird sexuell übersehen. Was haben wir also noch zu beweisen? Wonach suchen wir noch? Wir hatten vermutlich schon die eine oder unzählige Lieben unseres Lebens. Die Kinderphase ist abgeschlossen, wir sind dankbar für die Freund*innen, die noch da sind. Wir kennen unseren Körper und können uns jetzt endlich fallen lassen.

Was uns im Wege steht, ist oft nur unser Selbstbild. Wir sind so durchtränkt von den erotisch konnotierten Bildern, die ausschließlich junge Menschen zeigen, dass wir uns mit zunehmendem Alter immer mehr unsexy finden. Dabei habe ich selten etwas Lustvolleres gesehen als das Nacktfoto der selbstbewusst gealterten Vivienne Westwood. Jürgen Teller hat das Foto geschossen. Die britische Modedesignerin liegt lasziv auf dem Sofa und sagt mit ihrem Blick: *Ich will es wissen. Ich will es fühlen. Hier bin ich.* Viel zu selten sehe ich im Film Frauen den Mund öffnen beim Küssen, wenn sie über sechzig sind. Wo ist da eine Zunge, ein Lecken, ein Zubeißen? Warum fehlt das? Fallt übereinander her, seid wagemutig, reißt das Leben an euch. Schenkt uns ein bisschen Nähe, einen Hauch Begierde, einen intensiven Kuss. Wer weiß schon, ob es nicht der letzte ist?

Die Macht der Rebellion

Alltag:

Ich: *Ich fühle mich elend.*
Er: *Du könntest mal ein warmes Bad nehmen und dich vielleicht rasieren. Muschi oder Beine? Mh?*
Ich: *Ich bin gerne rasiert, aber wenn du mich in diese Rolle der rasierten Frau drängst, habe ich keine Lust. Ich will nicht deinen Scheiß-Männer-Konventionen entsprechen.*
Er: *Ich dachte, das ist so ein Selbsthass-Gehenlassen.*
Ich: *Ich hasse mich auch, wenn ich rasiert bin.*

»Außen schön – innerlich glücklich.« So steht es auf einem Schaufenster eines Beautysalons im Herzen Münchens. Die moderne Frau soll nicht nur ihre Haut needeln, sondern auch die Seele baumeln lassen – bei gleichzeitig wachsendem Stresspegel. Wir sollen mit hyperweißen, aber natürlich wirkenden Zähnen lächelnd das Hamsterrad in Schwung halten. Laufen, laufen und innere Werte hochhalten und das Bruttoinlandsprodukt ankurbeln und nicht schlappmachen. Wir trainieren Bauch, Beine, Po, Buchhaltung und Kochen. Wir sind top ausgebildet, nur bleibt kaum Zeit, uns Gedanken über die Sinnhaftigkeit dieser Zustände zu machen. Das ist das neue *mens sana in corpore sano*: Leiste alles gleichzeitig! Das ist aber nicht möglich. Wir sind erschöpft von dieser Mehrfachbelastung und von einem Perfektionsanspruch, der immer absurder wird.

Ziemlich zu Beginn der HBO-Serie *Sharp Objects* sagt der Chefredakteur einer Zeitung zur weiblichen Hauptfigur, einer jungen Kriminalreporterin, gespielt von Amy Adams: »Leben ist Druck. Werd' erwachsen.« Also packt sie ihre Sachen und kehrt dorthin zurück, wo ihre Dämonen lauern. Sie kann das alles nur mit extrem viel Schnaps ertragen. Bald werden wir erfahren, dass sie sich in ihrer Jugend viele Selbstverletzungen zugefügt hat, die als Narben auf ihrem Körper sichtbar sind. Sie ist eine Frau wie so viele Frauen*, die versuchen, sich durchzubeißen, egal, was es für sie und ihre Körper bedeutet.

Wir befinden uns mitten im Kulturkampf. Auf der einen Seite die, die es schaffen, weiterhin zu strahlen: die Perfekten und Schönen. Auf der anderen Seite die, die nicht mehr können oder einfach nicht mehr wollen. Dazwischen hat sich in den letzten Jahren, wie im Kapitalismus üblich, ein neuer Markt gebildet, der glitzernd daherkommt und Raum bietet für diejenigen, die ihren Körper nicht mehr so sehr unter Druck setzen lassen wollen: die Body-Positivity-Bewegung. Sie spült unser wahres Aussehen in die Welt.

Body Positivity wirkt. In einer Studie, bei der Frauen* Fotos von Models, Body-Positivity-Aktivistinnen und Landschaften gezeigt wurden, stellte man fest: »Die Body-Positivity-Posts und die Naturbilder besserten die Laune der Frauen*, die Model-Fotos hingegen schlugen ihnen auf die Stimmung.«[165] Auf Instagram erfreut uns Celeste Barber, eine erfolgreiche Comedienne aus Down Under, die sexy Werbeclips mit Size-Zero-Models reenactet und dabei mit ihrem »normalen« Körper und ihren unbeholfenen Moves zum Weltstar wurde. Sie lässt uns in ihr echtes Leben eintauchen und ihre körperlichen Macken sehen und schafft damit eine große Identifikationsfläche. Wir sollten uns also genau überlegen, wen wir abonnieren und wen nicht.

Die neue Sicht auf den weiblichen Körper schafft es auch in Zeitschriften, in die Werbung und auf Social-Media-Plattformen. In einem Podcast von Polyester Zine erklärt die amerikanische Künstlerin Shona McAndrew, bekannt für ihre nichts beschönigenden Gemälde, auf denen echte

Frauen* mit Dellen, roten Flecken und wahrem Leben zu sehen sind: »Ich dachte wirklich, dass niemand sonst seltsame Haare an seltsamen Stellen und seltsame Dehnungsstreifen und die Bauchrolle hier hat. Ich fühlte mich einfach sehr entfremdet. Und ich liebe es, auf TikTok zu sein und zu scrollen, und innerhalb von 15 Scrolls sehe ich drei Plus-Size-Frauen in Unterwäsche tanzen. Und eine dünne Verbündete, die darüber diskutiert, warum Fettphobie real ist [...] es ist einfach so außergewöhnlich.«[166]

Große Modeunternehmen werben jetzt auch mit variantenreicheren Models. Um die dünnen Nepo-Babies und ihre Freundinnen herum werden andere Frauen drapiert: kleine und große, dicke und dünne, sämtliche Hautfarben sowie unterschiedliche Augen-, Nasen- und Lippenformen. Wir sehen Pigmentstörungen, und sogar alte Frauen mit langen grauen Mähnen sind immer öfter vertreten.

Der Druck zur Vielfalt ist auch durch eine wachsende Online-Community entstanden, die sich zu Shitstorms formieren kann und eigene Inhalte in die Welt pustet und damit Trends setzt. Immer mehr FLINTA* machen mobil und zeigen und feiern sich in ihrer Einzigartigkeit. Unisex-Kollektionen und facettenreiche Spielarten von Männlichkeit stellen ganz offensiv gängige Rollenbilder infrage. Die großen Player der Industrie schmücken sich auf Instagram in Regenbogenfarben und werben damit, dass Schönheit von innen kommt und die Aktivistin in dir die wahre Beautyqueen ist. Dank solcher Aktionen wird Bildern außerhalb der Norm ein kleiner Platz zugestanden. Es tut sich was. Doch reicht das?

In meinen Augen ist es nicht genug, dass nun das Hashtag #bodypositivity inflationär benutzt wird oder die amerikanische Rapperin Lizzo freizügig über die Bühne tanzt. Es ist nicht genug, solange solche Auftritte und Kampagnen als mutig und rebellisch gelten. Es ist nicht genug, wenn meine erste große Leistung des Tages ist, ungeschminkt aus dem Haus zu gehen.

Selbstermächtigende Posts auf Instagram und in anderen sozialen Medien verändern unsere Schönheitsideale und unser Streben nach vermeintlicher Schönheit nicht ausreichend, wenn sie hauptsächlich dem Verkauf weiterer Beautyprodukte und Klamotten dienen. Die diversen Dove-Frauen und die neuen Calvin-Klein-Models auf den Plakatwänden sind bereichernd, aber sie schreien ebenfalls nervtötend: »Creme dich ein! Zieh das an. Egal, wie du aussiehst. Konsumdruck für alle Größen und Hautfarben«, während es noch immer Fashionbloggerinnen gibt, denen aufgrund von Achselhaaren Firmenkooperationen gekündigt wurden. »Sorry, so sehen wir uns einfach nicht. Als Brand.« In dieser Form kratzt die Body-Positivity-Bewegung nur an der Oberfläche. Sie ist die Prise Salz im Zuckergebäck, die niemals wehtut und uns immerzu weiteressen lässt.

Gelegentlich wirkt diese permanente Auseinandersetzung mit unserem Körper wie Beschäftigungstherapie und Ablenkung vom Wesentlichen. Wir brauchen nicht noch mehr Ratgeber, Kurse und Selfcare-Coachings. Wir brauchen keine positiven Körperaffirmationen und Self-Love-Duftkerzen. Es sollte nicht mehr unser Ziel sein, dass wir uns ständig um unser körperliches Defizit kümmern.

Die neue Selbstliebe darf in keinem Fall bedeuten, dass ich mich selbst lieben und glücklich sein muss, um geliebt zu werden. Wenigstens die Liebe sollte noch außerhalb der Leistungsgesellschaft Bestand haben. Das Leben mag leichter sein, wenn es uns gelingt, uns selbst zu mögen. Aber ich darf mich hässlich finden, genervt dreinblicken und zweifeln und kann trotzdem angenommen werden von dieser Welt. Das ist die Kraft der Zuneigung und des sozialen Zusammenhalts.

Wie wäre es mit Body Neutrality? Einfach den Körper Körper sein lassen. Wir brauchen Erholung und Zeit für uns statt neuer Forderungen. Die Journalistin und Autorin Mareice Kaiser schreibt in *Das Unwohlsein der modernen Mutter:* »So wie Liebe entsteht und Bindung enger wird, wenn wir Zeit mit einer anderen Person verbringen, kann auch die Bindung zu uns selbst enger werden. Und damit die Liebe stärker. Und nein, sich die Zeit zu nehmen, um endlich in Ruhe aufzuräumen oder mal allein einzukaufen, die zählt nicht. Das ist keine Freizeit. Das ist noch nicht mal Me-time.«[167] Ich möchte ergänzen, dass der Run vom Friseur zum Nagelstudio und zur Shoppingmall ebenfalls keine Me-Time ist. Das ist harte Schönheitsarbeit, und wir sollten uns genau überlegen, ob wir die immer in Kauf nehmen wollen.

Body Positivity kann uns gesünder machen und helfen, aber aktuell fokussiert sich die Bewegung noch zu sehr auf unseren Körper als Projektionsfläche. Sie erfordert Inszenierung, Sexyness und Wohlbefinden. Deshalb müssen wir bei allen Vorteilen, die diese Bewegung bereits mit sich gebracht hat, auf der Hut sein. Sonst ist sie am Ende nur Teil einer Toxic-Positivity-Kultur, die mehr schadet als nutzt.

Uns Konsument*innen wird nach wie vor suggeriert, dass die Verantwortung für unseren Körper, unser Glück und unsere Zukunft ausschließlich bei uns liegt. Haben wir kein Glück, dann haben wir uns einfach nicht genug angestrengt, nicht hart genug dafür gearbeitet. Relevant sind plötzlich nicht mehr die Umstände, sondern wie wir ihnen begegnen und mit ihnen umgehen.[168] Die Verbindung zwischen Individualisierung, Neoliberalismus und dem modernen Glücksstreben führt dazu, dass wir uns selbst vorwerfen, wenn wir an der Ungerechtigkeit der Welt scheitern. Aber können wir innerhalb eines kranken Systems überhaupt gesunde Menschen sein? Nein, können wir nicht. Ungerechtigkeit, Unterdrückung, finanzielle Einschränkungen und Bevormundung lassen sich nicht wegmeditieren.

Der amerikanische Komponist John Cage schrieb in dem Buch *Empty Minds:* »In welchem Käfig man sich auch befindet, man muss ihn verlassen.«[169] Sich der Schönheitsillusion zu widersetzen, ist ein starker Move, aber nicht jede*r hat diese Kraft. Nicht jede*r will als mutig gelten, nur weil er*sie seine*ihre Falten in der Öffentlichkeit nicht versteckt. Ich will mich nicht von der Welt abwenden, um mich dem Körperterror zu entziehen. Dem gesellschaftlichen Diktat etwas entgegenzusetzen, ist ein Statement, das jedes Schamhaar, jedes Fältchen und jede Krampfader plötzlich politisch sein lässt. Das Private ist politisch, indem wir leben.

Es sind Kleinigkeiten, die uns extravagant erscheinen lassen, wie unsere Haltung, unsere Schuhe oder unsere Frisur. Aktuell sind bunte Haare, Piercings und auch Körperbehaarung wieder zurück und gelten als fresh und feministisch. Das gilt vor allem für junge Frauen*. In meiner Generation und noch stärker bei den etwas älteren Frauen* sind Haare unter den Armen, Haare an den Beinen,

Haare auf dem großen Zeh, auf dem Bauch und Haare im Gesicht undenkbar. Geht gar nicht.

Natürlich wachsendes Schamhaar ist ein Akt des Aufstandes. Frauen haben sich in den präpubertären Zustand der Haarlosigkeit zurückzuversetzen. Die behaarte Frau, die echte, natürliche Frau ist ein Affront gegen unser aktuelles Frauenbild. Auch für meinen Mann. Ich lasse mein Schamhaar trotzdem für eine Weile wachsen und beobachte fasziniert seinen Ekel. Meine Neugier, mein Entsetzen und meine Frustration über diesen Umstand lassen mich das Experiment bis zu seiner Schmerzgrenze treiben, während mein Mann sich selbst fleißig weiter die Eier rasiert. Er kann es nicht ertragen, meine krausen Haare anzufassen, zu sehen oder an seinem Körper zu spüren. Wir führen einen Schamhaar-Ehekrieg.

Ich bin nicht der größte Fan dieser Haare, aber wenn mir ihretwegen die Nähe entzogen wird, werde ich trotzig. Zwischen zwölf und 32 habe ich jedes dieser Haare bekämpft. Stumpfe Klingen schabten mir die Haut vom Knöchel, ätzende, chemische Cremes sorgten für Pickelchen, Wachsstreifen und Epiliergeräte trieben mir Tränen in die Augen, Pinzetten suchten Haaranfänge in entzündeten Haarwurzelfurunkeln. Nach zwanzig Jahren brauche ich eine Pause. Ich bin bereit zu leiden, will nur wissen, wofür.

Ich teste weiter. Mein Schamhaar darf mit auf Instagram und ins Schwimmbad. Wenn es unter dem Rand der Unterwäsche oder des Bikinihöschens hervorlugt, ist es noch schlimmer. Nicht für meinen Mann, aber für viele andere Männer da draußen, deren Beschwerden in meine DMs flattern. Von »disgusting« bis »behave and shave« ist alles dabei. Es ist für Männer eine Zumutung und für meinen Instafame fatal.

Ich startete zum Gegenangriff und tat es trotzdem. Ich wollte mich nicht für andere rasieren müssen. Ich wollte mich nicht verhüllen, und ich wollte mich nicht mit Schminke zukleistern. Ich ging als ich selbst und versuchte, es auszuhalten. Als Plattform für meine Offenbarungen wählte ich ganz bewusst Instagram. Makelhaftigkeit war 2019 mein neues Markenzeichen. Für mich war es an der Zeit, mein Periodenblut in die Welt zu schleudern und meinen Hintern öffentlich schwabbeln zu lassen, obwohl es sich scheiße anfühlte. Ich wollte aus der Puste sein und meinen knallroten Kopf in die Kamera halten, ich wollte Tränen vergießen und scheitern. Ich hatte keine Lust mehr, mich zu verstecken.

Einen Puffer hatte ich trotzdem eingebaut. Auf meinem regulären Account lief die Saralisa-Volm-Show weiter, während ich meine Makel in den Bad-Bank-Sonderaccount @365_imperfections abschob. An einen Ort außerhalb des von mir selbst geschaffenen Stil-Gefängnisses. Aber immerhin, da waren sie, meine öffentlichen Macken. Im zweiten Jahr lud ich dann Gäste ein mitzumachen. Zu den 52 Personen zählten die Autorin Katja Lewina, die Künstlerin Maayan Sophia Weisstub, die Autorin Ninia LaGrande sowie die Moderatoren Tarik Tesfu und Daniel Bröckerhoff. Sie alle zeigten Bilder und Texte zu Themen wie Rassismus-Erfahrung, Inklusion und »Mama ist ein Hängebauchschwein«. Damit trugen auch sie dazu bei, explizit aufzuzeigen, dass wir alle nicht perfekt sind.

Die Menschen auf der Straße und im Schwimmbad zeigen alles, was ein Körper herzugeben vermag: Bauchspeck,

Achselhaare, Narben, Krampfadern, Hornhaut, Dehnungsstreifen, Glatzen, Schürfwunden, Pickel, Schuppen, Geheimratsecken, blaue Flecken, Orangenhaut, Schamhaare, Neurodermitis, Fettschürzen und Falten. Die Realität schlägt zurück.

Ich will mich nicht mehr fragen, ob meine Beine für eine bestimmte Veranstaltung rasiert sein müssen und ob mein Hintern in der Hose zu fett aussieht. Und auf gar keinen Fall will ich mich wohlfühlen müssen, um das Haus zu verlassen. Ich will einfach gehen. In Shorts oder hübschem Kleid, mit großen Poren und mit guter oder schlechter Laune. Ich will High Heels tragen oder Sneaker. Ich will ignorieren, was ich gelernt habe, und leben. Diese Freiheit kann ich mir leisten, auch wenn ich trotzdem immer wieder in die In-den-Spiegel-starren-Falle tappe.

Die stärkste Kraft ist die Erkenntnis unserer Selbstwirksamkeit. Wir haben die Fähigkeit, unser Leben und die Bilder davon zu steuern. Frauen, die ihre Unabhängigkeit bereits gefunden haben, die ihre Rechte kennen und in dieser Entspanntheit eine große Toleranz entwickeln, habe ich gerne um mich herum. Finanzielle, geistige und körperliche Unabhängigkeit sind ein wesentlicher Bestandteil dieser Selbstwirksamkeit. Diese Aspekte müssen wir von den Feministinnen, die leistungsfähig und privilegiert sind, auch einfordern. Es braucht ihren Gestaltungswillen, ökonomische und sexuelle Bildung sowie Mut, sich dafür einzusetzen. Unabhängigkeit gibt es nicht umsonst.

Klar, nicht alle Frauen* haben die gleiche Kraft und Wirkmacht wie die Philosophin Svenja Flaßpöhler oder die Autorin Mirna Funk. Nicht alle sind so cool und über alles erhaben wie die französische Schriftstellerin Virginie

Despentes. Nicht jede ist die Stimme einer Generation wie die nigerianische Feministin Chimamanda Ngozi Adichie oder die pakistanische Kinderrechtsaktivistin Malala Yousafzai. Nicht jede kann die Regeln selbst bestimmen so wie eine Unternehmerin.

Wer stark genug ist, muss meiner Meinung nach auch Verantwortung übernehmen. Unsere Vorfahr*innen haben für mehr Freiheit gekämpft, und so haben wir das Glück, bereits auf einem anderen Level starten zu können. Doch Vom-10-Meter-Brett-Springen funktioniert nur dann, wenn einen unten mehr erwartet als ein Planschbecken. Und je unabhängiger wir uns fühlen, desto mehr sollten wir an das folgende Zitat der amerikanischen Schriftstellerin Toni Morrison denken: »Wenn ihr diese Jobs bekommt, für die ihr so brillant ausgebildet wurdet, denkt einfach daran, dass eure eigentliche Aufgabe darin besteht, dass ihr, wenn ihr frei seid, jemand anderen befreien müsst. Wenn ihr etwas Macht habt, dann ist es eure Aufgabe, jemand anderen zu ermächtigen.«[170] Die ökonomische, sexuelle und kulturelle Freiheit, die wir uns als einzelne Frauen erkämpfen oder zugunsten derer wir Gesetze und Richtlinien erarbeitet haben, sollte über uns hinauswirken. Es ist an uns, die wir unsere Selbstwirksamkeit schon entdeckt haben, andere mitzunehmen. Es ist an uns, neue Rahmenbedingungen zu schaffen und von der Politik einzufordern, was wir selbst nicht leisten können.

Was ist also mit den Frauen, die gefangen sind im Spinnennetz der gesellschaftlichen Ansprüche, für die sich die gläserne Decke anfühlt, als wäre sie aus undurchdringlichem Panzerglas? Wir müssen ihr Sprungtuch sein, ihr Fangnetz, ihre Rückendeckung. Wir müssen ihnen sagen:

Du gehst, so weit du kannst. Wir arbeiten gemeinsam am Rest. Wir können sie ermutigen, aber niemals sollten wir sie mit Verachtung strafen, nur weil sie unfähig sind, einem System zu entfliehen, das so umfassend und tiefgreifend ist.

Es geht nicht um Gendersternchen oder darum, ein Aushängeschild für die Diversität und Feminismus zu sein. Das ist nerviges, aber notwendiges Übel meiner Existenz als potenter Frau. Es geht um unsere Grundrechte und unsere Freiheit. Wenn sich wirklich etwas ändern soll, müssen wir das System verändern. Wir müssen ran an das Kapital, die Macht und die Zeit. Wir müssen zurückerobern, was uns gehört. Mit vereinten Kräften. Wir dürfen nicht mehr käuflich sein für ein bequemes Leben am Rande des Geschehens. Ich will die gleichen Produktionsmittel, Pensionen und Renten für Frauen*, wie sie die Männer schon haben, die seit Jahrzehnten darüber entscheiden, was wir tragen dürfen und wann wir lächeln sollen. Das ist ein langer, nervenzehrender Kampf. Es ist okay, in diesem Prozess am eigenen Anspruch zu scheitern oder auf der Suche nach der Selbstliebe aus der Puste zu kommen. Es ist in Ordnung, nicht immer die eigene Viagra-Pille sein zu können. Es ist erlaubt, eines Tages aufzuwachen und zu spüren: Ich kann nicht mehr.

Manche Prominente wollen ebenfalls ausbrechen. Wer in der Öffentlichkeit altert, muss irgendwann Stellung beziehen. In der amerikanischen Miniserie *Mare of Easttown* kämpft sich die Protagonistin Mare, gespielt von Kate Winslet, bewusst unförmig und leicht humpelnd durch ihr Haus in der Kleinstadt. Mit Pizzaresten im Mundwinkel trinkt die Polizistin Bier und versucht, im schlecht sitzenden Shirt verschollene Mädchen zu finden. Parallel zum Serienstart erläuterte die Schauspielerin pressewirksam, sie lasse sich vertraglich zusichern, dass die Fotos von ihr nicht bearbeitet werden dürften. Sie wolle Vorbild sein, Flecken, Fett und Falten sollten daher nicht retuschiert werden. Ähnliches behauptet die Schauspielerin Keira Knightley immer wieder einmal. Glücklicherweise erkennt sie ihre Doppelmoral und kritisiert ihre früheren Werbejobs.

Winslet, Knightley und viele andere haben mit ihrem Äußeren Millionen gemacht. Sie haben ihre Makellosigkeit an Chanel, Lancôme und Co. verkauft. Wenn sie es heute bereuen, sich für diese perfekten Schönheitsideale hergegeben zu haben, entlockt das vielen nur ein müdes Lächeln. Wenn der Erfolg schon lange da ist, lässt sich mit Millionen auf dem Konto das eine oder andere Fältchen aushalten.

Aber auch wir, die wir meinen, wir wüssten, wo es langgeht, sollten uns an der eigenen Nase packen. Die Kommunikationswissenschaftlerin, Autorin und Politikerin Natasha A. Kelly hat in einem Interview mit dem Jugendmagazin *fluter* auf die blinden Flecken hingewiesen: »Weiße Feministinnen verstecken sich gern hinter ihrer Unterdrückung als Frau, vergessen aber, dass sie in anderen Kontexten auf der Täterinnenseite stehen.«[171] Dieser berechtigte Hinweis gilt für uns alle, die wir privilegiert sind: Wir dürfen nicht aufhören, genau hinzusehen.

Unsere wahren Verbündeten sind nicht die feministischen Stars oder die UN-Frauen, nicht die Milliardärinnen mit Feminismuskomplex und die Erbinnen, die ihr gutes Gewissen entdecken. Diese Frauen können uns helfen, aber wir dürfen uns nicht von ihrer Macht und ihrer Redegewandtheit blenden lassen. Unsere Verbündeten sind die Näherinnen in Bangladesch, die unsere neuen Schuhe hergestellt haben und deshalb vergiftet auf den Straßen zusammenbrechen. Es sind die Frauen*, die unsere Wohnungen putzen und unsere Kinder füttern. Die Frauen*, die unsere Großeltern und unsere Eltern pflegen, die Frauen*, die dem gesellschaftlichen Druck nicht standhielten und arbeitsunfähig sind oder mit Altersarmut kämpfen.

Es wird nicht reichen, darüber zu sprechen, was wir richtig finden und was wir von der Politik erwarten. Wir sollten unsere Überzeugungen in unsere Familien tragen und in unseren Beziehungen leben, auch wenn das gelegentlich finanzielle Einbußen nach sich zieht wie beim Elterngeld oder dem Ehegattensplitting. Es braucht eine neue Gestaltung unseres Zusammenlebens.

Wir müssen Türen öffnen für Frauen* und Männer*, die anders sind. Frauen als Elektrikerinnen buchen und als Kamerafrauen beschäftigen, auch wenn sie Kinder haben. Wir sollten Kunst von Frauen* sammeln, ihre Bücher lesen und sie zu Wort kommen lassen. Statt Frauen* gegen Männer auszuspielen, müssen wir dabei vor allem darauf achten, dass wir Themen wie Klassismus, Inklusion, Sprachbarrieren und individuelle körperliche Bedürfnisse mitdenken. Es geht um mehr Freiheit für alle. Um es mit der amerikanischen Schriftstellerin und Aktivistin Audre Lorde zu sagen: »Ich bin nicht frei, solange eine einzige Frau unfrei ist, selbst wenn ihre Fesseln sich von meinen unterscheiden.«[172]

Für mich bleibt es schwierig, mich einzusortieren: Da will ich zum einen brüllen und wüten, weil ich die Ungerechtigkeit fühle, die sich mit erschreckenden Zahlen und Fakten untermauern lässt. Eine explosive Mischung, die mir bisweilen den Schlaf raubt. Zum anderen erkenne ich, wie viel Gestaltungshoheit ich in diesem Spiel habe, weil ich privilegiert bin. Ich darf Anklage erheben und eine Therapie machen. Ich darf Kunst machen und mich hingeben. Trotzdem fühle ich mich gleichzeitig schwach und innerlich zerrissen. Dennoch glaube ich an meine eigene revolutionäre Kraft und an die Kraft anderer Menschen und der FLINTA* im Speziellen.

Insofern ist dies auch ein Appell speziell an mich und all die anderen Regisseur*innen, Produzent*innen, Autor*innen, Kurator*innen, Künstler*innen, neue Perspektiven auf den weiblichen Körper zu zeigen und das massiv in den jeweiligen Branchen einzufordern. Wir sind es, die in Abgründe blicken und sie beleuchten, die der Gesellschaft Fragen stellen und nicht nachlassen. Wir sind es, die mit Bildern wirken.

Was wir brauchen, ist mehr Aufklärung, gerade für junge Mädchen* und Frauen*, aber auch Männer. Wir müssen nicht nur den Sexualkundeunterricht und den Sozialkundeunterricht neu denken, die Englischbücher von ihren weißen Hausfrauenklischees befreien und die Biologiestunde erweitern, sondern auch die Geschichtsschreibung anpassen. Unsere Kinder sollten wissen, dass Frauen in der Steinzeit jagten und ihnen Waffen mit ins Grab gegeben wurden. Die Frau als Sammlerin ist ein patriarchaler Mythos.[173] Testosteron mag aggressiv machen. Aber wenn du eine Frau mit erhöhtem Östrogenspiegel angreifst, die für ihr Kind sorgt, dann renn weg, so schnell du kannst!

Bildung bedeutet in diesem Zusammenhang nicht nur institutionalisierte Wissensvermittlung. Es bedarf neuer

Geschichten, die wir uns erzählen und die wir leben. Wir brauchen neue Rollenbilder. Was für ein Geschenk, wenn sich die jetzige Frau meines Vaters als Chefin ihrer neuen Abteilung vorstellt und sagt: »Ich bin keine Mutter, aber ich habe vier Enkelkinder.«

Wir müssen mehr Frauen* und andere marginalisierte Gruppen in Entscheider*innenpositionen, in Machtpositionen und in Geldverantwortung bringen. Weil Studien zeigen, dass dadurch Veränderung entsteht. Ich spreche auch hier ganz besonders für meine bildprägenden Branchen, die sich gerne zeitgeistiger geben, als sie sind: Kunst, Film, Kultur, Kommunikation.

Unsere Körper müssen befreit werden vom selbst auferlegten Arbeits-, Glücks- und Schönheitsdiktat, und wir müssen uns befreien von der Idee, unseren Körper annehmen zu müssen. Die Journalistin Şeyda Kurt bringt das in ihrem Buch *Radikale Zärtlichkeit* treffend auf den Punkt: »[…] wie frei sind die Gedanken, wenn die Körper nicht frei sind?«[174]

Freiheit braucht mehr Anstrengung als Selbstliebe, Egoismus und Geld. Sie braucht Gesellschaft. »Jede Frau, die sich dafür entscheidet, sich wie ein vollwertiges menschliches Wesen zu verhalten«, so die amerikanische Feministin und Frauenrechtlerin Gloria Steinem, »[…] wird ihre Schwesternschaft brauchen.«[175] Das ist eine gezielte Aufforderung an uns alle, liebevoller und respektvoller mit den Körpern der anderen umzugehen und uns in unseren Entscheidungen zu unterstützen. Es gibt kein richtig oder falsch.

Ihr müsst nicht lächeln, wenn der Tag hart war. Ihr seid nicht hysterisch, wenn ihr euch beschwert. Ihr müsst nicht noch die Haare färben vor dem Wochenende, aber wenn ihr sie wasserstoffblond liebt, ist das genauso okay. Ihr müsst nicht für immer Trauer tragen, wenn euer Mann stirbt, und ihr seid nicht schuld, wenn ihr nicht schwanger werdet. Es ist okay, wenn ihr NEIN sagt. Wenn ihr heute lieber Eis esst, statt Sex zu haben. Euer Körper ist gut, denn er trägt euch durch eine ungerechte Welt.

Ich will der Industrie den Krieg erklären und trotzdem Instafame haben. Ich will Macht haben und sie teilen. Ich will zu angezogen und zu nackt sein. Ich will zu laut und zu leise sein. Ich will zu gebildet sein und trotzdem ab und an Bullshit reden. Ich will Schamhaar tragen zu operierten Brüsten und verkatert Sport machen. Menschen sind komplex, ambivalent und needy. *Get the fuck over it.* Teil eines neuen Systems sollte nicht nur die Anpassung sein, sondern der akzeptierte Gegensatz. Weg mit der Eindeutigkeit. Her mit den Freiräumen. Du musst nicht gefallen. Du bist genug.

Wir brauchen Eigenheiten und Abweichungen, um erkannt zu werden. Das, was uns speziell macht, macht uns zu dem, wofür wir geliebt und abgelehnt werden. Wir sollten ein Übermaß an Vielfalt und Freiheit fordern und leben. Wir sollten uns nicht mit weniger zufriedengeben. *Stop Fasting. Eat the Rich.*

Radikale Hoffnung – Ein Nachwort

Er: *Kannst Du nicht einfach mal zufrieden sein?*
Ich: *Nein.*

Ich schreibe dieses Buch in vielen Betten. Das Bett steht mal bei Freunden, mal im Hotel, bei Verwandten und meistens zu Hause. Hinterm Bad, am Ende des Flurs. In einem Zimmer mit Tür. Es geht eine Leiter hoch, und dann ist man da. Im Bett bin ich weit genug entfernt vom Lärm aus dem Kinderzimmer und dem Geklapper aus der Küche und trotzdem da, falls mich jemand braucht.

Das Bett ist mein Ort zum Denken und Fragen und Schreiben und Rechnen und Telefonieren. Da finden Gedanken, die sich im Büro, auf dem Fahrrad, beim Kochen oder im Zug zu kleinen Perlenketten aufreihten und wieder durcheinandergerieten, ihre endgültige Form. Sie werden zu Exposés, Artikeln und Drehbüchern. Im Bett verfasse ich wutentbrannte Mails, Förderanträge und Rechnungen. Behauptungen manifestieren sich, und Fantasiefetzen verwandeln sich in handfeste Zukunftsutopien. Irgendwo hier zwischen Krümeln, Büchern, Taschentüchern, Ladekabeln, Haarklammern und der halb leeren Chipstüte fühlt sich meine Konzentration am wohlsten. Nur nervige Videocalls oder die klingelnde Paketbotin zwingen mich dazu, einen Pullover ohne Löcher anzuziehen. Mein Bett aber lässt mich sein. Es ist mein Bett für mich allein.

An diesem Ort, der mehr Menstruationsblut, Babypipi

und Schokoladenflecken überstanden hat als jeder andere, finde ich Klarheit. Weil hier niemand etwas von mir erwartet. Nicht einmal ich selbst. Im Unterschied zu einem Büro oder der Straße ist mein Bett ein Ort, an dem ich nicht beurteilt werde. Ein Ort, an dem ich mich unfrisiert, mit Augenringen und Jogginghose einem Text widmen kann, an dem mein Beruf und mein Erfolg von anderen Faktoren abhängen als der unmittelbaren Außenwirkung. In meinem Bett gibt es keine Spiegel, nur Decken zum Verkriechen.

Auch für Fehler ist Platz. Formulierungen dürfen unfertig auf dem Kissen liegen und darauf warten, verworfen zu werden. Hier darf alles gedacht und gelebt werden. In diesem sehr privaten Raum flüstern sich unsere Körper wortlos ihre Bedürfnisse zu. Hier finden meine Sehnsüchte Ruhe.

Wenn der Tag besonders gut läuft, dann verschluckt mich das Bett und lässt mich nicht los. Dann ist mein einziges Gefängnis meine eigene Fantasie. Und die ist groß. Zum Glück darf ich sie benutzen und verbiegen und in ihr leben. Das ist das Geschenk meiner Arbeit als Geschichtenerzählerin. Das ist kein reiner Broterwerb. Diese Arbeit ist für mich lebensnotwendig. Wie für eine*n Abenteurer*in die nächste Reise. So wie eine Landwirtin ihre Pflanzen pflegt, so hege ich meine Gedanken. Mein Beruf ist mein Leben, ein elementarer Bestandteil meiner Persönlichkeit. Diese Arbeit ist nicht austauschbar. Sie gibt mir Hoffnung. Sie war da, bevor ich sie benennen konnte, und sie wird bleiben, bis die Enkel ihr Studium abgeschlossen haben. Deshalb dürfen wir nie vergessen, manchmal die Tür zum Schlafzimmer zu verriegeln und uns unseren Gedanken zu widmen. »Prosa und Gedichte sind wie Medikamente, sie heilen den Riss, den die Wirklichkeit in die Vorstellungskraft schneidet«, sagt die britische Schriftstellerin Jeanette Winterson in *Warum glücklich statt einfach nur normal*.[176]

Ich weiß, dass es nicht jedem und jeder leichtfallen wird, sich von alten Bildern, Klischees und verschobener Selbstwahrnehmung zu lösen. Nahezu täglich tappe ich in viele Fallen, die ich mir nicht selten selbst gestellt habe. Sich für etwas einzusetzen, bedeutet nicht, unflexibel zu sein. Wir müssen immer wieder von vorn beginnen, aushalten, ruhig bleiben, lächeln, erklären. Wir müssen wieder von vorn beginnen, streiten, kämpfen. Wieder von vorn beginnen, schreiben, filmen. Weitermachen. Die Moderne ist eine Kulturleistung, die wie jede Kulturleistung nur durch permanentes Repetieren und Entwickeln aufrechterhalten werden kann. Nur radikale Hoffnung kann sie vorantreiben.

Mein Schreiben ist immer politisch, auf der Suche nach Veränderung und Entwicklung oder Umbruch. Ich mache mir keine Illusionen. Die Welt wird ein komplexer und riesengroßer Abfuck bleiben. Umso wichtiger ist es, dass wir dem etwas entgegensetzen. Dass wir hoffnungsvoll bleiben und ein bisschen naiv. Freie Gesellschaften erfordern immerwährendes Engagement. Sie brauchen unseren vollen Einsatz im gleichen Maße wie politische Forderungen.

Gute Politik ist nicht nur das, was nach parteipolitischem Kampf von Parlamenten verabschiedet wird. Sie findet jeden Tag Ausdruck in unserem Handeln, in unserer Art zu arbeiten, zu denken und zu leben. Jede zwischenmenschliche Kleinigkeit ist Ausdruck unserer politischen Grundüberzeugung. Was wir zulassen und ernst nehmen.

Veränderung passiert in unseren Unternehmen, in unseren Beziehungen und in unserer Arbeit. Vor allem passiert sie in unserem Blick auf die Welt und in unserem Denken. Wir schaffen heute keine Körperbilder für nächste Woche, sondern für Jahrhunderte.

Politische Prozesse sind langwierig und intensiv. In Demokratien kommen auf kleinste Veränderungen etliche Tagungen, Kongresse, Demonstrationen, Engagement und Interventionen im öffentlichen Raum. Es braucht unfassbar viele Sätze, Nachrichten, Unterschriften und Bücher; bis sie sich in ausreichend vielen Gehirnen festgesetzt haben, vergehen gerne Jahrzehnte. Das ist wie nachhaltige Aufforstung. Wir müssen genau abwägen, was wir pflanzen und was wir in Ruhe lassen. Immer im Hinblick darauf, was die nächsten Generationen brauchen werden. Wir müssen Räume und Mitspracherecht schaffen für die, die uns nachfolgen. Wenn wir tot sind, leben unsere Kinder und Enkel in der Welt, die wir ihnen hinterlassen. Veränderung ist ein Staffellauf, der jeden Tag von Neuem begonnen werden will.

Danke

… an all die Autor*innen und Feminist*innen vor mir und an die, die noch nötig sein werden. Danke an diejenigen, die uns unterstützen und uns Raum geben, um unser Denken und Handeln möglich zu machen.

Für dieses Buch brauchte es viele Möglichmacher*innen: Meine wunderbare Lektorin Bettina Eltner, die mir so lange Fragen stellte, bis auf dem Papier stand, was ich wirklich meine. Meinen Verlag Ullstein und all seine helfenden Hände. Meine Agent*innen: Thomas Hölzl, Jule Senkbeil und Ulla Skoglund, die immer mehr an mich glauben als ich selbst und mich damit über Berge tragen.

Ganz besonders habe ich jedoch all denjenigen zu danken, die wir oft übersehen, weil sie nur hinter uns herräumen, während wir davonstürmen:

Christine Volm, Maximilian Ludwig, Dieter Volm, Elvira Wolf, meine Großeltern, die Familie, mein Mann und all unsere Kinder und Enkelkinder. Theresa Maria Forthaus, Tanja Linke, Leara Manhaes Reis und das ganze POISON

Team. Danke an euch Helfer*innen, die ihr so oft unsichtbar bleibt. Ihr habt Korrektur gelesen, Mails von mir ferngehalten oder Besorgungen gemacht. Ihr habt auf die Kinder aufgepasst, mir was zu essen gekocht und mich in Ruhe gelassen. Ihr habt Pizza geliefert, das Bad geputzt und Wäsche gewaschen. Ihr habt meine Laune ertragen, akzeptiert, wenn ich mal zu wenig zurückgeben konnte, und meine Tränen getrocknet. Ihr habt mir Platz zum Schreiben geschenkt. Ohne euch gäbe es kein Buch. Danke.

Literatur

Katherine Angel: *Morgen wird Sex wieder gut*, Berlin 2022.

Claire Arnold-Baker: *The Existential Crisis of Motherhood*. Edited by Claire Arnold-Baker. 1st ed. 2020. Cham, Switzerland: Palgrave Macmillan, 2020.

Gabriele von Arnim, *Das Leben ist ein vorübergehender Zustand*, Hamburg 2021.

Women Artists: *The Linda Nochlin Reader*, London, 2015.

Sibylle Baumbach: *Literature and Fascination*, Hampshire 2015.

Mary Beard: *Frauen und Macht*, Frankfurt am Main 2018.

Simone de Beauvoir: *Le Deuxième Sexe/Das andere Geschlecht*. Zweites Buch, Zweiter Teil, VI. Mutterschaft. Aus dem Französischen übersetzt von Fritz Montfort, Hamburg 1980.

Edgar Cabanas/Eva Illouz: *Das Glücksdiktat und wie es unser Leben beherrscht*. Berlin 2019.

Caroline Criado Perez: *Unsichtbare Frauen*, München 2020.

Rachel Cusk: *Lebenswerk*, Berlin 2019.

Virginie Despentes: *King Kong Theorie*, Köln 2018.

Tove Ditlevsen: *Abhängigkeit*, Berlin 2021.

Glennon Doyle: *Ungezähmt*, Hamburg 2020.

Carolin Emcke, *Wie wir begehren*, Frankfurt am Main, 2012.

Andrea Ernst, Ulrike Lunacek, Gerda Neyer, Rosa Zechner, Andreea Zelinka (Hrsg.): *Global Female Future*, Wien 2022.

Svenja Flaßpöhler: *Die Potente Frau*, Berlin 2018.

Mirna Funk: *Who Cares*, München 2022.

Roxane Gay: *Hunger – Die Geschichte meines Körpers*, München 2019.

Germain Greer: Der weibliche Eunuch, München 2000.

Susan Griffin: *Die Tugenden der Kurtisanen: Mächtige Frauen mit eigener Moral*, Berlin 2002.

Britta Helbig und Saralisa Volm (Hg.): *bitch MATERial – Mutter.schafft. neu.denken*, Berlin 2018

Julie Hepworth: *The Social Construction of Anorexia Nervosa*, London 1999.

Leslie Hill: »Suffragettes invented Performance Art«, in: de Gay, Jane, Lizbeth Goodman, and Sarah Daniels: The Routledge Reader in Politics and Performance. London: Routledge 2000.

Jill Johnston: *Lesbian Nation – The feminist solution*, New York 1973.

Mareice Kaiser: *Das Unwohlsein der modernen Mutter*, Hamburg 2021.

Mieko Kawakami: *Brüste und Eier*, Köln 2020.

Larissa Kikol: Nutzt die Kunst aus – Eine Einladung. Über Engagement und Kulturwerkzeuge, Dortmund 2023.

Mely Kiyak: *Frausein*, München 2020.

Seyda Kurt: *Radikale Zärtlichkeit*, Hamburg 2021.

Elisabeth Lachner: *Riot, don't diet*, Wien 2021.

Helen Langdon: *Caravaggio – A Life*, New York 1998.

Hermione Lee: *Virgina Woolf – Ein Leben*, Frankfurt am Main 2006.

Ann-Sophie Lehmann: *Das unsichtbare Geschlecht – Zu einem abwesenden Teil des weiblichen Körpers in der bildenden Kunst*, in: *Körperteile – eine kulturelle Anatomie*, hg. von Claudia Benthien, Christoph Wulf, Hamburg 2001.

Maines, R., *The technology of orgasm ›hysteria‹, the vibrator, and women's sexual satisfaction*. Johns Hopkins Paperbacks ed. Baltimore 1999, Md: Johns Hopkins University Press.

Benjamin Moser: *Sontag – Die Biografie*, München 2020.

Jacinta Nandi: *Die schlechteste Hausfrau der Welt*, Hamburg 2020

Chimamanda Ngozi Adichie, *We should all be feminists*, New York 2014.

Chimamanda Ngozi Adichie, *Dear Ijeawele – A feminist Manifesto in fifteen suggestions*, London 2017.

Susie Orbach: *Bodies. Im Kampf mit dem Körper*, Hamburg 2010.

Emilie Pine, *Notes on Self*, London 2019.

Griselda Pollock: *The politics of theory in Generations and Geographies*, London 2005.

Francine Prose: *Das Leben der Musen*, München, Wien 2004.

Philip Rieff: *Freud, The Mind of the Moralist*, New York 1961.

Lauren Rosewarne: *Periods in Pop Culture: Menstruation in Film and Television*, Lexington Books, United Kingdom 2012.

Legacy Russell, *Glitch Feminism – A Manifesto*, London, New York 2020.

Susan Sontag: Notes on Camp, Milton Keynes 2018.
Margarete Stokowski: *Untenrum frei*, Reinbek bei Hamburg 2016.
Meike Stoverock: *Female Choice*, Stuttgart 2021.
Lisa Taddeo: *Three Women – Drei Frauen*, München 2019.
Jeanette Winterson: *Warum glücklich statt einfach nur normal?*, Berlin 2013.
Naomi Wolf: *Der Mythos Schönheit*, Hamburg 1991.
Virgina Wolf: *Ein Zimmer für sich allein*, Zürich 2019.

Anmerkungen

1 Sheila Rubin in *Physical*, Apple TV+ S01/E01 (aufgerufen 05.12.2022). (Dt. v. S. V.)
2 The Crown: Wird Dianas Bulimie zu realistisch gezeigt? (refinery29.com) (aufgerufen am 05.12.2022).
3 https://www.muellerundsohn.com/allgemein/das-korsett-im-spiegel-der-zeit/#Antike (aufgerufen am 25.01.2023).
4 https://www.forbes.com/profile/sara-blakely/?sh=ed090bc76bb4 (aufgerufen am 25.01.2023).
5 https://www.welt.de/icon/mode/article226384827/Bridgerton-Mode-Korsetts-sind-Trend-und-loesen-Diskussionen-aus.html (aufgerufen am 25.01.2023).
6 Das Thema: Sisi im Fitness- und Jugendwahn | Geschichte | radioWissen | Bayern 2 | Radio | BR.de (aufgerufen am 25.01.2023).
7 Geschichte Österreichs: Kaiserin im Schönheitswahn | ZEIT ONLINE (aufgerufen am 25.01.2023).
8 https://www.spiegel.de/kultur/schoenes-dummerl-a-877553b8-0002-0001-0000-000014318140 (aufgerufen am 25.01.2023).
9 https://www.spiegel.de/geschichte/wenn-er-nur-kein-kaiser-waere-a-8ffdb574-0002-0001-0000-000067892044 (aufgerufen am 25.01.2023).
10 Sisi: Die Kaiserin, die lieber Elfenkönigin sein wollte – [GEO] (aufgerufen am 15.02.2023).
11 Hepworth, Julie: *The Social Construction of Anorexia Nervosa. CI, London: Sage, 1999. Ix+146 Pp*. London: SAGE Publications Limited, 1999.
12 https://www.sueddeutsche.de/leben/magersucht-geschichte-1.4311219?reduced=true (aufgerufen am 25.01.2023).
13 Ess-Brechsucht (Bulimie oder Bulimia nervosa) – A.B.A.S. – Anlaufstelle bei Essstörungen Stuttgart (abas-stuttgart.de) (aufgerufen am 25.01.2023).

14 https://www.bzga-essstoerungen.de/habe-ich-eine-essstoerung/wie-haeufig-sind-essstoerungen/?L=0#c747 (aufgerufen am 25.01.2023).

15 Erfolgreiche Forschung zur Magersucht – BMBF. https://www.bmbf.de/bmbf/shareddocs/pressemitteilungen/de/erfolgreiche-forschung-zur-magersucht.html#searchFacets (aufgerufen am 25.01.2023).

16 Körperschemastörung – Lexikon der Ernährung (spektrum.de) (aufgerufen am 25.01.2023).

17 https://www.thieme-connect.de/products/ebooks/lookinside/10.1055/b-0034-11615 (aufgerufen am 25.01.2023).

18 Naomi Wolf, *Der Mythos Schönheit*, S. 256

19 Kate Moss würde ihr berühmtes Diät-Mantra nicht mehr wiederholen | Vogue Germany (aufgerufen am 25.01.2023).

20 Wirkt Werbung eigentlich noch? – Die Vermessung der Aufmerksamkeit (Archiv) (deutschlandfunkkultur.de) (aufgerufen am 25.01.2023).

21 There's A Pink Tax On Women (forbes.com) (aufgerufen am 25.01.2023).

22 Stockfotos und Memes: Für 80 Euro zur weltweiten Witzfigur – DER SPIEGEL (aufgerufen am 25.01.2023).

23 Erdelyi, Matthew Puh and Zizak, Diane M.: »Beyond Gizmo Subliminality«, in: Shrum, L. J.: *The Psychology of Entertainment Media. Blurring the Lines Between Entertainment and Persuasion*. Mahwah, N.J: Lawrence Erlbaum, 2004.

24 Dittmar, Helga, and Halliwell, Emma: »Consumer Culture, Identity, and Well-Being: the Search for the ›Good Life‹ and the ›Body Perfect‹«, in: *Psychology Press*, 2007, speziell S. 149–157.

25 Elisabeth Lachner, *Riot, don't diet*, Wien 2021, S. 22.

26 Die »Sanduhr-Figur« und ihre Wirkung » Zeitschriften Nachrichten Verlage (fachzeitungen.de) (aufgerufen am 26.01.2023).

27 Schönheit: Was ist eigentlich »schön«? – Forschung & Lehre (forschung-und-lehre.de) (aufgerufen am 03.02.2023).

28 Mely Kiyak, *Frausein*, München 2020, S. 7–8.

29 http://selfdeterminationtheory.org/SDT/documents/2009_Brunet-Sabiston_JSE.pdf (aufgerufen am 26.01.2023).

30 Glennon Doyle, *Ungezähmt*, Hamburg 2020, S. 62–63.
31 Der unendliche Kleiderschrank – brand eins online (aufgerufen am 26.01.2023).
32 Tiggemann, Marika and Andrew, Rachel: »Clothes Make a Difference: The Role of Self-Objectification«, in: *Sex roles* 66, no. 9–10 (2011): 646–654.
33 Sexistische Algorithmen bei Instagram – Mehr nackte Haut bedeutet mehr Sichtbarkeit (deutschlandfunkkultur.de) (aufgerufen am 26.01.2023).
34 https://www.dw.com/de/psychologie-so-belohnt-instagram-unser-gehirn/a-49930845 (aufgerufen am 26.01.2023).
35 Soziale Medien verändern Blick auf den Körper – Alle glatt, strahlend, perfekt | deutschlandfunkkultur.de, Selling health and happiness how influencers communicate on Instagram about dieting and exercise: mixed methods research | BMC Public Health | Full Text (biomedcentral.com) (aufgerufen am 26.01.2023).
36 Are, Carolina: »How Instagram's Algorithm Is Censoring Women and Vulnerable Users but Helping Online Abusers«, in: *Feminist media studies* 20, no. 5 (2020): 741–744.
37 https//www.washingtonpost.com/arts-entertainment/2022/05/25/record-labels-want-viral-tiktoks-artists-are-pushihg-back/ (aufgerufen am 26.01.2023).
38 brand eins 08/2021 – Die Welt in Zahlen (aufgerufen am 15.02.2023)
39 Emily Ratajkowski on Reclaiming Her Own Image (thecut.com) (aufgerufen am 26.01.2023). (Dt. v. S. V.)
40 Lena Dunham Directed Emrata's Pregnancy Reveal Video – PAPER (papermag.com) (aufgerufen am 26.01.2023).
41 https://www.sueddeutsche.de/panorama/medizin-schnipp-schnapp-1.3568313 (aufgerufen am 26.01.2023)
42 KJM_neunter_Bericht_Aktualisiert.pdf (kjm-online.de) (aufgerufen am 26.01.2023).
43 S. viel verdient Kim Kardashian an einem Instagram-Post und Werbeaufträgen – Business Insider (aufgerufen am 26.01.2023).
44 Wahlkampf in den USA: »Geld ist Macht« | Amerika – Die

aktuellsten Nachrichten und Informationen | DW | 07.12.2019 (aufgerufen am 26.01.2023).

45 https://www.aphorismen.de/zitat/10666 (aufgerufen am 01.02.2023).

46 Rana, Zarnab: »FAKE REALITY: WOMEN PORTRAYAL IN BEAUTY PRODUCT ADVERTISEMENTS OF PAKISTANI PRIVATE CHANNELS«, in: *Jurnal sosiologi reflektif* 16, no. 1 (2021): 53–72. (Dt. v. S. V.)

47 Ausstellungstext »Fragile Körper, kaputte Systeme« in der Ausstellung »Future Bodies« im Museum Brandhorst, München 2022.

48 Mieko Kawakami: *Brüste und Eier*, Köln 2020, S. 44–46.

49 https://www.sueddeutsche.de/karriere/erfolg-im-job-schoenheit-zaehlt-so-viel-wie-ein-uni-abschluss-1.1239201 (aufgerufen am 26.01.2023).

50 https://www.spiegel.de/wissenschaft/mensch/brustvergroesserung-schoenheitsoperierte-haben-hoeheres-selbstmordrisiko-a-240397.html (aufgerufen am 26.01.2023).

51 CRISPR-Cas9 | Max-Planck-Gesellschaft (mpg.de) (aufgerufen am 26.01.2023).

52 Susie Orbach, *Bodies. Im Kampf mit dem Körper*, Hamburg 2010, S.13.

53 Ruben Östlund, *Triangle of Sadness*, 23' 57". (Dt. v. S. V.)

54 The Cannes Film Festival's Sex Industry Described in 10 Eye-Opening Passages, from The Hollywood Reporter | Vanity Fair (aufgerufen am 26.01.2023). (Dt. v. S. V.)

55 Liste der reichsten Frauen – Wikipedia (aufgerufen am 26.01.2023).

56 Texte (sibylleberg.com) (aufgerufen am 26.01.2023).

57 https://de.statista.com/statistik/daten/studie/384680/umfrage/verteilung-des-reichtums-auf-der-welt/ (aufgerufen am 26.01.2023).

58 Vermögensverteilung: Das obere Prozent | ZEIT ONLINE (aufgerufen am 26.01.2023).

59 DIW Berlin: Auch beim Sparen gibt es einen erstaunlichen Gender-Gap: Kommentar (aufgerufen am 26.01.2023).

60 https://www.arte.tv/de/videos/103552-000-A/die-welt-und-ihr-eigentum-2-4/ (aufgerufen am 26.01.2023).

61 Anne Allex, Michaela Katzer, Markus Bauer, Heinz-Jürgen Voß, Heike Bödeker, Jens Borchert, Diana Demiel, Andreas Hechler und Torsten Klemm, *Geschlechtliche, sexuelle und reproduktive Selbstbestimmung: Praxisorientierte Zugänge*, Gießen 2016, Abstract.

62 Katherine Angel, *Morgen wird Sex wieder gut*, Berlin 2022, S. 20–22.

63 BZgA: Neue BZgA-Studiendaten: Verhütungsverhalten Erwachsener (aufgerufen am 26.01.2023).

64 Was Antisemitismus und Rassismus mit Femizid zu tun haben | Gastbeiträge (fr.de) (aufgerufen am 26.01.2023).

65 van Moorst, Bianca R., Rik H. W. van Lunsen, Dorenda K. E. van Dijken, and Concetta M. Salvatore: »Backgrounds of Women Applying for Hymen Reconstruction, the Effects of Counselling on Myths and Misunderstandings About Virginity, and the Results of Hymen Reconstruction«, in: *The European journal of contraception & reproductive health care* 17, no. 2 (2012): 93–105, p. 94. Young people, sex and Islam; an investigation into Dutch young people of Moroccan and Turkish descent. STI AIDS Netherlands 2008. Accessed 13 August 2011 from: www.aidsactioneurope.org/uploads/tx_ windpublications/874-0.pdf. (Dt. v. S. V.)

66 Female genital mutilation (who.int) (aufgerufen am 26.01.2023). (Dt. v. S. V.)

67 Der Kampf gegen das »Brustbügeln« | Afrika | DW | 15.10.2018 (aufgerufen am 26.01.2023).

68 Brustbügeln | Eingebrannter Selbsthass – der Freitag (aufgerufen am 26.01.2023).

69 Draper, Allison: »The History of the Term Pudendum: Opening the Discussion on Anatomical Sex Inequality«, in: *Clinical anatomy (New York, N. Y.)* 34, no. 2 (2021): 315–319.

70 Taking the ›Shame Part‹ Out of Female Anatomy – The New York Times (nytimes.com) (aufgerufen am 04.02.2023).

71 Caroline Criado Perez, *Unsichtbare Frauen*, München 2020, S. 215–216.

72 https://www.refinery29.com/de-de/2020/11/10153147/parcopresis-angst-vor-kacken-warum (aufgerufen am 26.01.2023).

73 Andrea Büttner, *Monopol Magazin*, 6/21 (aufgerufen am 27.01.2023).

74 Joan Rivière, Virginie Despentes, *King Kong Theorie*, Köln 2018, S. 21.

75 Ebd., S. 21–22.

76 #dreckshure | Doku | ARTE – YouTube (aufgerufen am 27.01.2023).

77 Femizide – Koordinierungsstelle (lks-niedersachsen.de) (aufgerufen am 27.01.2023).

78 ›We Do Not See Things as They Are‹ – The New York Times (nytimes.com) (aufgerufen am 26.01.2023). (Dt. v. S. V.)

79 Megan Fox: Sei sexy, sei nicht sexy, sei still – dieStandard – derStandard.de › Wissen und Gesellschaft, Megan Fox – Wonderland (wonderlandmagazine.com) (aufgerufen am 27.01.2023). (Dt. v. S. V.)

80 Reiner Holzemer, *Lars Eidinger – Sein oder nicht sein*, Dokumentarfilm, 2023.

81 Jacques Lacan: »Das Seminar von Jacques Lacan, Buch 1 (1953–54)«, Soziale Medien verändern Blick auf den Körper – Alle glatt, strahlend, perfekt | deutschlandfunkkultur.de (aufgerufen am 26.01.2023).

82 Emma Thompson attacks ›evil‹ Hollywood pressure on women to be thin | Emma Thompson | The Guardian (aufgerufen am 26.01.2023). (Dt. v. S. V.)

83 (1) »Don't Waste Your Life's Purpose Worrying About Your Body« – Emma Thompson – YouTube (aufgerufen am 26.01.2023). (Dt. v. S. V.)

84 MaLisa Stiftung. (aufgerufen am 01.02.2023).

85 MdB Doris Achelwilm – Pressemitteilung: Equal Pay in weiter Ferne: Kleine Anfrage der Linksfraktion zeigt eklatante Benachteiligung von Frauen in Filmberufen (aufgerufen am 01.02.2023).

86 Studie der Universität Rostock zur Verwendung von Filmförderungen: Frauen gehen mit Fördersummen dreimal effizienter um – Universität Rostock (uni-rostock.de) (aufgerufen am 01.02.2023).

87 FFA Studie: Gender und Film – Rahmenbedingungen und Ursa-

chen der Geschlechtsverteilung von Filmschaffenden in Schlüsselpositionen in Deutschland, Gender – FFA Filmförderungsanstalt (aufgerufen am 01.02.2023).
88 Record number of big Hollywood films had female directors in 2020 | Film | The Guardian (aufgerufen am 01.02.2023).
89 Zukunft Nachwuchs – Produzentenverband e.V. (aufgerufen am 01.02.2023).
90 Filmfrauen fordern Parität bei Förderung – M – Menschen Machen Medien (ver.di) (verdi.de) (aufgerufen am 01.02.2023).
91 Alice Guy-Blaché: Frauen erobern sich einen neuen Artikulationsort: den Film | SpringerLink (aufgerufen am 26.01.2023).
92 Ann-Sophie Lehmann, *Das unsichtbare Geschlecht – Zu einem abwesenden Teil des weiblichen Körpers in der bildenden Kunst*, in: *Körperteile – eine kulturelle Anatomie*, hg. von Claudia Benthien, Christoph Wulf, Hamburg 2001, S. 316.
93 Tizian und die Renaissance in Venedig | Städel Museum (staedelmuseum.de) (aufgerufen am 01.02.2023).
94 Sibylle Baumbach, *Literature and Fascination*, Hampshire 2015.
95 Mary Beard, *Frauen und Macht*, S. 38.
96 Femme Fatale | Hamburger Kunsthalle (hamburger-kunsthalle.de) (aufgerufen am 03.02.2023).
97 Wussow, Helen: »Caravaggio and D. H. Lawrence: Vulgarity to Sainthood«, in: *The D. H. Lawrence review* 39, no. 1 (2014), 51.
98 Helen Langdon: *Caravaggio – A Life*, New York 1998.
99 Francine Prose: *Das Leben der Musen*, München, Wien 2004.
100 Nossiter, Adam: »A Famous Nude Gets A Face and an Identity«, in: *The New York Times*. The New York Times Company, 02.10.2018.
101 Susan Griffin, *Die Tugenden der Kurtisanen: Mächtige Frauen mit eigener Moral*, Berlin 2002.
102 https://www.projekt-gutenberg.org/balzac/kurtisan/chap001.html (aufgerufen am 03.02.2023).
103 Aino Laberenz auf Instagram: »Valie Export ORF Archiv (1972)« (aufgerufen am 28.02.2023).
104 Interview mit Marina Abramović: »Mit 70 muss man den Bullshit reduzieren« (tagesspiegel.de) (aufgerufen am 03.02.2023).

105 Jerry Saltz auf Instagram: »One for the parents and all those mad days and sleepless nights that are redeemed in single instants of redemptive love. And to all …« (aufgerufen am 20.01.2023). (Dt. v. S. V.)

106 Künstlerinnen mit Kind: Das letzte Tabu | ZEIT ONLINE (aufgerufen am 01.02.2023).

107 Wie weiblich ist der Kunstmarkt? | Kunst | DW | 17.04.2018 (aufgerufen am 03.02.2023).

108 Gemäldeausstellung »Artemisia« in London – Notorisch – Kultur – SZ.de (sueddeutsche.de) (aufgerufen am 03.02.2023).

109 Women Artists – The Linda Nochlin Reader, London, 2015.

110 Griselda Pollock, *The politics of theory in Generations and Geographies*, London, 2005, S.16. (Dt. v. S. V.)

111 Hill, Leslie: »Suffragettes invented Performance Art«, in: de Gay, Jane, Lizbeth Goodman, and Sarah Daniels: *The Routledge Reader in Politics and Performance*. London: Routledge 2000, S. 153. (Dt. v. S. V.)

112 Lara Schnitger: Suffragette City (Performance) – YouTube (aufgerufen am 22.01.2023).

113 Larissa Kikol, *Nutzt die Kunst aus – Eine Einladung. Über Engagement und Kulturwerkzeuge*, Dortmund 2023, S. 6.

114 Szymanek, Angelique: »Bloody Pleasures: Ana Mendieta's Violent Tableaux«, in: *Signs: Journal of Women in Culture and Society* 41, no. 4 (2016): 895–925. (Dt. v. S. V.)

115 Vgl. ebd.

116 Daniel Schreiber, »Was mich berührt«, in: *Weltkunstmagazin*, Januar 2023.

117 Susan Sontag, Eine Biografie, S. •••

118 Tove Ditlevsen, *Abhängigkeit*, Berlin 2021.

119 Studie: Regelschmerzen senken Leistungsfähigkeit | Wienerin (aufgerufen am: 27.01.2023).

120 Rosewarne, Lauren: *Periods in Pop Culture: Menstruation in Film and Television*, Lexington Books, 2012. *ProQuest Ebook Central*, http://ebookcentral.proquest.com/lib/open/detail.action?docID=950438. Created from open on 2022-08-18 19:34:14 (aufgerufen am 03.02.2023). (Dt. v. S. V.)

121 Rosewarne, Lauren: *Periods in Pop Culture: Menstruation in Film and Television*, Lexington Books, 2012. *ProQuest Ebook Central*, http://ebookcentral.proquest.com/lib/open/detail.action?docID=950438.
Created from open on 2022-08-18 19:59:05 (aufgerufen am 03.02.2023). (Dt. v. S. V.)

122 Simone de Beauvoir: *Le Deuxième Sexe / Das andere Geschlecht*. Zweites Buch, Zweiter Teil, VI. Mutterschaft. Aus dem Französischen übersetzt von Fritz Montfort. Hamburg 1980, S. 482.

123 Arnold-Baker, Claire: *The Existential Crisis of Motherhood*. Edited by Claire Arnold-Baker. 1st ed. 2020. Cham, Switzerland: Palgrave Macmillan, 2020.

124 Ebd., S. 291. (Dt. v. S. V.)

125 https://www.bmfsfj.de/resource/blob/94130/bc0479bf5f54e5d798720b32f9987bf2/kinderlose-frauen-und-maenner-ungewollte-oder-gewollte-kinderlosigkeit-im-lebenslauf-und-nutzung-von-unterstuetzungsangeboten-studie-data.pdf (aufgerufen am 03.02.2023).

126 Ebd.

127 Diskriminierung am Arbeitsplatz: Eltern und Pflegende werden häufig diskriminiert | ZEIT Arbeit (aufgerufen am 01.02.2023).

128 Mütter und kinderlose Frauen | Statista (aufgerufen am 01.02.2023).

129 https://www.bmfsfj.de/resource/blob/94130/bc0479bf5f54e5d798720b32f9987bf2/kinderlose-frauen-und-maenner-ungewollte-oder-gewollte-kinderlosigkeit-im-lebenslauf-und-nutzung-von-unterstuetzungsangeboten-studie-data.pdf (aufgerufen am 01.02.23).

130 Gender Pay Gap: Frauen im Osten verdienen in Vollzeit mehr als Männer – DER SPIEGEL (aufgerufen am 01.02.23).

131 Rachel Cusk, *Lebenswerk*, Berlin 2019, S. 27–28.

132 Jill Johnston, *Lesbian Nation – The feminist solution*, New York 1973, p. 103.

133 8_Fakten_zum_Schwangerschaftsabbruch-WEB.pdf (profamilia.de) (aufgerufen am 01.02.2023).

134 https://www.spiegel.de/ausland/abtreibung-wie-sind-die-gesetze-

zum-schwangerschaftsabbruch-weltweit-a-b21ff1f1-9a81-4bad-9060-3ebc5831d690 (aufgerufen am 01.02.2023).

135 https://www.bpb.de/kurz-knapp/hintergrund-aktuell/228817/zwischen-legal-und-verboten-abtreibungen-in-europa (aufgerufen am 01.02.2023).

136 Rechtslage: So sind Abtreibungen weltweit geregelt – ZDFheute (aufgerufen am 01.02.2023).

137 So unterschiedlich sind Abtreibungen weltweit geregelt | Welt | DW | 13.12.2018 (aufgerufen am 01.02.2023).

138 Velten, Julia, Jürgen Margraf, Meredith L Chivers, and Lori A Brotto: »Effects of a Mindfulness Task on Women's Sexual Response«, in: *The Journal of sex research* 55, no. 6 (2018): 747–757.

139 Meike Stoverock, *Female Choice*, Stuttgart 2021, S. 263.

140 Katherine Angel, *Sex will be good again*, London, New York 2021, p. 51.

141 Girls Are Awesome auf Instagram: »Nothing mysterious going on here if you ask us ⊠art and curation by @janaillustration ✍ by @blasianblue @drlauriemintz @talk.tabu …« (aufgerufen am 03.02.2023).

142 Fear of Flesh: An Anatomy of Modern Frigidity (metamute.org) (aufgerufen am 26.01.2023). (Dt. v. S. V.)

143 Archives of sexual behavior (Dt. v. S. V.)

144 https://link.springer.com/article/10.1007/s10508-017-0939-z?correlationId=dc8806e3-e97c-4918-87c4-62792e593fc8 (aufgerufen am 03.02.2023).

145 Johnston, Jill. *Lesbian Nation: The Feminist Solution*. New York 1973, p. 43. (Dt. v. S. V.)

146 Ebd., p. 17. (Dt. v. S. V.)

147 Maines, R., *The technology of orgasm ›hysteria‹, the vibrator, and women's sexual satisfaction*. Johns Hopkins Paperbacks ed. Baltimore 1999, Md: Johns Hopkins University Press.

148 Berenguer, Cláudia, Catarina Rebolo, and Rui Miguel Costa: »Interoceptive Awareness, Alexithymia, and Sexual Function«, in: *Journal of sex & marital therapy* 45, no. 8 (2019): 729–738.

149 Caroline Criado Perez, *Unsichtbare Frauen*, München 2019.

150 Rees, Megan A, Helen E O'Connell, Robert J Plenter, and John M Hutson: »The Suspensory Ligament of the Clitoris: Connective Tissue Supports of the Erectile Tissues of the Female Urogenital Region«, in: *Clinical anatomy (New York, N. Y.)* 13, no. 6 (2000): 397–403.

151 Über weibliche Sexualität (1931) (psychanalyse.lu) (aufgerufen am: 01.02.2023).

152 Philip Rieff, *Freud, The Mind of the Moralist*, New York 1961, S. 182. (Dt. v. S. V.)

153 Ebd., S. 174. (Dt. v. S. V.)

154 Benjamin Moser, *Sontag – Die Biografie*, München 2020, S. 157.

155 Lisa Taddeo, *Three Women – Drei Frauen*, München 2019, S. 39.

156 Täter und Täterinnen – UBSKM (beauftragter-missbrauch.de) (aufgerufen am 01.02.2023).

157 Straftat Vergewaltigung: Warum werden so wenige Täter verurteilt? | tagesschau.de (aufgerufen am 01.02.2023).

158 Roxane Gay, *Hunger – Die Geschichte meines Körpers*, München 2019, S. 176.

159 Häufigkeit von Haarcolorationen nach Geschlecht in Deutschland 2014 | Statista (aufgerufen am 01.02.2023).

160 Michael A. Flatt, Richard A. Settersten, Roselle Ponsaran, and Jennifer R. Fishman: »Are Anti-Aging Medicine and Successful Aging Two Sides of the Same Coin? Views of Anti-Aging Practitioners«, in: *The journals of gerontology. Series B, Psychological sciences and social sciences* 68, no. 6 (2013): 945. (D. v. S. V.)

161 Isabella Rossellini: »Ageing brings a lot of happiness. You get fatter – but there is freedom« | Isabella Rossellini | The Guardian (aufgerufen am 04.02.2023). (Dt. v. S. V.)

162 Alternsforschung: Positive Einstellung zum Altern hält gesund – Spektrum der Wissenschaft (aufgerufen am 01.02.2023).

163 Clare Ansberry: »In with the Old: Who's Afraid of Aging? Usually Not the Elderly – They Know Better --- Most Accept Limits of Time and Derive Satisfaction in Rhythms of Daily Life --- Biggest Fear: Nursing Home«, in: *The Wall Street Journal. Eastern Edition*. New York, N.Y: Dow Jones & Company, Inc. 1997, Eastern edition. (Dt. v. S. V.)

164 https://sz-magazin.sueddeutsche.de/leben-und-gesellschaft/yuval-noah-harari-interview-zukunft-84042 (aufgerufen am 07.02.2023).

165 Body Positivity: Warum wir unseren Körper lieben sollten – Spektrum der Wissenschaft (aufgerufen am 01.02.2023).

166 The Polyester Podcast: Obsessions: Shona McAndrew On Why She Loves TikTok on Apple Podcasts (aufgerufen am 01.02.2023). (D. v. S. V.)

167 Mareice Kaiser, *Das Unwohlsein der modernen Mutter*, Hamburg 2021, S. 215.

168 Vgl. auch: Edgar Cabanas/Eva Illouz, *Das Glücksdiktat und wie es unser Leben beherrscht*, Berlin 2019.

169 John Cage, *Empty Mind*, Berlin 2012 (aufgerufen am 05.02.2023).

170 8 Indispensable Pieces Of Work And Career Advice From Toni Morrison | HuffPost Life (aufgerufen am 28.01.2023). (D. v. S. V.)

171 Sechs Feministinnen beantworten drängende Fragen (fluter.de) (aufgerufen am 04.02.2023).

172 100 Jahre Frauenwahlrecht: Was wir heute noch aus dem Kampf des frühen Feminismus lernen können – DER SPIEGEL (aufgerufen am 10.02.2023).

173 Prähistorische Jägerinnen widerlegen alte Geschlechterrollen | National Geographic (aufgerufen am 02.02.2023).

174 Şeyda Kurt, *Radikale Zärtlichkeit*, Hamburg 2021, S. 203.

175 50 Gloria Steinem Quotes From The Famous Feminist – Parade: Entertainment, Recipes, Health, Life, Holidays (aufgerufen am 28.01.2023). (D. v. S. V.)

176 Jeanette Winterson, *Warum glücklich statt einfach nur normal?* She said | Bookshop for female and queer authors (aufgerufen am 15.02.2023).